U0031213

All Voices from the Island

島嶼湧現的聲音

Energy Revolution in Daily Life

Eight Pioneers of Energy Transition in Taiwan

日常生活的能源革命

八個臺灣能源轉型先驅者的故事

RSPRC

臺灣大學
風險社會與政策
研究中心

目次

第3章 公民電廠 能源轉型的四種聚焦02

第4章 產業節能創新 能源轉型的四種聚焦03

序文

轉型的要義

周桂田、張國暉

近來許多人可能常聽到所謂「轉型」概念出現在日常言談，從早先的國家、產業、政治、社會、都市或教育轉型等，到最近才有的能源轉型。究竟我們該如何理解轉型呢？基本上，它可以是一種現象，也可能是一種願景。當我們把它視作願景時，可以想像成小時候常玩的「翻轉彈簧」，從左手跳到右手，整個彈簧由一個均衡靜止狀態位移到另一個。這樣子的位移，可說就是轉型的要義。那麼，我們什麼時候需要位移呢？或為何要位移呢？關鍵的原因就在於我們在當前的靜止狀態下，無論做什麼改善，都無法有效地應對及解決頑強問題。而氣候變遷、全球暖化及空氣汙染等就是當前世界及臺灣最巨大的頑強問題，若我們的政經社結構不能位移，就無法徹底面對及解決它們。因此，轉型既是唯一，也是釜底抽薪之道。其中，能源部門的轉型就是這些問題背後結構的最關鍵位移動量，若不能用新能源來降低化石燃料的大量耗用，那麼想要克服它們無異是緣木求魚。

新能源不只包含新技術，還有新社會行動方案，後者的轉型作用力並不低於前者。像是透過社會網絡的連結來營造如節能或公民電廠的能源轉型策略，有時比研發新能源科技更有效能。開放、多元及嘗試是創造新局的不二法門。基本上，今年我們也試圖反身地將「轉型」這個概念應用在自己身上，不以所謂專家學者的傳統式學術說理為主軸，而改由中心的年輕助理研究員擔任主角，親身到田野挖掘八個不同的故事，探索日常生活中的能源轉型是些什麼及有些什麼。此外，我們也幸運地與春山出版社合作，借重其市場敏感度及專業編輯能力，頻繁來回討論研商，期待更貼近我們這塊土地上的每一位普羅行動者，而跟以往的知識網絡傳散及營造方式有所轉變。簡單來說，我們這次追求更密切的接地位移，希望讓更多人一起成為能源轉型的網絡節點，擴張知識作用力的想像空間。

{序章}

臺灣能源發展情勢

導言

我們應該要預備一個安全世代

周桂田、張國暉

這幾年來，雖然我們常見不少人自嘲臺灣發展有限，甚至停滯空轉，不過也發現許多人驚嘆自己能在兩個世代（約五十至六十年）當中，跟這塊土地的人們共同歷經巨大的生活轉變。政治上，從長輩告誡或自我警戒不要輕意涉入，到現在已是一般聚會不可或缺的聊天話題，甚至還有親朋好友躍躍欲試參與選舉。經濟上，從穿草鞋、麵粉袋，到目前出入乘坐汽車，更別說營養過剩且需減重。社會上，則是從全心全力投注自身家庭的生存，到社區及生態環境保護的關懷，為不認識的人、生命或多元價值而努力。若用沾沾自喜形容，恐怕太過謙虛。

然而，如果再猛然一想，前面這些政治、經濟及社會的轉變，不是在這世紀初就大致成型了嗎？對在此之前的經濟奇蹟或政治民主化等重要轉變，至今許多人都能如數家珍地說出當時的人事時地物，但從二十一世紀初到現在也過了將近一個世代的時間，小孩早已轉大人，對臺灣來說，我們還能拿出什麼轉變來自誇呢？或許不少人會拿藍綠惡鬥、薪資低迷等來調侃，但若真要直覺講出能跟上世紀末前相提並論的改變，恐怕令人尷尬。

其實，在最近一個世代的二十五年中，還是有許多人為臺灣的進一階改變而投身努力，不論朝野政黨、公私部門或非政府團體等，都試圖共同研商願景及實踐策略。為了犖犖大者的政治及經濟發展議題，召開了許多全國性的「國是會議」、「國家發展會議」、「國家永續發展會議」及「經濟永續發展會議」等。其中，為希望我們國家的能源部門能脫胎換骨，也於一九九八年召開了第一次「全國能源會議」，之後更陸續舉辦三次之多，歷次政府也各自發表了四個有關能源的政策綱領，更別說還有好幾個有關能源法案的提案、制定及修正，像是《再生能源發展條例》、《溫室氣體減量法》、《電業法》、《能源管理法》等，還有藍綠政黨在歷次總統大選時所提的各個能源白皮書，似乎一起為構築臺灣未來更可欲的能源轉型樣貌提供豐富的想像材料。

相對於政治或經濟的上層國家制度，能源對臺灣的重要性就在其不分階級地建構了每個人的日常生活，從自身健康、便利、成就的獲取或達成，到親身接觸外在環境時的自然及自在享受，可說都是扎扎實實的下層生命基礎。歸根究柢，許多人無不希望未來臺灣的能源改變得更可靠、友善、給出新願景，不像過去只將它當作現時追求經濟成長的附屬要素，而是小心翼翼地把它看成是帶來生態環境失衡及身體健康危害的自造風險來源，更視為未來國家升級轉型的目的本身。

•臺灣能源的兩個「不安全」

可惜的是，近一個世代的能源政策雖可說是林林總總、目不暇給，但能源部門的轉變還是相當有限，舊的能源與經濟典範在現實上牢牢綑綁了變革的契機。亦即，我們仍大幅仰賴化石燃料用來發電（約占八四％總發電量）、當成運輸動力（約九九％總動力來源）及服務工業生產（如石化產業的原料及製程燃料）等，而也如往常，它們絕大多數從國外進口（約九八％），且每年需求幅度甚至尚在成長，因此我們有高度的「能源（供給）不安全」。甚且，這樣高度需求的化石燃料也可說是「不安全能源」，也就是它們在燃燒後所帶來的碳排及空汙造成嚴重的環境及健康危害。前者如酸雨，後者則如細懸浮微粒PM2.5及多環芳香烴（PAH或PAHs）等致癌物。總之，「能源」及「不安全」緊緊相扣、明顯可見。那麼，究竟為何我們這些年來始終無法擺脫這兩個不安全呢？

簡要來說，問題的核心在於我們替代化石燃料的決心及策略，這兩者都鑲嵌了龐大政治能量，牽一髮動全身，令政府、企業及一般民眾都相當躊躇。其中，決心的問題，主要在於縱使能源高度依賴進口而有供給不安全的憂慮，但因為化石燃料實在便宜（無論是油價或電價），除了舉國幾近一致地消極從事節能工作外，我們也對開發新的替代能源相當猶豫，擔心替代者更貴、更不穩，因此不只官方或私部門，絕大多數一般消費者都不願將漲電／油價做為擺脫化石燃料依賴的手段，耽溺它所帶來的廉價及穩定好處（化石燃料雖高度進口，但距離上次國際能源危機已經超過一個世代，對多數人來說是便宜且穩定的進口）。

然而，若說衡量輕重，我們近年期望能替代化石燃料的目標始終難以前進的更關鍵原因，應該還是在於替代策略選擇的兩極化。直接來說，除了盡力將一大部分的燃煤改為燃燒天然氣以降低空汙外，核心問題就在於我們究竟是要用核能或再生能源來有效地替代化石燃料？眾所皆知，我們並不缺找尋替代能源的支持團體及聲量，再生或核能背後都各有大規模的社會推動力，畢竟它們都能有效解決碳排及空汙的不安全問題，也可降低進口化石燃料的依賴。然而，這兩者卻可說是水與油的差異，幾乎沒有相容的空間。

當再生能源支持者主張核能燃料也是百分百仰賴他國，雖燃料存量時間較長，但還是換（種類的）湯不換（進口的）藥，且可能造成核災及核廢貯存無解的隱憂，仍有幾個無法擺脫及忽視的不安全時；核能支持者則質疑再生能源會帶來高價、不穩等新不安全現象。由於雙方陣營所互相指控的「不安全」，可說是彼此都無法忍受的痛點，因此幾乎沒有所謂「兼容」的可能性。即便有所謂以核養綠的說法，看似兼納雙方優點，但實務上卻飽受名實不符的質疑，難以取得另一方再生能源支持者的信任。

•解決「能源不安全」方案的藍綠分割化

基本上，支持核能或再生能源來替代化石燃料的陣營，就剛好大致落在藍綠政黨所劃分的隔線兩側，不知該視為幸或不幸。不幸的方面是，我們的能源政策就隨著藍綠政府輪替而輪替，除了難以累積政策能量及深入研發細部行動措施外，更可嘆的是相互劇烈拉扯，可說是新的政府一上臺，能源政策的策略主軸就再次從零開始，並且否定前朝方針。例如，若比較馬政府在二〇一二年所頒布的第一版「能源發展綱領」與蔡政府在二〇一七年所頒的第二版，當前者在福島核災後還是提出核電無法取代的能源供給原則，但後者卻明確指出幾年後就要達成非核家園，而兩個綱領提出的時間相距不到五年。

再者，若比較更早以前馬政府二〇〇八年剛上任時所提出的「永續能源政策綱領」及扁政府在二〇〇四年的「國家永續發展願景與策略綱領」，也是一樣有髮夾彎的情形，而各有核能及再生能源的顛倒側重。亦即，當馬政府規劃二〇二五年時仍有約二〇％核能及八％再生能源做為發電來源時，扁政府則期望屆時核電為五％，而二〇二〇年時再生能源裝置容量占比至少十二％，差異相當大。我們在本章接下來的部分將更仔細說明近一世代以來的能源政策變遷重點，並指出為何電力是其中的重中之重。

總之，我們發現能源政策的藍綠兩極發展會帶來許多傷害，除了讓能源機關難做事，並引起專業官僚分化及猜疑外，兩黨彼此競爭漩渦又因再內捲其他能源議題（特別是關乎核能部分），使彼此拉扯更劇烈。例如，我們可以從二〇〇三年以來藍綠各提的《非核家園推動法》、《能源安全與非核家園推動法》及《減碳無煤家園推動法》草案立法過程中，發現兩大黨間彼此妥協、協調、共商的不可能，但卻常見嘲謔、突襲、反撲的互動。不過，能源政策兩極發展的最不可欲後果，恐怕還是展現在一般大眾的無所適從上。亦即，在藍綠不同政府的政策宣導下，民眾對國家的能源知識及感知欠缺深入及一致性（本章最後一部分有專題說明），甚至造成公民間的彼此傷害。例如，二〇一五年初的第四次全國能源會議中出現令人啼笑皆非的紀錄意見：

反核者說：面對核廢無解之困境，核廢料應優先放置於支持核電者之住家，支持核電者應有義務優先承擔核廢料之處理責任。

擁核者說：核廢料技術上完全有解，目前無解是因政治因素，應優先放置於支持核電者之住家，支持核電者應有義務優先承擔核廢料之處理責任；反對核電者，缺電時應優先停電，應同樣承擔其他發電方式所產生之廢棄物於家裡。

至於幸運的部分，則由於藍綠激烈競爭，連帶使核能或再生能源策略都沒有得到壓倒性勝利，還有繼續溝通協商的空間。若未來凝聚共識後，應即可邁開大步而降低大量的化石燃料消費。不過，我們認為這恐怕是黑色幽默式的樂觀，因為我們在此策略選擇上可繼續蹉跎的時間不多了，現在應該趕快做些事情，大幅減少消費化石燃料，否則到了下個世代的結束時，我們還在跟現在的兩個能源不安全共處。如果可以，我們應盡快形成共識、加速轉型。

•我們應該要預備一個安全世代

無論如何，假設現在將時鐘快轉到二〇五〇年，相信多數人不希望繼續看到臺灣有前述的兩個不安全窘況。那麼，究竟應該要有什麼基本方向及核心策略呢？我們認為突破困境的方向就是所謂「能源轉型」。其實，以歐美先進國家從一九九〇年代起重視能源政策的趨勢來看，已公認能源是邁向低碳社會及永續發展的核心，如欲釜底抽薪地建構國家新願景，則必須首先讓能源部門轉型，特別是近三十年來每一個國家都必須面臨氣候變遷地球暖化的大環境。

本書的最終章，就將詳細說明能源轉型的內涵及國際趨勢，它不只追求將化石燃料替代掉，減少碳排、空汙及進口依賴，還要負擔得起新能源。此外，以歐洲國家為主的轉型也不只將能源視為經濟成長的燃料，還更要轉身變成經濟成長的內容，也就是拚新能源產業即是拚經濟，甚且能源的轉型造就更透明的政府治理、民主參與及社會公平。

因此我們認為，若真要有一個前瞻及嶄新的政治、經濟及社會，必須將能源轉型同時視作目的及手段，而在替代策略方面則只有發展再生能源才能達成。請注意，臺灣嚴重的能源轉型遲滯，背後連動的是產業轉型遲滯、空汙環境治理轉型遲滯、社會轉型遲滯，已經導致系統性的遲滯、落後全球主要先進工業國家逐步建立起來的低碳經濟、低碳社會體系。而在新低碳世紀的門檻徘徊的結果，就可能是陷入褐色能源與褐色經濟（brown economy）[1]的舊典範，難以自拔。因此，我們面臨急迫性，需要觀念、政策、行動的變革與擴散。

至於核能選項，除了它無法去除前述的兩個能源不安全，也無法給我們新的生活體制。而且核能不是最佳選項的根本原因在於，目前發展再生能源面對的各種不安全，如果政府及民間願意合作投注適當資源處理，其實是有解方的，而且將可獲得更大的經濟動能及更安全的世代延續。然而核能的部分可說是無解，對國家永續發展的願景幫助相當有限，畢竟核能無法成為我們能源自主且產業轉型等的依靠。

由能源轉型帶來的國家重構一直是臺大風險社會與政策研究中心過去的年度報告重心，今年我們冀望能在兩極策略爭議之外，再積極推展公民即可進行的具體改變，故特以日常生活視角討論能源轉型的在地意涵。雖然本章前述有關臺灣能源政策近一世代的變遷重點中，可發現核能及再生能源同為關鍵，而前者更是能源政治爭點，但我們認為核能可說已經是能源絆腳石，在許多能源轉型先驅的歐洲國家經驗可證。因此，我們建議趕快脫離泥淖，並在本書主體的第二章至第五章，戮力分析空汙、公民電廠、產業及地方治理等周遭常觸及的議題，因為它們不只關乎能源部門，還會拉動更廣泛的經濟、政治、社會層面轉型，讓我們更接近永續的未來。更重要的是，這四個議題是我們現在就可努力著手的工作，毋須擔憂藍綠惡鬥的策略分割困境。

1 褐色經濟（brown economy）指經濟發展重度仰賴化石燃料，並未考量到經濟活動中的生產與製造過程對於環境帶來的負面影響（World Bank, 2013）。

1 能源政策歷程的重點：從轉向到轉歪

張國暉、徐健銘

在進入第二章至第五章的日常生活能源議題及最終章的國際能源轉型趨勢及臺灣能源政策想像之前，我們對臺灣當前能源情勢有必要做進一步認識，包括近一個世代的能源政策變遷重點、主要的能源結構資訊，還有目前以化石燃料為主要來源的能源現況如何影響我們的日常生活。

基本上，雖然我們國家的總體能源結構調整有限且腳步踉蹌，但近二十年來頗值欣慰的是，能源政策主軸已由服務經濟發展的從屬角色逐漸轉向有獨立地位，有其自身關注的核心議題：環境保護。這一開始的轉向契機，也是如同之前一樣來自國際壓力，但壓力的種類已從經濟變成環保。

這個壓力來自一九九七年京都議定書的簽署，我國因此在隔年一九九八年中召開了第一次全國能源會議。在這之前，能源政策的內涵先有一九六八年頒布的「臺灣地區能源發展原則」，後有因應一九七三年能源危機而核定的「臺灣地區能源政策」(一九九六年止共進行四次修正)。基本上，這些原則、政策及修正，其核心想法除希望能充裕與廉價地提供能源以利經濟發展外，亦適時地因應國際事件而企圖降低石油消費，以上由中央政府單一面向地發動，本質上與環境保護並無關係。

一九九八年第一次全國能源會議獲得的結論，可說是以減碳為目的，主要藉節能為手段，希望能為環境保護盡心力，但也不妨礙經濟成長動能。這次會議對減碳訂出了具體減量數據目標[1]，還將它設為首要結論，具有建立政策主體性的意涵。然而我們也發現，減碳的執行時程訂在遠達二〇二〇年的前後五年，欠缺前瞻。此外，雖然會議結論中還涉及推廣再生能源、天然氣及增建核能機組做為最後的選擇等，但這些除了次於節能外，也次於推動汽電共生，並不夠積極。再者，在推動再生能源方面，並沒有提出任何具體目標數據及內容。

總之，能源來源結構改變的優先性（如納入再生或擴增天然氣）低於原有能源系統的內部調整（如節能或提升能源效率），難謂具備足夠改變的決心。不過在此必須說明的是，我國能源政策從一九九〇年代末才開始有新腳步，並在一九九八年第一次全國能源會議時檢討了「經濟唯一」的思維，其實與國際間約從一九九〇年代初才有的能源政策和評估趨勢相比，起步時間也不算太晚。雖有為德不卒之嫌，但也是值得期待的開始。只是頗為可惜的，臺灣二〇〇〇年之後的能源發展就開始了「政府一輪替，政策就輪替」

1 目標是將二〇〇〇年定為碳排基準年，希望二〇二〇年時的碳排量在二〇〇〇年基準的加減一〇%內（經濟部，一九九八）。

的原地繞圈窘境。

•從轉向到轉歪

二〇〇〇年時，甫獲主體性契機的能源政策卻因政治及核能爭議的夾纏失去正常發展的可能性。民進黨政府當年第一次執政，終結國民黨自一九四五年開始的政治壟斷，即便選舉結束、新政府上路，政治情勢仍暗潮洶湧，衝突一觸即發。很可惜，朝野駁火點就在能源政策上。新任總統陳水扁為緩和國內及兩岸政治局勢，邀請國民黨唐飛擔任行政院長，但任期不及五個月唐飛即因主張續建核四，與民進黨的廢核四立場不同，請辭獲准。更嚴重的是，在唐飛准辭後幾週內，陳水扁看似為政黨和解，接連與敵對政治領袖宋楚瑜及連戰安排會面，當扁與連會談時仍承諾將審慎評估續建核四，但在會面後僅一小時，行政院長張俊雄即宣布停建核四，引發喧然大波，諸多政治現象前所未見（如引起大法官解釋），在野的國民黨更因此發動內閣倒閣及提起總統罷免。

民進黨停建核四的政策引起在野激烈反制，幾經折衝，最後朝野以「核四復建」及「非核家園」做為妥協方案，後者並延伸為二〇〇二年《環境基本法》制定。這樣的方案看似藍綠各取所需、各有退讓，但非核家園的共識其實只是一種法律條文宣示[2]，相關實施計畫仍有待執政政府擬定，否則沒有實現可能，而這就成為延燒至今的爭議點。此外，更別說核廢貯存問題也在此時浮上檯面，引起多方衝突，加入政治爭鬥激烈的場域。

由於藍綠對核能的態度南轅北轍，民進黨大多將之視為威權政治的一環，因為核能政策從未經人民實質審議同意，而國民黨主要認為它是經濟發展的根基，高喊缺電危機，而有其無可取代的必要。於是有關非核家園政策的推動計畫迄今仍翻來覆去，莫衷一是。再者，民眾對核能的態度也因之明顯地分割化，與當朝政府政策相左的一方常發動激烈抗爭，而相同的一方也與之對應營造運動來對抗。總之，二〇〇〇年後核能所引起的社會紛擾相當龐大，其所鑲嵌的層面更深入經濟發展信念、民主深化、原漢關係等結構的翻攪。

基本上，扁政府時期的能源政策主軸，乃透過二〇〇五年第二次全國能源會議（「又是」因應外部壓力，京都議定書於二〇〇四年底生效）及二〇〇四年所發布「永續發展綱領」，追求未來再生能源發電比例提升到一二%及宣示不再新建核電廠等。不過，來自產官學多元成員所組成的全國能源會議，最後除未形成減碳方面的具體目標結論外，對於開發再生能源的決心也不夠，而將官方一年前方才矢言推展的再生能源目標時間表推遲五年，並且有維持核電的保守意見，可見當時全國能源會議中的經濟發展思維仍是

2《環境基本法》第二三條規定：「政府應訂定計畫，逐步達成非核家園目標……」。

主流，而與當時民進黨政府的政策有距離。

‧擁核髮夾彎

馬英九在二〇〇八年贏得總統選舉後，上任不及一個月就將競選期間的能源政見化作「永續能源政策綱領」，隔年再召開第三次全國能源會議試圖加以背書。這項綱領的核心原則看似同前兩次全國能源會議一樣都在強調減碳，不過最大的差異在徹底改變民進黨政府的消極核能政策。馬政府不僅完全不再提一九九八年以來「增建核能機組做為最後的選擇」的全國能源會議結論或「不再興建新的核電廠」的永續發展綱領原則，更將核能納入所謂低碳能源種類之一，甚至近乎明示地規劃到二〇二五年時核能占總發電裝置容量達二二％。

基本上，馬政府的「永續」定義，可說主要是藉由核能充實，來達成「低碳」的環保目標，雖仍規劃推動再生能源，但已將扁政府所提二〇二五年的企圖心由一二％降至八％。值得注意的是，馬政府本身「為減碳而擁核」的說法其實也頗受質疑，因為他上任未久即推動國光石化及中龍鋼鐵等高碳排開發案，「經濟優先於環保」應該才是馬政府的執政方針，所謂藉核減碳恐是託辭。

二〇一一年日本福島核災後，國內反核聲浪大起，挑戰馬政府傾心核電的政策。馬英九在同年底提出「確保核安、穩健減核、打造綠能低碳環境、逐步邁向非核家園」的新能源發展願景宣言。其中，減核及非核家園的用語可說是二〇〇八年上任以來首次公開提出。「減核」意指核一至三確定不延役，非核則是表示將遵《環境基本法》的非核家園規定，開始進行計畫工作。不過，馬政府實際上仍擁抱核能，我們可由當時經濟部能源局的以下政策文件用語中發現，在經過福島核災後，馬政府還是很快恢復對核能的偏好、質疑再生能源、採取保守天然氣發電等政策論述：

（一）燃煤、燃氣機組可用率分別可達九〇％及八五％以上，有排碳問題，另燃氣成本高、安全存量低（夏天僅七天）。

（二）核能具穩定供電、發電過程不排碳、低成本及安全存量一年半。

（三）再生能源發電過程不排放CO_2，但相較發電成本偏高。

（四）風力及太陽光電不能二十四小時穩定發電，全年機組可利用率低僅一四～三八％，在臺灣尚無法有效儲存，因此無法取代基載電源。

• 冰火難容

馬政府擁抱核能的政策後來也引起民間的反核陣營強硬對抗，臺灣二〇一三年的反核遊行是福島核災後的世界最大規模之一，各地總人數超過二十萬，還引起知名政治人物絕食的激烈反應，最後馬政府二〇一四年決定封存核四。在提出封存決策時，馬政府承諾召開第四次全國能源會議以為配套，期凝聚新能源共識。不過，雖然從二〇一四年底開始進行的會議有所謂「全國能源」之名，但討論過程中，議題的重點多數還是僅落在核能的討論，最後總結會議時的焦點也是核能，引起現場反核與會者質疑會議受主辦機關經濟部刻意引導成「未來用電從核能來」的方向，因此跟官方及其他「擁核與會者」發生嚴重言語衝突。最後，會議中有關核能議題部分得到的「共同結論」甚少，多數以「其他意見」方式陳列。

其實，二〇一五年第四次全國能源會議增有若干機制設計幫助與會者討論，而與前三次有所不同，例如歡迎民眾提供能源意見，並輔以專家查核的機制，企圖讓討論更有效果及效率。此外，為更廣納民間意見，政府代表的比例降至四分之一以下，增加了許多民間團體代表出席會議。不過，這些機制最後仍無法讓做為會議重點的核能供應得到足夠、有效的討論，遑論得出結論，相當可惜。會議雖不至於稱作失敗，但也難謂成功。

接下來，二〇一六年民進黨政府上臺之後，由於第四次全國能源會議意見紛雜，另依總統大選時的能源政見為基礎，而在二〇一七年核定了新版「能源發展綱領」（也就是二〇二五年時達到二〇%再生、三〇%煤、五〇%天然氣的發電燃料比例）。只不過，可能是執政者發現全國能源會議的機制已不易運作，特別是因核能討論所引起的難局，而改提出製作「能源轉型白皮書」的平臺替代全國能源會議，希望再凝聚新共識，不過目前尚未完成，未來仍待嚴肅考驗。總之，臺灣每幾年就藉不同手段找尋能源新出路，圍繞的擁／反核的冰火之爭，動員頻繁，產官學研民都相當疲累。

2 能源的主爭點在電力

張國暉、翁渝婷、黃翰榆

基本上，電力是多數國家「能源消費」最重要部門之一[1]，包括臺灣在內。因此如前一節所提及，臺灣近二十年的能源政策都以電力為重心，最近一次（二〇一四至二〇一五年）的會議主題更直接陳明「未來的用電從哪裡來？」。從歷屆全國能源會議結論及行動方案內容也可發現，它們多將電力結構的調整以具體數字呈現，顯見其重要性。此外，若檢視二〇〇四年以來的四次能源政策相關綱領內容，也可觀察到電力在我國能源政策的關鍵地位。再者，二〇一六年民進黨再次執政後，所提的能源轉型政策，更是以電力結構的改變為政策重心，具體主張要在二〇二五年時有五〇%及三〇%的電力供應分別來自天然氣及煤，所餘二〇%則是再生能源。因此，本書將能源轉型的焦點集中在電力的討論，一方面既呈現臺灣近二十年來的政策主軸，另一方面也因鎖定在此而更能彰顯出能源轉型的實作方向，甚至是衝突爭點。

自一九九八年第一次全國能源會議後，臺灣近二十年的電力燃料來源之結構圖像，可藉由圖1對實際發電量的趨勢獲得初步印象。有以下四個重點值得注意。第一，在一九九八年時，清淨能源（核能與再生）約占二七%[2]，但隨著用電量持續成長，比例愈來愈少。第二，近二十年來，核能發電量降低一半以上，這也使得化石燃料發電由約七成成長至八成。第三，化石燃料中，燃煤有降低但有限，燃油大幅降低，天然氣則成長三倍以上。第四，被認為未來電力系統關鍵的再生能源，目前主要是以慣常水力為主。[3]

針對電力系統的改變策略方向很

1 國內能源消費＝能源部門自用＋最終消費，包括「煤及煤產品」、「石油產品」、「天然氣（自產天然氣及進口液化天然氣）」、「生質能及廢棄物」、「電力」、「太陽熱能」及「熱能」等（經濟部能源局，二〇一九b）。

2 清淨能源（clean energy）是指能源在獲得（生產）及被消費的過程，排放較少的汙染物，對環境較友善及低威脅，特別是相對於化石燃料能源。一般來說，清淨能源包括多種再生能源，有人認為核能也算，但頗受質疑，有相當的爭議。

圖1｜一九九八～二〇一八年臺灣發電量結構

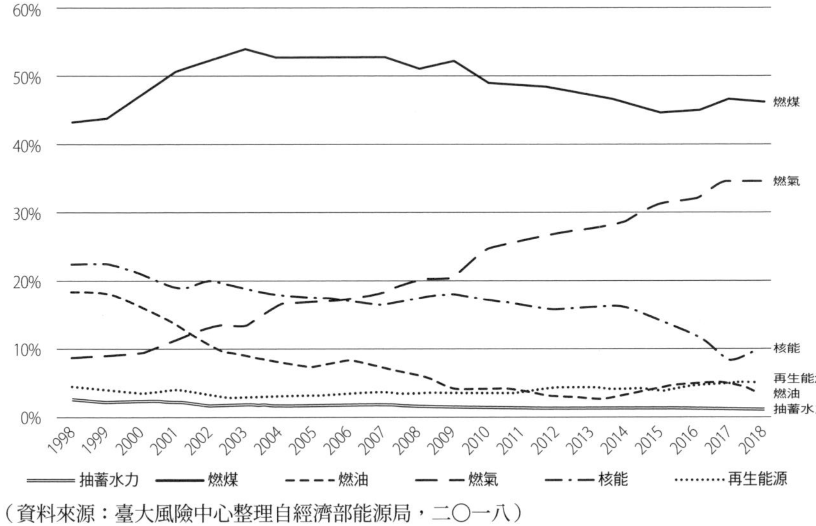

（資料來源：臺大風險中心整理自經濟部能源局，二〇一八）

多，不少並非新穎，早在一九九〇年代或更早就積極提出來了，像是節能及如太陽能與風力等幾個再生能源。然而，正如前述的政府欠缺決心及明確策略，好些國家如臺灣猶豫了一個世代，知道卻難做到，無法邁開大步。基本上，縱然最近有新科技加入，如大數據、人工智慧或儲能等技術，但基本概念還是相同，也就是老方法新手段，仍需仰賴節能及再生能源做為關鍵電力系統轉型的關鍵策略。

不過，必須注意的是，近幾年的發展也同時強調「社會方案」。科技固然重要，但有時一些社會方案可能比科技方案更能解決問題。例如，過去為了處理逐年增量的垃圾問題，儘管新蓋焚化爐或開闢掩埋場有所幫助，但由民間發起資源回收及垃圾減量的方案卻更有效，並具有永續的價值，甚至成為國際稱道的對象。我們不一定要迷信需完全藉科技方案才能幫助能源轉型。這也是為什麼第二章至第五章除延續傳統的節能及再生能源之轉型策略外，更加進新科技、新社會方案及新治理措施的想法。以下小節先提供若干必要的現況及困境資訊。

• 節電：除應多說，更應多練

基本上，在瞭解臺灣發電結構變遷的基本趨勢及關鍵改變重點後，也需要進一步瞭解臺灣發電燃料由何而來。[4] 根據能源局最新統計指出，臺灣的總能源供給有九八％仰賴進口，尤其是化石燃料。臺灣身為島嶼國家，電力的供給也僅靠自己的獨立系統，且主要是透過燃燒化石燃料（例如二〇一八年高達八四%）產出。在電力短缺的危急時刻，我們是否能維護國家的能源供應穩定？這始終是每年受到關注的公共政策議題。以往我們的能源政策始終著重在燃料結構，除了希望更平均及多元外，亦期待能降低進口依賴。不過，接近百分百的供給進口比例並不易有效降低，這是難解的結構性問題，但若就此打住、自認束手無策，也未免駑鈍。因此除要「開新且自主的源」外，更應積極想辦法「節流」。

先說節流／能。其實從一九九八年第一次全國能源會議起，官方及民間對此就有清楚認識，並經常列入歷年政策宣示中，直到現在仍是能源政策不可或缺的部分。例如，為達二〇二五年能源轉型目標，臺灣需將年用電量成長幅度抑制於〇・七%。然而，目前臺灣二〇一八年電力消費呈成長趨勢（如圖2）[5]，不利於能源轉型與溫室氣體減量目

3 水力發電型態分為「慣常水力」及「抽蓄水力」二種。「慣常水力」藉由水的流動而產生電能，通常由水庫或川流的高度落差產生位能發電；「抽蓄水力」利用夜間離峰剩餘電力（例如核能），將「下池」之蓄水抽存於「上池」，待日間尖峰時段再放水，將水流高低差的位能轉換成電力。

4 電力消費之化石燃料包含煤、燃料油、柴油及天然氣。

5 全臺電力消費量二六四三・九億度，用電成長率為一・一五%（經濟部能源局，二〇一九a）。二〇一七年全臺用電成長率為二・三%，二〇一八年降為一・一五%，成長幅度雖較前兩年下降，但仍呈現成長趨勢。

標的達成。其中，工業為主要的用電量增長貢獻來源，即便紡織成衣及服飾業、塑膠製品製造業、非金屬礦物製品製造業的用電量均下降，但其餘業別用電量皆成長（如圖3）。

除了最大占比的工業部門外（二〇一八年時約占五四・五二%），第三大用電的住宅部門（約占一七・八一%，約略低於第二大的服務業一八・三六%），在最近幾年中的用電成長約二・二%，較工業的一・五%及服務業的一・三%都高，且二〇一六年時增幅曾達五・四六%，相當驚人。因此，最近幾年我們常感受的用電緊繃，相當大的部分來自於大家日常生活所需的用電成長，特別是在夏季溽暑時。然而，為解決夏季用電尖峰窘境，常見的直覺解方卻只有增加發電一途。其實，這樣的尖峰用電時間並不長，

圖2｜二〇〇〇～二〇一八年臺灣電力消費（用電量）及成長率

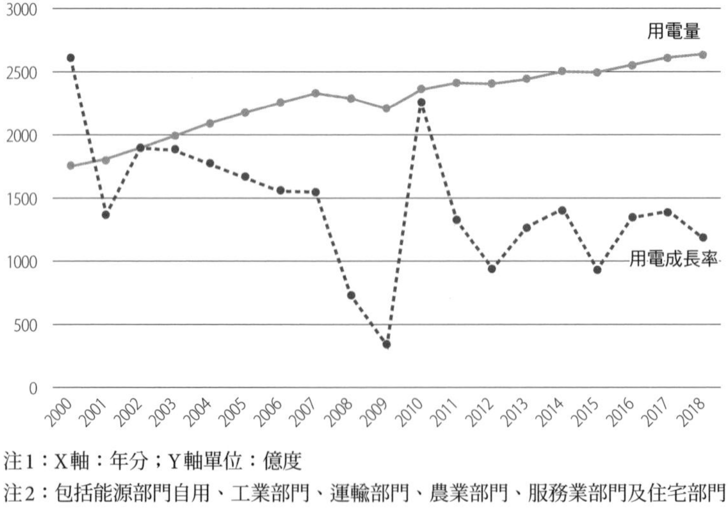

注1：X軸：年分；Y軸單位：億度

注2：包括能源部門自用、工業部門、運輸部門、農業部門、服務業部門及住宅部門。

（資料來源：臺大風險中心整理自經濟部能源局，二〇一九a, b）

圖3｜二〇一八年臺灣各部門別逐年用電成長率

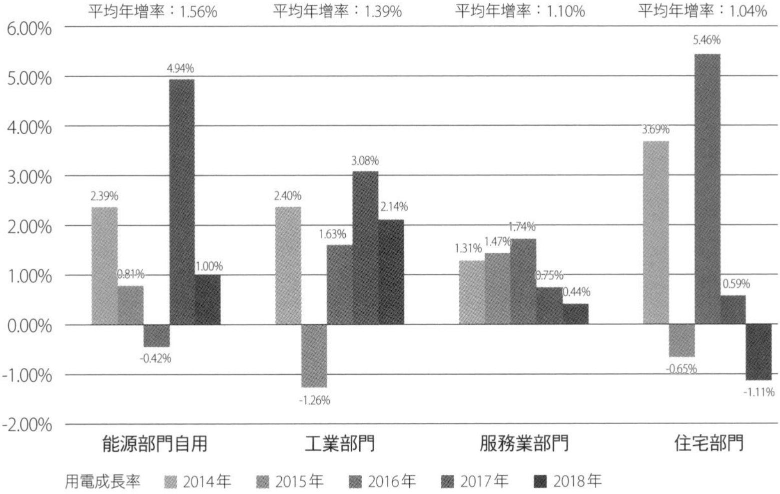

注1 經濟部能源局分為六大部門：「能源部門自用」、「工業部門」、「運輸部門」、「農業部門」、「服務業部門」、「住宅部門」。但本篇僅提出「工業」、「服務業」、「住宅」部門，並於圖中顯示總用電量貢獻度較高的「能源部門自用」做為比較。

注2 二〇一四至二〇一八年平均年增率合計為1.30%

注3「能源部門自用」指能源供應業之自用量

（資料來源：臺大風險中心整理自經濟部能源局，二〇一九a, b）

圖4｜二〇一八年度臺灣各部門用電占比

能源部門自用	工業部門	服務業部門	住宅部門	運輸部門	農業部門	合計
20,088,824	144,131,390	48,534,337	47,083,405	1,431,328	3,116,301	264,385,586
7.60%	54.52%	18.36%	17.81%	0.54%	1.18%	100.00%

單位：千度（資料來源：臺大風險中心整理自經濟部能源局能源統計月報）

應把解方的選擇範圍擴大，除更有彈性，也更有效能。例如，我們可搭配所謂「需量反應」管理，在尖峰時引導民眾節能而將冷氣調高兩度或搭配循環扇來降低室內溫度，然後再配套電價調配等做法鼓勵節電，一方面使尖峰需量下降，另一方面民眾還因配合這些措施反讓自己的電費帳單金額下降，甚至還可因此賺點小錢，可說雙贏。此外，我們也不需為了短暫尖峰需求，再花大錢新蓋電廠。

雖然我們都知道節能重要，但實際做的行動離所謂「積極」還有相當距離。說實在，相對於能源進口難擺脫高仰賴的不安全感，如何有效節能是自身就可以著手，並可獲得顯著成果的工作，應當好好把握。不過相當可惜，政策宣示歸宣示、落實歸落實，我們真切及實質的節能行動相當貧乏。然而，常謂「高手在民間」，本書第

表1｜二〇一七年全球各國再生能源新增量排名

全球排名	1	2	3	4	5
在再生能源及燃料的投資額（不包含超過50MW的水力發電）*	中國	美國	日本	印度	德國
地熱能發電量	印尼	土耳其	智利	冰島	宏都拉斯
水力發電量	中國	巴西	印度	安哥拉	土耳其
太陽光電發電量	中國	美國	印度	日本	土耳其
CSP發電量**	南非	–	–	–	–
風力發電量	中國	美國	德國	英國	印度
太陽能熱水器發電量	中國	土耳其	印度	巴西	美國
生質柴油產量	美國	巴西	德國	阿根廷	印尼
生質燃料產量	美國	巴西	中國	加拿大	泰國

* 千瓩（MW, megawatt）= 1,000 瓩（kW, kilowatts）= 1,000,000 瓦特（W, watts）

** CSP（Concentrated solar power）：聚光太陽能熱發電，或稱聚焦型太陽能熱發電，利用集中熱源發電的太陽能系統。

（資料來源：臺大風險中心翻譯自REN21，二〇一八）

四章的產業自主管理章節，就將介紹成效有佳的本土紡織業案例，如何透過低成本的節能方式，從高耗能產業轉型成綠色永續經營模式，值得未來政策制定及執行時的參考。

• 再生能源發展疲弱的地面戰突破

如同節能的「多說少練」，臺灣近二十年來再生能源發電的推動也有類似情形。根據法國非營利組織二十一世紀再生能源政策網（REN21）於二〇一八年六月發表的《再生能源二〇一八年全球狀況報告（*Renewables 2018 Global Status Report*）》，二〇一七年相較二〇一六年全球再生能源設置量持續增長，尤其是太陽光電與風力發電的成長幅度最大。中國為再生能源增量最高的國家，接著依序為美國、日本、印度及德國，如表1所示。而臺灣與世界各主要國家相比，目前仍相對落後。

二〇一八年十月聯合國氣候變遷專家委員會

圖5｜二〇一八年臺灣發電結構與再生能源發電種類占比

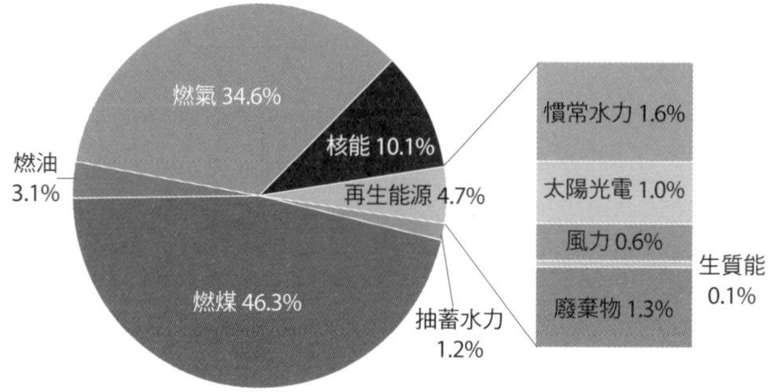

（資料來源：臺大風險中心整理自經濟部能源局，二〇一九c）

（IPCC）亦發表《1.5°C全球暖化特別報告（*Special Report- Global Warming of 1.5°C*）》，指出全球於二〇五〇年電力結構中，需將再生能源發電占比提升至七七%以上，才能達成碳中和的目標。[6]然而，目前臺灣主要發電方式仍以燃燒化石燃料為主，高達八成以上，再生能源僅有四．七%，其中慣常水力就占了其中三分之一（如圖5）。二〇一八年的燃煤與燃氣發電占比與二〇一七年大致相同，而核能發電占比從八．三%小幅回升至一〇．一二%，但相較二十年前大幅減少了一倍。[7]為提升再生能源占比，目前我國政策偏向發展風力與太陽能為主，其中風力將朝向離岸發展，太陽能則由台電漸移至民間，期望擴大戰場而以「公民電廠」的形式為太陽光電增量。

我國主要是從二〇一二年開始推動「千架海陸風力機」計畫，先進行陸域示範，同年並再將目標朝向以離岸為主，做為推動的第一階段。目前正在進行的第二階段，則是從二〇一五年開始規劃離岸潛力場址，由開發商在二〇一七年前完成環評，接著需在二〇一九年底前獲政府允許取得籌設許可，隔年開始併網發電。至於第三階段，也是最後一個階段，約從二〇二一年開始，除了更大規模的區塊開發離岸風電外，更希望逐步建立風電設備、水下基礎設施及海事工程等技術的在地產業能力，而開拓新的高附加價值產業。

離岸風電雖常遭價高及不穩的批評，但若深入瞭解發展離岸風電將對臺灣的在地產業帶動、歐洲多國過去定價及開發歷程、電力供需調配管理及儲能技術發展等內涵，即可發現這些評價多限於枝節、墨守舊規或欠缺信心。至於太陽光電部分，也有類似情形，遭致低估或不平對待。整體來說，以臺灣現有的科技、管理及社會應對能力檢視，我們實在不必過度欠缺自信，而浪費這些自身過去所累積的難得資源。更何況，目前臺灣引以為傲且與世界接軌深入的高科技業，無論是基於企業責任或加入全球供應鏈等因素而主動提出需求，或是受國內環評等原因的被動規定，近來都追求使用高比例的綠電。我們若再因小失大、裹足不前而沒把握住機會，將不只可惜，更是可嘆。

由於公民電廠具有高度潛力，本書第三章將提出不同在地化特性的電廠型態，並說明各地因不同的地理及社會人文因素，而有不同模式及相關局限，其中「行動者」可說扮演著最關鍵的角色。例如，彰化大城鄉台西村的行動先驅者許震唐為在地居民，受限於人才及後續資金，在推動上面臨諸多挑戰；至於二〇一九年成立新北市第一家庶民發電學習社區合作社的蘆荻社區大學，本身有很好的組織力及資源，常將危機化為轉機。本書將介紹臺灣不同轉型案例，解析近身搏擊的地面戰攻防策略，盼能提供未來其他地

6 碳中和是指總溫室氣體排放為零，可經由減量、抵換、碳交易等措施，降低碳排放量以達到「碳平衡」，即「零碳排」或「零碳」。

7 主要原因為二〇一六年核二廠二號機整修後，二〇一八年經原能會審查、台電併聯測試後，於六月重新運轉。

方轉型實務之借鏡。

• 多管齊下

有關電力生產結構及消費的改變，絕不限於前述增加再生能源及提升節能效能，例如開發其他再生能源（如地熱、洋流、生質或潮汐能等）、漲電價、提升輸配電效率、對台電事業分拆以提高組織效能、以大數據預測及調控電力供需、擴大民間參與發電產業、推動智慧建築及都市、建立碳排管制進階策略等，還有許多重要的議題需要討論。至於被許多人視為解方之一的核能，前述已提出它的若干局限，且始終是國內政治動盪來源，我們的建議是，應及早堅定非核決心才能達成最終章所詳說的能源轉型。

由於篇幅限制及本書嘗試鎖定在由下而上的行動經驗及策略，因此有以下第二章至第五章的幾個案例選擇，但我們並不認為它們即屬充分，並認知到還有長途的能源轉型之路需一步一腳印前進。不過，其實當中有些議題，臺大風險社會與政策研究中心在前幾年分析報告中已提出，例如《電業法》未來修正建議部分，敬請讀者參閱，但有許多仍待努力。我們期許自己未來在這些議題上繼續探索，像堆積木般有計劃地朝向轉型願景實現。

3 未來的藍天是否會變成一種奢求？

周桂田、張國暉、翁渝婷、黃翰榆

儘管「節能」及「再生能源」一直是政府過去幾年來努力的方向（即便顯得為德不卒），但近年來因你我呼吸所受的「侵權」，更加讓眾多民眾感受到能源轉型的重要性，特別希望能將「電力結構」中的高化石燃料來源占比有效降低。回首二〇一七年冬季，不少人遭受「連續紅爆」的嚴重空汙威脅，尤其南部空氣品質經常在「對所有族群不健康」警戒範圍，苦不堪言。以空汙最嚴重的高雄左營地區來說，一年三六五天就有一五六天不見藍天。更嚴重的是，經研究證實，空汙已是造成國人死亡與疾病的十大風險因子之一。臺灣在二〇一四年有超過六千個慢性疾病（包含缺血性心臟病、中風患者、肺癌與慢性阻塞肺病）的死亡案例，都有來自過高懸浮微粒（PM2.5）所帶來的影響。遺憾的是，總懸浮微粒等汙染物質的主要來源，除了燃煤火力發電廠外，水泥業、石化業與鋼鐵業等產業也都是燃煤大戶（甚至是燃燒汙染更嚴重的石油焦），數十年來依然持續大規模運轉。

近幾年隨著各地反空汙的遊行，許多人相信臺灣的環境發展更需要有大眾積極行動與由下而上的力量。值得開心的是，本書第二章的故事告訴了我們，透過大家自發性提升環境意識與研究，民間的高手們已能自行開發出良好的監測設備，婆婆媽媽們的努力更創造出機會，促使政府與民間共同聯手對抗空汙。

然而，工廠林立的煙囪之島不僅僅只是造成空汙，也包含過去政府為追求經濟快速成長，在產業發展上偏重水泥、石化及鋼鐵等能源密集產業，導致臺灣變成一種高排碳、高耗能、高汙染的褐色經濟，時至今日這些能源密集產業都已經陷入低GDP貢獻、低附加價值的困境之中。除了空汙，大量的溫室氣體排放還造成全球增溫及氣候變遷，讓全人類面臨規模更劇烈的環境變化。世界多國為了對之加以減緩及調適，已透過在二〇一五年簽署的巴黎協定達成共識，盼能有效減燒化石燃料。[1]

簡要來說，在幾個關鍵的應對策略上，除了實施碳稅是許多國家減排的重要措施外，上述提到的「開新且自主的源」與「節流／能」也都在減碳中扮演關鍵角色。根據國際能源總署的統計，二〇一八年經濟合作暨發展組織（OECD）國家整體的再生能源占比已經提升到二七·四％，燃煤電廠的發電量亦比二〇一七年減少三·七％，顯見綠色浪潮的推動下，許多國家皆已付諸減碳行動。

綜覽過去的能源歷史與空汙背後的大問題之後，不知道讀者是否開始擔心，臺灣的未來到底會走到哪裡？只有民眾的熱血靈魂是否能夠翻轉——放眼望去烏煙瘴氣的這一塊土地？先別急著絕望。第二章至第五章的八個故事，從「空氣汙染」致使民間的爸爸及媽媽們發起的運動、到社區居民建構自己的「公民電廠」、擴散至企業自主管理的「產業創新節能」、進一步到「地方政府」的治理等，都是臺灣社會未來將能源轉歪導為轉型的所在。希望透過這些故事告訴大家，其實能源轉型比想像中更加貼近日常生活，環境及永續發展的真正生命力與希望所在，就在平凡的我們身上。

1 巴黎協定是由聯合國一九五個成員國於二〇一五年十二月十二日在聯合國氣候峰會中通過的氣候協定；取代京都議定書，期望能共同遏阻全球暖化趨勢。協定第二條通過以下內容：（一）把全球平均氣溫升幅控制在與工業革命前相比最多2°C之內，並努力追求前述升溫幅度標準續減至1.5°C之內，同時認識到這將大大減少氣候變遷的風險和影響。（二）提高適應氣候變化不利影響的能力並以不威脅糧食生產的方式增強氣候抗禦力和溫室氣體低排放發展。（三）使資金流動符合溫室氣體低排放和氣候適應型發展的路徑。

專題

臺灣能源問題調查報告：改變之前應該瞭解的真相

周桂田、翁渝婷、黃翰榆

二〇一八年十一月二十四日舉辦的十項公投結果出爐，從過半的投票率來看，可見大家對於公共議題十分關心。然而你我都可能不知道的是，做為民生必需的能源政策正在面臨大轉彎的危機。廢止非核家園提案的公投過關，近五百九十萬的同意票數（圖1），明顯與政府過去主張的零核政策路徑有很大的出入，這是否代表政府的政策方向，跟民眾所期待的未來有所落差？

面對近年能源議題有如宇宙大爆炸般充斥在許多不同新聞版面的情況，我們真的清楚在吵些什麼嗎？從臺大風險社會與政策研究中心在公投之前即進行的調查可知，一般民眾自認關心能源，但對它們的瞭解卻相當有限。

•核能發電不到一〇%

根據二〇一八年臺大風險中心針對國人能源轉型感知度的調查顯示[1]，九成民眾自認為關心能源政策的發展（圖2），但有趣的是，約有四五%的受訪者誤認為臺灣主要發電方式為核能，然而實際上燃煤才是我國主要的發電方式（圖3），更多人不清楚目前政府訂定非核家園政策目標及內容（圖4）。此結果證實民眾對於能源的認知與素養，與目前的現實狀況有所距離。僅占發電量一〇%的核能，是否讓民眾認為沒有它，就沒有電？沒有它，就會電費飆漲？常民對於能源認知的欠缺，已影響了公投結果。

雖然民眾不瞭解臺灣能源現況，但他們會注意每個月的電費，且較贊成政府以「補助」及「回饋」的措施提升再生能源的發展。例如，大多數民眾願意裝設智慧電表，因為可以省電費且政府有補貼。由此可知民眾在乎的不外乎是「金錢」這樣實質的民生需求，或許顯示了目前政府的能源政策尚未貼近民眾的心態，不能歸咎議題是否艱深，應反思難以使人產生足夠印象與產生共鳴的原因。因此，本書第五章提出新北市政府案例，看地方政府如何打破認知距離，透過親民的方式，使節能議題融入民間，達成全民節能減碳運動。

不同世代的能源意識與行動力

另外，對目前臺灣能源政策的感受，大多數民眾覺得「迫切」、「混亂」及「不公平」。

1 本次調查委託中華徵信所企業股份有限公司，採用電話訪問的方式，訪問居住於臺灣之十八歲以上民眾，有效樣本為一〇六八份。調查時間於二〇一八年六月二十三日至七月八日的平日晚間（十八時三十分至二十二時）、以及例假日全日（上午十時三十分至晚間二十二時）進行。

圖1 ｜「以核養綠」全國性公民投票結果

編號	投票權人數	投票人數	有效票數		無效票數
			同意	不同意	
第16案 以核養綠	19,757,067	10,832,735	5,895,560 (59.49%)	4,014,215 (40.51%)	922,960

（資料來源：臺大風險中心整理自中央選舉委員會，二〇一八）

圖2｜民眾對臺灣能源政策的關心程度

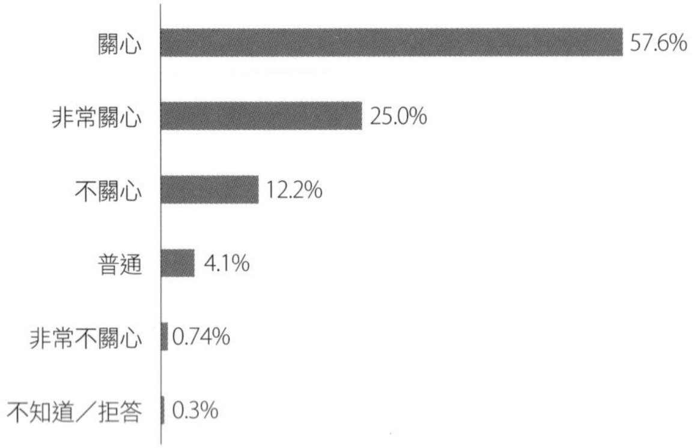

在1068位受訪者中，對臺灣的能源政策表示有一定關心程度者超過八成，包含「非常關心（25%）」及「關心（57.6%）」。而表示自己「不關心」占12.2%、「非常不關心」占0.7%。另外有4.1%的受訪者覺得「普通」，以及表示「不知道／拒答」者占0.3%。

（n=1,068）
（圖片來源：臺大風險中心研究團隊調查及彙整）

圖3｜民眾認為我國目前的主要發電方式

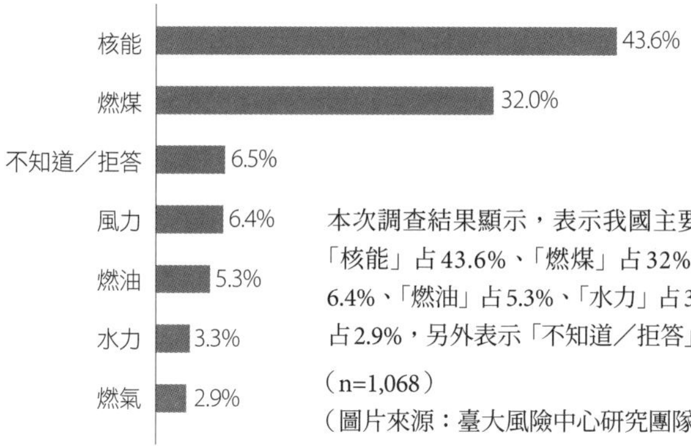

本次調查結果顯示，表示我國主要發電方式為「核能」占43.6%、「燃煤」占32%、「風力」占6.4%、「燃油」占5.3%、「水力」占3.3%、「燃氣」占2.9%，另外表示「不知道／拒答」者占6.5%。

（n=1,068）

（圖片來源：臺大風險中心研究團隊調查及彙整）

圖4｜民眾對二〇二五年綠能政策目標之瞭解程度

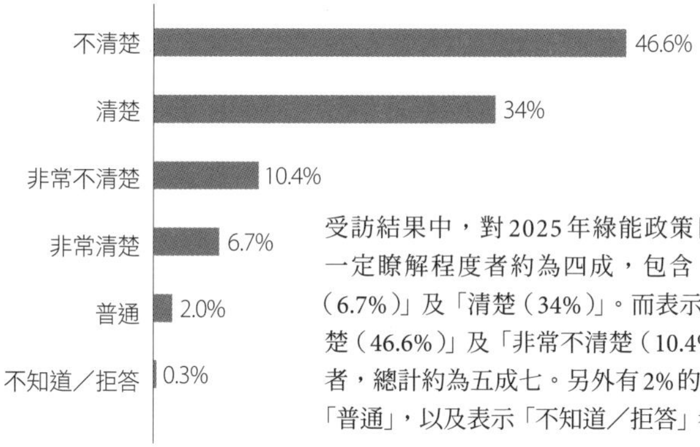

受訪結果中，對2025年綠能政策目標表示有一定瞭解程度者約為四成，包含「非常清楚（6.7%）」及「清楚（34%）」。而表示自己「不清楚（46.6%）」及「非常不清楚（10.4%）」的受訪者，總計約為五成七。另外有2%的受訪者覺得「普通」，以及表示「不知道／拒答」者占0.3%。

（n=1,068）

（圖片來源：臺大風險中心研究團隊調查及彙整）

其中，中壯年族群（四十至四十九歲）比其他年齡層，更容易覺得現行政策推動「混亂」與「不公平」。儘管他們明顯表達自己很關心能源政策，但調查結果發現，真正認為能源議題很「急迫」的，反而是年輕人與年長者，較願支付更高的電價以推動能源轉型。

由此推測，是否經濟條件穩定成熟的四十歲以上中壯年層，因社會經驗與歷練較高，較會去關注被大眾視為較複雜、專家化的能源議題，但也因為對這個複雜性議題的管道及內容不夠熟悉，認為目前政策混亂及不公平？且由於不理解能源轉型背後的意義，因此覺得能源轉型不急迫，相較起來還是「金錢」比較重要？換言之，比起家庭與經濟壓力較大的中壯年，相較之下大部分的青年與老人較有餘力及願景去挑戰、改變社會。但此背後層層原因，仍有待深入探討，然而重點可能還是政府如何將能源資訊及議題轉譯給常民。

從上述調查結果來看，我們擔心民眾對這項複雜性議題的資訊管道及內容若是取得不足，將容易導致民眾不理解、不清楚，甚至進一步造成反彈，使能源轉型不易。此外，大多數民眾仍認為能源轉型偏重於產業，認為應提供誘因或獎勵，才能有效節電，跳脫不了「經濟導向」的思維。如果政府能藉由提供易讀易懂資料，加上透過日常相關的訊息，主動從電視及數位通訊管道出擊，或許能降低民眾的混亂及不公平感，提升民眾對能源相關議題的素養及認知，讓全民願意共同付出與努力。

第2章

空氣汙染

能源轉型的四種聚焦01

導言

無所不在的流動，牽起跨界行動

杜文苓

臺灣空氣汙染問題近年來受到社會高度關注，隨著資訊與新聞的傳播，一般民眾已經能從視覺感官或身體反應意識到空汙的危害，對霧濛濛的天空不再有浪漫的遐想，反而有更多的警覺與憤怒。對於空汙問題的重視，呈現在民間不間斷的反空汙遊行、遊說、抗議與陳情行動上，減煤減碳的能源轉型路徑也逐漸成為社會共識。二〇一六年底，環保署把眾所關心的細懸浮微粒正式納入空氣品質指標，並啟動《空氣汙染防治法》的修正與一系列政策方案。二〇一八年底的公投，即有三案訴求與空汙議題有關並獲通過，顯示民眾對於空汙問題遲能未解的疑慮，希望政府加快腳步解決問題。

事實上，臺灣空汙問題並非特例。全球工業化的快速發展，已使空汙問題被視為當代最棘手的健康衛生問題。二〇一八年世界衛生組織（WHO）指出，全世界九一%的人口住在超過WHO空氣品質標準的汙染地區，而空汙導致許多健康危害如心臟病、肺癌等，估計每年約有七百萬人因為空汙而死亡。而世界銀行二〇一六年一份報告也指出，每年空汙所造成的健康代價，大約五兆美元（一五〇兆臺幣），成為龐大的經濟負擔。如果大家有機會查詢「世界空氣品質指數」（World Air Quality Index），這個網站有六十八個國家所匯集的八〇二八個官方監測站數據，提供細懸浮微粒ＰＭ2.5等汙染物濃度每小時變化，並以旗幟顏色顯示空汙的嚴重程度。各位或許會注意到，一些區域如中國、印度總是呈現高度健康危害的紅紫色旗幟。

在臺灣，空汙問題與能源轉型常被視為一體兩面。二〇一八年政府要在深澳蓋燃煤電廠的計畫引發高度爭議，民間團體要求中部火力發電廠於空汙季節降載，或呼籲高雄興達火力發電廠的老舊機組除役，都與空汙問題息息相關。不過，燃煤發電並非造成空汙的唯一原因，事實上，長期依賴集中式大型電力設施的各種高耗能產業，如鋼鐵業、石化業等，所產生的空汙問題並不亞於電力設施。如果我們的電力系統持續倚賴如煤、油、核能等大型集中式能源，著眼於不計外部成本的便宜電價，並忽略其所產生的各種風險與社會問題（如能源自主、健康風險、核廢處理等），將無法促成產業的升級與轉型。換言之，空汙問題所涉及的環境風險、健康危害等課題，必須搭載著「產業轉型」、「能源轉型」、「空汙治理轉型」等三螺旋轉型的系統性思考。

在空汙治理方面，我們可能需要進一步理解，瞭解空汙問題的嚴重性，並不就等同找到問題的解方。因為空氣汙染物多具有長程運輸不滅的特性，其擴散作用也受到大氣狀態的影響，因此對於空氣汙染與其對健康、環境危害資訊的掌握，常面臨空間、時間不同尺度測量，而有風險曝露差異的問題。即使在一特定空間範圍中，其風險曝露也會根據與汙染源的距離、季節、一天不同的時間、空間或科學工具的測量，而產生不同數值。但目前並沒有太多整合性的科學研究，能夠一一釐清汙染物質從排放、擴散、到受體影響的路徑與狀況。這些資訊與知識上的限制，使決策者難以準確評估相關不良影響與後果，致使空汙管制相關決策面臨許多困境。

理解空汙問題的複雜性，以及科學知識掌握的有限性，提醒我們必須發展出更多跨領域互動、協商，以及更包容多元的評估模式，才能針對空汙問題對症下藥。而過去空汙評估管制決策中不被重視的公民，具有想要擺脫空汙難民的解決問題動力，以及瞭解地方運作脈絡知識的優勢，更應被視為提升空汙治理效能的積極貢獻者。這個單元中的兩篇文章，即記錄著臺灣近幾年因為空汙問題所發展出來的公民行動力量，從自身的關懷出發，發展出跨領域的協作，從而擴大社群的關注，成為推進臺灣空汙治理的重要推手。

空汙問題已被視為當代最棘手的健康衛生問題（攝影：許震唐）

1 自己的空氣自己救：嘉義市與埔里鎮的反空汙故事

劉怡亭

「別讓孩子看不到未來！」「為下一代而走，救健康、救地球、救孩子！」遊行現場高舉的標語，來自二〇一五年六月及十二月的全臺反空汙遊行，這兩場由環保團體串連北、中、南各組織相互聲援的行動，以日益嚴重的空氣汙染為訴求。空汙議題近幾年受到民眾高度關注，加上媒體資訊持續傳播，不斷滾動發酵，反空汙遊行成了每年必會走上街頭的例行集會。

• 兩個沒有工業卻被汙染的城鎮

近年來，每當季節進入秋冬之際，天空中呈現的灰濛濛景象正是空氣汙染問題的真實寫照，特別是臺中、雲林、高雄等縣市為火力發電廠、大型石化工業區的聚集地，使得中南部地區成為空汙重災區，加上既定的工廠設置與工安條件不佳，更加凸顯了空汙的嚴重性。隨著空汙議題延燒，相關的環保團體、醫界聯盟紛紛組成反空汙公民組織，主打各縣市本身的大型汙染源並揭露空汙問題及其對當地居民造成的健康危害。在這波反空汙運動中，常在媒體版面上看見反空汙領袖人物以及各縣市地方行動案例，其中特別令人感到驚訝的是有兩個沒有工業卻被汙染的城鎮。[1]

「改善空汙有成，嘉市：多項數據成長幅度驚人」、「埔里媽媽帶動八萬人小鎮救空氣」，斗大的新聞標題指出了嘉義市、埔里鎮這兩個城鎮在空汙問題上的行動與改善結果，但新聞標題背後隱含的卻是跨域性的空汙問題！中南部某些縣市因設置的工廠或火力發電廠成為當地汙染源，屢屢引發在地居民與環保團體抗議；然而，沒有工業聚集的地方，為何卻也飽受空汙影響？嘉義市與南投縣埔里鎮，這兩地本身沒有大型工業區及汙染源，卻被剝奪了原本良好的空氣品質，兩地從什麼時候開始空氣品質變差的？面對空汙問題，在地居民是何時意識到嚴重性？這兩個城鎮又是如何發起、促成在地反空汙行動，並做了哪些努力企圖減量自身所處的空汙狀況，進而成為媒體報導的地方反空汙、改善空汙的典範個案呢？

名詞解釋

細懸浮微粒（PM2.5）

懸浮微粒「PM」（particulate matter, PM）是飄浮在空氣中的粒狀物。PM粒徑大小有別，其中小於或等於2.5微米（μm）的稱為PM2.5，又稱為細懸浮微粒，其直徑不到人類頭髮粗細的1/28，非常細微，可穿透肺部氣泡，直接進入血管中，隨著血液循環全身，影響人體健康。

•雞肉飯的故鄉：以健康為本的在地空汙關懷

從市區眺望不到「玉山積雪」的諸羅城

時光倒轉回七十幾年前。小鎮晴空萬里，從市區就能直接眺望遠方玉山白雪皚皚景象，這正是一九四七年已故名畫家陳澄波的絕筆之作「玉山積雪」，從畫家的視角留下了當時嘉義市區乾淨天空的重要紀錄，也成為現今描述及判斷市區空汙日益嚴重的重要指標。

根據二〇一二年臺灣健康空氣行動聯盟統計二〇一一年各縣市ＰＭ2.5空汙排行顯示，嘉義市汙染最為嚴重，且位居全臺各縣市第一，年平均濃度高達47.3μg/m^3，遠超過世界衛生組織所設定的年平均值10μg/m^3。細究嘉義市的空汙來源與類型主要分為兩大原因，分別是汙染排放源及地理氣象條件的影響。首先，在嘉義市境內所承受的汙染源約有八成以上是源自於其他縣市飄移進來；而另外由於在地市民的交通習慣，以嘉義

1 嘉義市ＰＭ2.5年平均濃度二〇〇八年為44.6μg/m^3，二〇一一年達到最高峰47.3μg/m^3，之後逐漸改善，二〇一五年降至33.7μg/m^3，二〇一七年為31.0μg/m^3。埔里ＰＭ2.5年平均濃度自二〇〇五年至二〇一七年皆高於全臺平均值，二〇一三年後有逐漸下降趨勢。（資料來源：環保署網站：〈嘉義市政府環境保護局統計通報〉，二〇一八年九月。）

市腹地來說相對密集的機車進出及使用行為，使嘉義市除了面臨區域外的汙染，同時承受了市區自產的移動汙染源，約占一八．五％。另一方面，以地理條件來看，由於當地位於中央山脈背風處，一進入秋冬季節，上風處的汙染會隨著季風往南飄移，因此使得市區內空氣擴散不佳。[2]

對病症起疑，醫生成了抗空汙行動者

「咳！咳！咳！」時間拉回二〇一三年一間社區型診所。患者的咳嗽與擤鼻涕聲此起彼落，正在看診的余尚儒醫師在診間治療時，發現診所裡約有五成患者出現在固定時段頻繁就醫的狀況，尤其是在特定的季節裡過敏的症狀明顯增加。余醫師與同是公衛醫療背景出身的診所經理劉懿德（現為臺灣在宅醫療學會副秘書長）討論此情形，他們發現原先處理過敏的症狀在診療判斷上，按例開抗過敏藥即可解決問題，但時間久了，這些過敏症狀總是治標不治本。在好奇心的驅使之下，他們開始探究為何診所總是在特定的時段患者變多，同時患者狀態幾乎不外乎是咳嗽、過敏、鼻涕流不完等，研究與蒐集資料的計畫就此展開。

在醫學與公衛專業背景的組合下，余尚儒與劉懿德首先透過關鍵字例如「季節」、「過敏」等搜尋到了「空汙」、「PM2.5」，更漸進地連結到二〇一一年反國光石化運動中的葉光芃、錢建文兩位醫師，他們發表了許多關注ＰＭ2.5細懸浮微粒對人體影響的論述，並持續追蹤空汙與健康的關係。於是，余尚儒與劉懿德主動邀請彰化基督教醫院錢建文醫師召開座談會分享，錢建文從醫療的角度指出空汙與人體健康以及死因之間的關聯，而空汙會造成的疾病風險包含慢性病、心肺疾病、呼吸道等症候群，甚至若某天ＰＭ2.5濃度突然飆高，因這些疾病看急診、住院的人數也會相對上升，此座談促成了後續在嘉義市各社區喚起民眾對空汙認識的重要起點。

2 資料來源：嘉義市環境保護局新聞，〈給我2分鐘，「嘉義市空汙大學堂」圖文解說讓你懂〉，二〇一九年二月，https://www.chiayi.gov.tw/2015web/02_news/content.aspx?id=5739

玉山積雪，陳澄波，一九四七年作品。在陳澄波的藝術生涯裡，玉山是重要的風景題材，這件小型的木板油畫則是他描繪玉山的代表作。從嘉義的市街到郊外，這位喜歡登山的畫家，一再地從不同角度望向玉山，表達出他對臺灣山林的熱烈感情。（圖片提供單位：財團法人陳澄波文化基金會）

余尚儒與劉懿德在瞭解到診間患者症狀的確與空氣汙染息息相關、且與臺灣整體空汙問題集中落在秋冬之際一致性之後，兩人認為診間醫療處置僅停留在「末端」解決症狀是不夠的，事實上要徹底解決問題，應該要針對發生此現象的「源頭」下手。這個「源頭」雖然不在醫療的場域當中，但空氣汙染是一個攸關環境與人體健康的嚴重議題，因此兩人一致認為要將焦點與工作任務投注在最根本的原因上。兩人從原本在社區進行的例行性衛生教育內容著手，納入讓在地居民認識空汙的知識，以及空汙對居民生活及健康的影響，開啟了一連串在地空汙與健康影響的知識教育。

與政府合作，扎根空汙教育

二〇一四年，余尚儒與劉懿德以推動社區醫療為核心，並設定三大議題「食品安全」、「在宅醫療」與「空氣汙染」為主要關懷面向，成立了嘉義市社區醫療發展協會。協會成立後，余尚儒與劉懿德不斷思考並希望實踐的是透過早已在社區常態性進行的衛教，將認識空汙、如何自我防護等知識融入，且能夠轉化為民眾能理解的語言，進而與他們對談，慢慢地建立起空汙基礎認識，並教導民眾判斷空汙及自我防護等措施。

由於在地居民並非皆有專業的醫療與公衛背景，因此對於空汙的感知與意識需要不斷地被提醒，於是，余尚儒與劉懿德在推廣的過程中，參考了美國環保署的空氣品質標準（AQI）[3]，此標準包含對敏感族群與健康的描述，並以六種顏色代表不同程度的空汙與健康影響狀態，余尚儒與劉懿德發想透過掛起六色空品旗，讓民眾知道空汙目前的嚴重程度，不僅能自我學習，同時也帶動起人際關懷，就是社區內若有人在做戶外運動且空汙相當嚴重時，民眾彼此間能互相提醒與交流。

二〇一四年同一時間，涂醒哲正在競選嘉義市長，他主動瞭解在地汙染情形，並邀請余尚儒及劉懿德上電臺節目分享如何改善在地的空汙問題。涂醒哲當選上任後，延續余尚儒及劉懿德在節目上給的建議，在社區裡的學校掛起空品旗，而嘉義市社區醫療發展協會所選用的美國環保署AQI標準六色空品旗，成為二〇一六年環保署將舊制PSI標準[4]修正後正式採用的全臺空汙警示。

劉懿德進一步解釋六色旗的用意，強調每個顏色旗幟背後代表的意義：「雖然我們很常聽到又發生『紫爆』了！但是我們都過於關注在紫色上，卻忽略了在紫色之前是紅

3 環保署所公布的空氣品質指標（Air Quality Index，AQI），根據空氣汙染對人體危害的程度將指數分成六個量級，並給予相對應的顏色，從良好到危害依序為綠、黃、橘、紅、紫、深紫色，其中指標到達紫色以上便稱之為紫爆，對人體非常不健康、有嚴重影響。

4 中華民國空氣汙染指標（Pollutant Standards Index，PSI）是空氣汙染情況的一項指標，由中華民國行政院環境保護署於一九九三年擴充測站後推出，目標乃藉由測站系統監控全臺灣所有的空氣品質並加以通報改善。

色，就健康指標來看，顯示紅色時對人體危害就已有很大的影響了！」涂醒哲上任市長後除了在各公立學校升空品旗，更在社區各里推廣空汙轉盤，轉盤的概念是將六色旗改為圓形圖示，依照空汙狀況隨時調整，放置在各里長辦公室提供民眾瞭解每小時空氣汙染的狀態。

此外，市府與嘉義市社區醫療發展協會密切合作，委託余尚儒與劉懿德將既有社區的教育宣傳擴大至其他各鄰里中，期待能夠做到只要鄰里一有活動，就有空汙教育宣傳，希望能達到一個效益，讓PM2.5這個名詞能不斷地被傳遞，讓民眾看到新聞時知道原來PM2.5是指空氣汙染物。經過努力，果真後續在社區講課時，這些知識已常民化了，劉懿德笑著

嘉義市社區醫療發展協會反空汙三角旗
（圖片來源：嘉義市社區醫療發展協會）

說，講到ＰＭ2.5不會再有下午兩點半的誤會了！總歸來說，嘉義市社區醫療發展協會在反空汙宣導上，除了透過不斷在社區衛教所進行的知識倡議，更藉由能見度高的電視牆及學校的宣導活動，讓在地居民、學生持續接收到資訊，使其深化至生活領域當中。

協會培力講師與官方監督機制雙管齊下

除了在既有社區及市府委託的各鄰里、學校扎根空汙教育之外，劉懿德認為嘉義市社區醫療發展協會扮演的角色，是要讓空汙這個非顯學議題成為顯學，因此協會不斷地透過演講、師資培訓與其他民間團體合作，而其中最重要的是與市政府持續合作。他們認為市府內的公務人員必須體認到自身所處的是一個空汙嚴重的城市，而身為公務人員，需要關照的是全體市民的健康，因此，市府內公務人員的空汙教育養成，極為重要。劉懿德完整地參與整個民間與市府合作的過程，他表示，在這過程中希望是以合作取代街頭反空汙抗爭，也肯定涂醒哲市長將空汙列為施政重點，一上

臺灣在宅醫療學會劉懿德副秘書長認為，日常生活的空汙知識倡議非常重要。
（攝影：劉怡亭）

任後便成立全國第一個空汙防制委員會。

嘉義市社區醫療發展協會在促進政府單位與民間團體合作上，著力甚深。為改善在地空汙問題，協會與市政府衛生局推出「空汙防護講師培訓營」，由劉懿德授課培力種子空汙講師，參與的對象涵蓋里長、里幹事、環境教育人員、醫療人員等，在完成學習評量合格後取得證書，便可在嘉義市與外縣市進行空汙防護的教育宣導。[5]

另外，空汙防制委員會每半年召開一次會議，除了由市府、專家學者組成外，也有民間代表在內，委員會成立的前兩年由余尚儒擔任委員，余尚儒前往臺東服務後改由劉懿德擔任空汙防制委員。實際進入委員會的運作中，劉懿德表示：「市府聘請致力於反空汙的行動者葉光芃醫師及公衛學者詹長權教授，可以看見嘉義市府有改善空汙的決心，而這些主要委員確實也發揮強烈的監督效果，給予前瞻性的建議，例如：市府及其相關單位、學校、旅館、醫院汰換燃油鍋爐改為低汙染燃料鍋爐的進度監督，以及在觀光人口密集的檜意森活村設置乾淨空氣品質示範區，控制遊覽車停靠集中的方式以降低汙染等，皆能在空汙數據上看見改變的效果。」然而，撇除嘉義市內產生的汙染，從其他縣市飄進來的汙染源，仍需要依靠跨區的共同治理。整體來說，在委員會定期的督促運作下，市府政策的執行確實能看見進步的力量。

市民空汙意識覺醒，協會功成身退

在嘉義市社區醫療發展協會與市府攜手共同努力之下，嘉義市內空汙改善的幅度就劉懿德的第一手觀察發現，市區內排放的白煙及遇到二行程機車的機率降低了，而民眾燃燒金紙的行為及鞭炮聲也明顯地逐年降低。除了肯定市長在空汙議題上的積極外，另一個重要因素則是協會成功扮演了民眾與政府之間的橋梁，將民意最直接的訊息帶入空汙防制委員會做討論。當然，還有市民對此議題認識後開始改變生活習慣及自我防護，以及市府鼓勵並祭出淘汰二行程機車的補助，讓空汙狀況改善。嘉義市府配合二〇一七年環保署編列加碼補助預算裡淘汰二行程機車補助計畫，截至二〇一七年八月共淘汰二行程機車九四六四輛，淘汰率三一．四%，淘汰數為全國第一。

然而，對於嘉義市政府與社區醫療發展協會的成果與組織自身期許，劉懿德認為還有缺點與不足之處。雖然讓市民更瞭解空汙知識了，市府體制內也做到一定的監督程度，不過，他回想在整個參與市府的合作過程中，政策執行與做法上仍有若干缺失，例如：市府在推廣社區空汙旗幟是以空汙轉盤的方式架設在里長辦公室供里民參考，但轉

5 資料來源：嘉義市政府焦點新聞，〈全國首創「空汙防護講師培訓營」，嘉義市空汙防護種子遍地生根〉，二〇一五年五月三日，嘉義市政府衛生局。

盤所能發揮的效果有限，甚至被里長擺在角落或是忘了依照時間去調整轉盤上的空汙狀態，反而失去顯示在生活尺度上的意義。他認為，空品旗比較能反映空汙狀態，在宣示性上的效果較高，應由市府協助里長選定重要路口設置懸掛旗幟的站點，並培育志工定期更新旗幟狀態，在提醒市民掌握空汙現況上會來得較有效果。環保局在未諮詢民間團體建議之下設計了空汙轉盤卻沒有發揮實際作用與效益，實屬可惜。

總的來說，協會在過程中讓市府正視問題，之後能規律地在制度內做討論，已達組織起初的目標與使命，也讓空汙議題在市府討論常態化下建立起市民對此議題的關注。目前協會已轉向在宅醫療，持續耕耘其他議題，雖然協會在關注空汙議題上減少了力量，但達成階段性的空汙改善任務，已經帶起市民對空汙的重視，未來的監督仍會在全體市民建立起的空汙意識下持續進行。

- ## 翻轉空汙治理，埔里媽媽的逆襲

曾被評為最宜居的地方卻成了空汙重鎮

轉個場景來到全臺唯一不靠海的縣市南投。一直以來，南投以好山好水著稱，其中埔里鎮還曾被評選為全世界十三個最佳宜居城市之一。然而，埔里在南投縣境內同樣沒有大型工業的汙染源，卻淪為空汙重鎮！冬季時在東北季風的吹拂下，埔里因為盆地地形，加上鄰近中央山脈，空汙現象不僅難以飄散，且容易累積在盆地內不易散去。此外，儘管埔里鎮沒有直接被工業區及火力發電廠包圍，但卻與嘉義市有著相同的空汙情況。埔里地區廟宇林立，在地的民俗活動經常焚燒金紙，農民亦有燒枯枝落葉和茭白筍殼的習慣，縣內貢獻了許多移動汙染源。二〇一四年一項委託研究「南投縣PM2.5貢獻源鑑別及來源推估計畫」推估埔里的PM2.5貢獻約有五〇%是來自鎮上的交通源、四〇%來自遠程移入的工廠汙染物及一〇%為揚塵、露天燃燒、金紙等，以上推估的數據顯示在地自產的汙染源成為關鍵所在。

埔里盆地附近地形圖（圖片來源：埔里PM2.5空汙減量自救會）

山頂濛濛很久了：在地居民的生活感受

「二〇一一、二〇一二年左右，上班時經過的路上都可以看到山，當時就發現山上好像浮了一層東西，只覺得那是很濃的霧，很像水墨畫的現象，一直停留在我的印象裡。」埔里PM2.5空汙減量自救會（以下簡稱自救會）成員黃小姐描述著從二〇〇六年就在暨南大學唸書，直到工作都長時間待在埔里，在大學四年期間以為空氣品質一直都是好的，後來因工作關係接觸到空汙議題才去回想，每天經過的風景以及當時看見很濃的霧，會不會其實是霾害，只是當時不知道，因而驚覺埔里存在空氣品質不佳的問題。一同受訪的陳媽媽也激動表示：「我們本身沒有重工業汙染，可是我們卻深受其害！」

自救會成員林小姐補充說道：「我是二〇一一年才回埔里，自身對於呼吸系統比較敏感，所以其實一直都知道空氣不好。有埔里人說，國道六號開通之後，也很明顯地感覺到空氣的惡化。」更準確來看埔里空汙嚴重的趨勢，從環保署環境資源資料庫針對埔里測站空氣品質監測之數據資料可見，自二〇〇五至二〇一七年期間，埔里與全臺年平均比較，埔里測站的數值幾乎超出年平均值標準值（15μg/m^3）的兩倍，甚至高於全臺

環保署空氣品質即時汙染指標，埔里測站。
顯示數值92為普通級。
紀錄時間：二〇一五年一月三日下午九點。
（圖片來源：環保署網站）

年平均值比較，不過自二〇一三年後埔里PM2.5是逐漸降低的，二〇一六年則是最低點，但二〇一七年又上升。然而這些數據的顯示搭載著在地居民的主觀感受，亦醞釀著在地反空汙行動凝聚力逐漸形成。

婆婆媽媽的環境意識感，促發自救會成立

二〇一四年十一月，當時自救會尚未成立，一群彩虹媽媽在學校裡講故事之餘相互聊天，談起覺得埔里空氣不好的感受，於是，大家就想一起討論該如何改善這問題。幾位當地媽媽上網查詢資料，從原先對PM2.5完全陌生到運用資料彼此開會討論，自救會陳媽媽表示：「當時找到的是一份彰化空氣聯盟的簡報，閱讀後才知原來是PM2.5，於是我們隔天就成立了臉書粉絲頁，把一些在地相關的空汙訊息放上去，那時剛好遇到九合一選舉，所

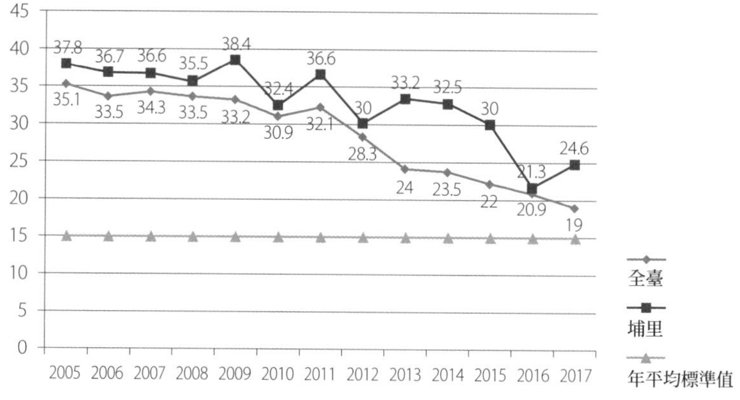

全臺、埔里測站細懸浮微粒濃度年平均值（單位：μg/m³）
（圖片來源：環保署網站；製圖：劉怡亭）

上｜二〇一五年埔里反空汙大遊行
（圖片來源：埔里PM2.5空汙減量自救會）

中｜埔里自救會在學校進行環境教育宣導活動
（圖片來源：埔里PM2.5空汙減量自救會）

下｜埔里PM2.5空汙減量自救會臉書粉絲專頁

以我們同時也要求候選人在致力改善空汙上簽署承諾書，這是一個開端。」

埔里PM2.5空汙減量自救會先設立粉絲頁並在快速吸引超過百人加入的狀態下，進而正式成立了自救會。自救會剛成立時，埔里媽媽們覺得自己蒐集的資料有限，於是邀請葉光芃醫師來埔里演講，葉光芃很積極地協助自救會成員拜訪縣長。自救會成員陳媽媽回憶：「葉醫師很清楚國家政策的運作模式，施壓要施壓到關鍵人物，遠比在後面一個一個講來得有效。葉醫師積極帶我們去拜訪縣長，當時因為是九合一選舉，地方政治人物才會給你時間起碼聽一下要做什麼。我們進行了一些策略性的操作，當媒體報導埔里空氣最爛，公所那邊就會收到壓力，不管是環團或政治前輩也都有給鎮長一些壓力。」

二〇一五年四月，埔里舉辦了一場反空汙遊行，遊行當天葉光芃要求成立埔里空汙減量委員會，雖然後續政府成立了南投縣空氣汙染防治委員會，但葉光芃認為埔里在空汙減量上的作為還是不夠積極，他指出：需要靠民間的力量。於是自救會開始討論如何進行在地的空汙知識教育宣傳。

自救會進入學校，透過說故事的方式帶動校園進行環境教育宣導，一方面環保局依據行政院環保署函辦理「環境教育宣導列車」活動，邀請自救會擔任講師進行宣導教育；另一方面暨南大學人社中心也開啟了培訓空汙志工的工作，在志工培訓結束後，在地的前輩也邀請自救會與暨大人社中心共同關注寺廟燒香所造成的空氣汙染，並由暨南大學人社中心與自救會邀集在地宗教團體與縣府環保局、民政處一起合作舉辦環保寺廟論壇，透過由下而上的方式討論在地廟宇如何改善因宗教習慣而造成的空汙問題，逐步推促著在地居民改善自身所造成的空汙來源。

從環境教育到環境監測

自救會不斷地透過說故事的方式帶動學校和社區參與，在地廟宇也自主減香、減金紙，自救會成員陳媽媽表示：「去拜訪在埔里算很大的地母廟，廟宇董事長很贊同減量的做法，實際上也有做到一些減量，若香客自己帶一大箱金紙來燒，會勸他們帶回去不要燃燒。」另外還有一個情況是在環境教育的影響下，埔里原先會製造空汙的行為改變了。陳媽媽繼續說道：「像我們家對面的茭白筍田若在燃燒的話，有人就會走過去說不要燒，否則待會會有人檢舉，在燃燒的阿伯就會馬上熄掉。這邊可以看到埔里居民有慢慢受影響而改變行為。」

除了環境教育影響外，環境監測也是一項重要功臣。暨南大學資訊管理系戴榮賦教授為在地空汙監測的重要推手，曾為戴教授與環保署空汙微型感測器計畫的研究助理、同時也是自救會成員的黃小姐說道：「戴老師原本沒有執行感測器計畫，是收到自救會傳單，看見在地的問題後，才開始思考如何運用專業解決問題。關於空汙微型感測器（也就是空氣盒子[6]），因老師的專業是物聯網，於是將空汙結合自身專業，想做一個微型感測器偵測社區型的空氣汙染源，同時可以輔助環保署的空氣品質測站，因為在地的生活環境或是小角落是環保署埔里測站測不到的。」

基於這樣的想法，戴老師著手進行微型感測器在埔里的布建計畫，目的在於希望讓大家隨時掌握周邊環境。自救會成員接著分享：「當時暨大人社中心支付費用讓老師開發進行這個實驗計畫，買了很多感測器試驗，安裝好後也和自救會討論，逐漸成形後，剛好環保署長來暨大開會，戴老師被邀請到會議上分享微型感測器，環保署認為這是個

6 關於空氣盒子，詳本章頁七六〈匯集公民力量的空汙戰鬥器：空氣盒子〉一文。

名詞解釋

物聯網

在我們的生活中，不管是日常物品、或是所有的智慧型物品，如：穿戴式設備、家電、車輛、空汙微型感測器等，都能透過網路連線到雲端，被遠端存取而組成物聯網。2015年環保署與暨南大學資訊管理學系戴榮賦教授共同合作研發空汙微型感測計畫，在埔里境內架設了至少30臺微型感測器做為小區域的監測點，以進一步瞭解空汙的來源。不僅便利、容易使用，更能提供空汙改善的策略。此計畫希望未來能將微型感測器與環保署的國家標準監測站相互結合，形成空汙監測的物聯網，能更加完善臺灣環境監測與政策擬定的執行重點。

可行的想法，後來就決定與戴老師共同合作空汙感測器的計畫。」

「尋找霾哥」微型感測器廣布埔里小鎮，更跨境到臺中、斗六

原本由暨南大學人社中心資助的費用僅能支援五到十臺的微型感測器，後來在環保署的空汙微型感測器布設計畫及經費的挹注之下，於二〇一五年便展開了埔里布點的廣設，包含學校、商家、住家等共三十三個微型感測器。微型感測器以每三至十五秒更新一次資料的速度上傳雲端（傳輸快慢受網路環境影響），提供生活區域內的即時汙染狀況；環保署監測站每小時的更新數據，則提供了整體生活尺度上數值的變化，藉此觀察到較常發生汙染的所在之後，進一步製作空汙地圖，才能為減量提出

埔里地母廟廟宇董事長很贊同減量的做法，實際上也有做到一些減量。（圖片來源：埔里PM2.5空汙減量自救會）

防制對策。

感測器在埔里廣布後，連帶著也影響媽祖遶境的應用，同時吸引了鄰近縣市的興趣，讓感測器在生活中可以擴散實際應用並發揮影響力。自救會成員充滿信心地表示：「因戴老師團隊和環保署一起的計畫，促成了環保署在大甲媽祖遶境的時候，將微型感測器設定在固定點，並以配戴的方式隨著遶境即時監測汙染狀況。後來，在臺中的東山高中主任也發現到空汙議題，因此更進一步擴展到臺中，甚至擴展到斗六市，都是請戴老師協助布點。我覺得這滿好的，由下而上的改變，藉由微型感測器讓在地民眾看見所處周遭的空汙狀況，希望帶起大家一起來關心空汙這件事情。」採訪當下，自救會的感測器上顯示著逐漸升高的數值，自救會成員立刻判斷是隔壁在燒金紙所產生，便起身到隔壁加以勸說。

自己改善才能要求鄰近縣市改善

面對外部進來埔里的汙染物，自救會觀察發現每年的十月至隔年四月空汙比較嚴重，受限於地形關係，埔里屬於深盆地型，一旦汙染源進來加上中央山脈阻隔，不易擴散出去。然

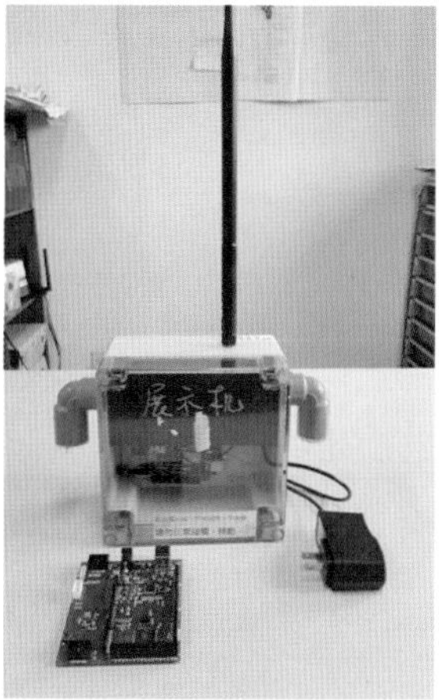

戴榮賦教授在埔里推動空汙監測所布建的空汙微型感測器
（圖片來源：埔里PM2.5空汙減量自救會）

而，自救會成員彼此間也提出質問，為何都停留在討論在地的汙染，處理外部的汙染像是臺中火力發電廠及六輕的程度就比較少。

「你們應該要去找中火，去要求六輕！」在地參與的居民認為自救會應該也要向其他外縣市飄進來的汙染提出抗議。但最終自救會認為要發起抗議的規模與外部環保團體本身就在對抗大型汙染源的力道上無法相比，陳媽媽強調：「如果我們今天要求人家去改善，而我們埔里自己一直在燒，根本不管自己的環境髒亂，我們有資格指責別人嗎？要指責一個六十公里外的對你危害比較大，還是你隔壁鄰居在燒金紙、在抽菸對你的影響較大呢？當然不是說不管中火對我們的影響，而是目前外部環團的力量致力於這塊比較有方法，那有需要時我們一定會配合幫忙，眼前我們得先從自身做起去改善空汙。」這樣的想法讓自救會的地方媽媽們認為改善在地自產的汙染問題為首要，之後才有資格要求其他縣市改善，自救會仍持續耕耘在空汙相關的宣導上，提供民眾正確觀念進而改變汙染行為，才是重要所在。

• 不同的因應作為，相同的在地原動力

具有相同命運的兩個小城鎮，讓我們看見了在地為改善空汙問題凝聚組織而形成的原始動力，也看見了帶起兩地反空汙的角色人物正是與我們生活緊密連結的鄰居。嘉義

市從社區診所出發、由醫生及公衛專家在日常診間發現空汙對居民的健康具有嚴重影響，進而開始透過社區衛教時間將空汙知識教導給居民並告訴大家如何自我防護，也將改善在地空汙的理念與做法帶進了嘉義市政府，同時與市府攜手合作，使空汙議題制度化，交由空汙防制委員會定期監督政策的執行，整個過程都呼應著起初以健康為本的在地空汙關懷；而南投縣埔里鎮則是啟動自地方媽媽們日常的聊天對話，從孩子的校園出發進行空汙知識宣傳，再到鄰里社區使教育的力量發揮最大的影響效果，間接地改變在地居民製造空汙的行為，進一步引進微型監測讓空汙現形，而在長期紀錄觀察下，面對其他縣市跨區域的汙染源飄入，埔里認為要從自身的改善做起，才能要求鄰近的大型汙染縣市一起改善！

從地方出發，看見了在地反空汙行動上的原始動能，醫生與媽媽的組合皆從宣導教育開始，漸進地影響居民以及與地方政府機關合作，從這兩個地方故事的啟示，我們可以發現空汙在不同的地方有其不同的汙染來源及特殊性，因此各地方政府在治理上應有不同的治理作為。近來在微型監測的大量布建下，提供了我們生活尺度上空汙的測量與警示，雖有別於國家標準的監測儀器，卻也帶來不同的監督視角與討論。自己的空氣自己救，嘉義市和埔里的案例提供了兩則積極的典範。

2 匯集公民力量的空汙戰鬥器：空氣盒子

鄭師豪

當你抬頭，看著遠方的景色似乎被一團迷霧籠罩，亟欲想分清究竟是霧氣，還是這些年來令人聞之色變的「PM2.5」時，該怎麼辦？此刻的你，掏出手機，迅速連上環保署的網站，可能會發現離你最近的測站或許還要幾十公里遠，根本無法確定所在地的情況。轉個念，不用驚慌，打開另外一個網站，你就能看到由全臺數千個「空氣盒子（Airbox）」監測點連上線，即時回報資訊所構成的空氣地圖，你的所在地以及附近地區的空氣品質，瞬間一覽無遺，遠方那片朦朧景色究竟是霧非霧，一查便知。

臺灣環保署於一九八〇年代開始，為了掌握空氣品質與趨勢，並配合當時的《空氣汙染防

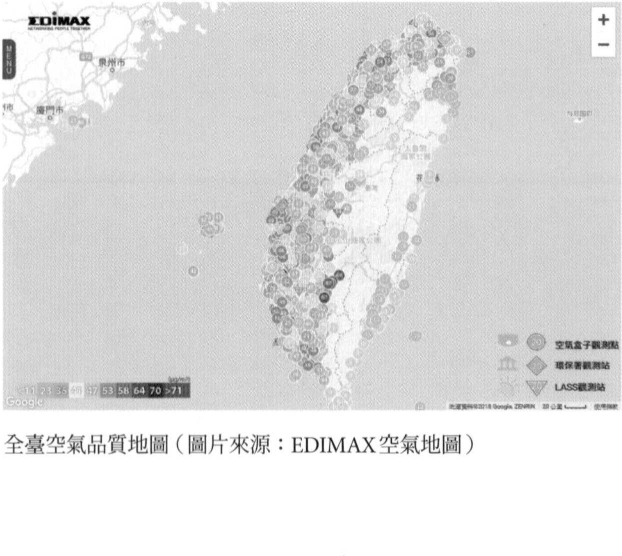

全臺空氣品質地圖（圖片來源：EDIMAX空氣地圖）

制法》規定，開始設立空氣品質監測站，並且成立空氣品質監測網。一九九〇年代，空氣品質監測站增加到了六十六座，在當時以臺灣的土地面積而言，密度算是相當之高。之後陸陸續續增設，目前總數已經到達了七十七座。儘管有著這些造價上看百萬的監測站，但隨著對空氣品質監測技術的發展，這些測站漸漸地也顯現出它們的不足。

由於臺灣地形地貌複雜，短短幾十公里的距離就可能因為山勢、海岸線變化或新工業區的設立，而使得大氣條件以及空氣品質有明顯的差異。例如高雄的美濃，當地並無重工業與大型的工廠，但由於座落於中央山脈和玉山山脈支脈交會處的南方，地勢呈現東北高、西南低的地形（俗稱「畚箕地形」），因此一旦是南風或西南風，就會將高雄市區工廠的空汙帶到美濃，並且持續不散。這類的情形不只限於南部，宜蘭一向給人好山好水的印象，從「紫爆」天數的角度來看，宜蘭跟花蓮、臺東同屬前段班，然而宜蘭的冬山

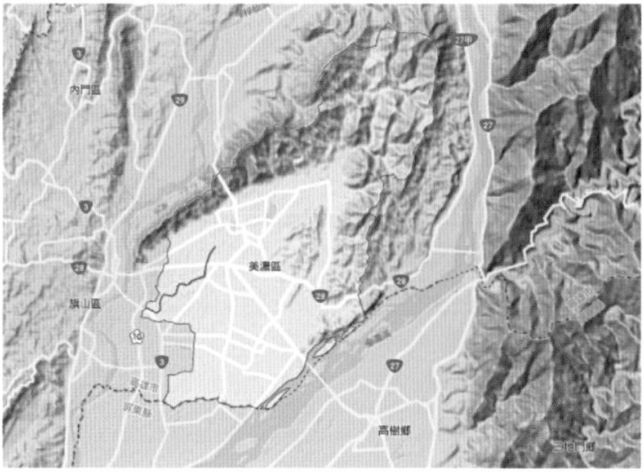

美濃地勢圖（圖片來源：Google map衛星圖）

鄉地勢與美濃相仿，是西南高、東北低的畚箕地形，加上當地又有水泥工業聚落以及鄰近的龍德工業區，因此空汙不易散去，又因為距離最近的大型監測站並不在靠近山邊的位置，冬山一帶的居民長期飽受空汙所苦，卻只能看著政府統計的數據搖頭。

近年來，社會大眾對於空氣汙染的重視，促使民眾更迫切想要隨時瞭解空氣品質的變化。有一群人想著，政府所設立的大型測站雖然儀器精密，卻往往受到數量以及位置的局限，那麼，我們這些一般民眾有沒有可能親自動手來瞭解空氣品質的改變呢？正是這群人，帶動了一波民眾自發加入監測空氣品質的浪潮，而「空氣盒子」，就是這股自發監測浪潮中脫穎而出的公民力量。

• 從實驗室長出來的盒子

中研院資訊所的陳伶志是這波自發空氣品質監測浪潮中十分關鍵的推手之一。二〇一三年一開始，他只

名詞解釋

空氣盒子（微型感測器）

空氣盒子（Airbox）是一種關於空氣品質的簡易感測器，體積輕巧，大小約與電視的機上盒相同，能夠透過光學的方式進行即時量測。目前市面上空氣盒子的感測項目，以PM2.5、二氧化碳、溫度與相對溼度為主，即時性的感測讓用戶可以第一時間就明白空氣的狀況。空氣盒子還能夠連上網路，在平臺上與所有用戶一起共享感測資料，建立起民眾自發的空氣品質地圖。

是在進行資訊所與環境變遷中心合作的研究計畫，計畫的重點最初也並非在空氣汙染本身，而是把重點放在一氧化碳與二氧化碳這些危害性已經明朗的物質上面，研究團隊在此期間不斷研究怎樣的監測設備能夠有最好的效果。

陳伶志的研究團隊主要領域是參與式感測（Crowdsensing），也就是群眾透過主動的觀察數據來找出其日常生活的問題點，並推動政府單位進行改善。這樣的方式有別於以往民眾只能被動地等待政府或其他大型機構提供數據，而使問題能夠更快速被發覺並確認，也能夠更有效地提高政府的行政效能，不僅僅是被動地瞭解目前當地的空氣狀況，也能夠更積極地想得知更大範圍的空氣品質圖像，甚至進一步得以在汙染剛開始產生時，就對其他地區進行預警。而這樣「自己環境自己救」的自主精神，貫徹了後續整個空氣盒子的發展歷程。

二〇一四年，PM2.5的空汙議題逐漸獲得社會關注，加上自己兩歲的孩子因為氣喘而需要頻繁地就醫，擔心氣喘問題會伴著孩子一生的陳伶志，把目光放到PM2.5監測器上面。陳伶志是資訊工程學者，並非空汙監測的專門學者，因此監測器上感應特定物質的感測器必須從市面上尋找，但從一氧化碳到PM2.5，大多數的感測器都沒有辦法維持穩定的品質，而且價格不斐。陳伶志說，「二〇一三到二〇一五年都在繳學費，就是把市面上的微型感測器都測試了一輪，但大多數都不能用，誤差很大，數據會跳來跳去，並不合適做為大規模環境監測使用，最準確的CO_2微型感測器大約幾千元臺幣。」

終於，陳伶志找到了一款合適的感測器：中國製的G5感測器。[1]這款感測器在實驗室的測試當中對空汙有反應，並且多個感測器能維持較為一致的感測結果。也在這個感測器的基礎上，一個可以兼具準確性與普及性、可以廣泛應用的「空氣盒子」原型產生了。有了原型之後，便把這個投入參與式感測。當時整個研究團隊雖然盡可能地號召親朋好友加入，最多也只能找到二十幾人投入監測，過少的數據量，完全不足以進行更進一步的分析與推估，這使得這項充滿願景的計畫一度陷入瓶頸。然而，二〇一五年底的一場轉折，讓這個計畫得以重新加足馬力出發。

中研院資訊所陳伶志是推動空氣盒子的關鍵人物（攝影：彭保羅）

• LASS加入，大幅擴張公民參與的規模

在這波民眾自發加入監測空氣品質的浪潮中，奮鬥的並不僅僅是陳伶志的團隊。二〇一四年開始，受到美國創客運動[2]的影響，臺灣也有許多人開始嘗試自己動手解決生

活周邊的問題，其中之一的代表就是LASS。[3]

LASS當中的重要人物，是原本在IC公司上班、綽號「哈爸」的許武龍，他原先就是臺灣創客運動中的活躍分子，注意到臺灣環境議題方面的資訊還有許多不足，因此開始思考如何將創客的精神帶到環境感測。就在二〇一五年八月，LASS計畫開始了，第一個專案目標就是當時愈來愈吸引大眾關注的PM2.5，除了要讓大家能夠在家自己監測空氣品質，LASS甚至讓民眾學會如何組出一個監測盒子，所有的組裝方式、程式建構以及同步連線到網路後的成果都

1 攀藤科技，空氣微粒感測器製造商。http://www.plantower.com/

2「創客（Maker）運動」，又稱為「自造者運動」，強調在科技技術如此發達的現代，人們能夠藉由電腦等設計工具，使用雙手或機具來做出符合需求的產品，最有代表性的技術便是3D列表機，而支持並親身實踐這項活動的人就稱為創客。

3 LASS（Location Aware Sensor System，環境感測器網路系統），是由民間社群自發建置的一套環境感測網路系統，任何人都可以自己架設起來，再把所得的環境資訊分享出去，透過共享的力量來解決共同遭遇的問題。

空氣盒子發展歷程（圖片來源：中研院《研之有物》網站）

是公開、開源的。[4]透過這樣的方式，民眾報名參加工作坊，在工作坊中學會基礎的組裝與建構後，回家便能自己組出一臺空氣盒子，並且透過社群彼此交流、繼續學習，也就是每個參與者同時也是研發者。許武龍帶著這樣的專案到各個地方進行發表會並且召募志同道合的夥伴，於是，陳伶志與許武龍在一次LASS的發表會上結識了，也從此開啟了兩人一直持續至今的合作機緣。

「初期建立信任過程中還是有互相試探的成分，但後來端出來發現彼此東西一模一樣，滿震撼的。之後彼此能協助補足欠缺的地方，成為現在的成果。」（陳伶志）

與LASS合作之後，空氣盒子的布置地點立刻有了大幅度的躍進，從原先不到百人參加，到後來能夠突破千人大關，而LASS的臉書社群更是有超過七千人的參與，這些都是當初難以想像的。陳伶志將自己定位為技術提供端，雖然開源精神主張每個人同時也能是研發者，但門檻最高、最為艱難的部分仍然需要專業人士的能力；而LASS則是社群端與測試端，結合了廣布全臺的社群成員，除了讓空氣盒子的數據達到足以分析的數量，同時也可進行大規模的測試，遍布全臺是其最重要的特點。

陳伶志一開始就是希望除了在臺北進行空汙感測與推估之外，還要能擴展到其他地區，甚至是全臺灣。站點數量的增加促成了布點密度的提升，透過更緊密的空氣盒子監測網絡，民眾也得以更精確地區分到底哪些地區的空氣品質不佳，甚至是空汙當下的走勢大概是什麼樣子。例如在臺中，臺中市原鄉文化協會在空氣盒子推出初期，就籌備了一百臺空氣盒子要廣布臺中各地，由民眾自主監督空氣汙染來源。他們還將空氣盒子改造成方便攜帶的行動版本，一發現哪裡空氣品質有異狀，就號召同伴拿著行動版的空氣盒子前往該地留下更明確的證據。在這個過程中，民眾的自主精神有了實踐的管道，民眾意識到自己是有能力去做些什麼的，一種公民對於科學主動參與跟學習的嶄新樣貌產生了。

「我也學到很多，像是風向資訊這些的，我以前是不知道的，後來做著做著，發現我們可以再把風向資料也整合進來。現在我們甚至可以找到一些規律，例如氣象局預報接下來要吹什麼風，我們就知道哪些地方很有可能接下來會有紫爆，就趕快通知社群裡的大家注意防護。」（陳伶志）

4 開源精神是指將擁有的技術或成果與其他人共享、廣納同伴，並且不收取權利金的開放精神，其中最具代表性的例子便是維基百科（Wikipedia）。

陳伶志與ＬＡＳＳ的合作並非僅僅只是偶然的巧合，更因為他們都擁有一個共同的精神。陳伶志希望達成的群眾參與式感測，其中蘊含「共同參與」以及「群眾針對自己的問題找出解答」，這樣的精神正與構成ＬＡＳＳ基礎的開源精神一致，而這樣的精神也同時彰顯了一種與傳統科研典範不同的可能。傳統的科研方式，如同環保署的空氣品質監測站，優點在於能夠提供最為嚴謹標準的資訊，但缺點正是在於其為了遵循一定的標準，需要高額的經費以及較長的時間，這使得傳統的方式在面對迫切性、即時性的議題時無法有效因應。而開源精神致力於降低上手門檻，讓全部有意願的人都能是參與者兼研發員的預備軍，議題牽涉的範疇有多大，具有潛力成為夥伴的人就有多少。因此除了ＬＡＳＳ社群以外，也有人相中了這種嶄新的可能性。

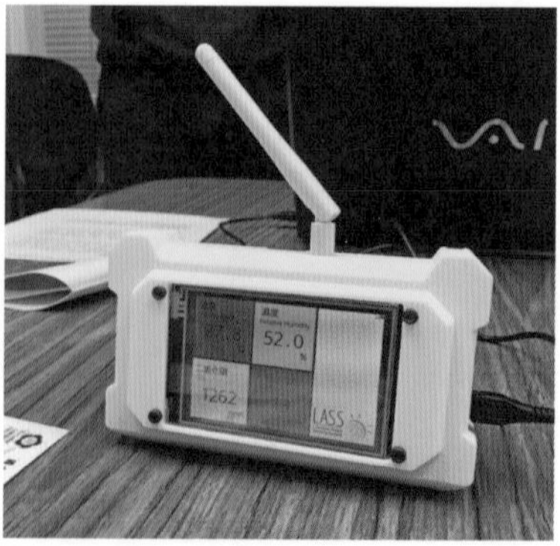

LASS版的空氣盒子（攝影：彭保羅）

・與智慧城市策略一拍即合，盒子兵團進駐六都、輸出海外

二〇一六年臺北市的智慧城市計畫在推行物聯網方面，相中了空氣盒子的潛力。當

時的資訊局長李維斌所希望建構的智慧城市，不只是政府由上而下的推廣，更希望是有公民自發的參與，而這恰恰就是空氣盒子正在進行的事。於是空氣盒子成為臺北智慧城市計畫的一個環節，與臺北市政府合作物聯網計畫的科技公司也因此參與到其中，負責晶片設計的瑞昱（Realtek）、負責雲端連線的華碩（Asus）以及負責生產空氣盒子的訊舟（Edimax）共同加入進來，形成了廠商負責軟硬體、學者負責數據分析、政府與民間社群負責提供場地與實際運作的獨特情形。空氣盒子也從民間自己的摸索嘗試，轉變成了政府也參與協助的一場獨特「公民科學」實驗。

一開始廠商捐贈了三百臺空氣盒子進行初步的測試，臺北市資訊局也立刻將這些投入應用，除了供給環保局進行試用以外，也提供給教育局，讓他們提供給國小使用。李維斌希望從國小這樣的教育場域出發，透過老師的教導與引導，讓學生、甚至家長都能因此瞭解空氣盒子以及空氣汙染，並且培養積極的行動力。在李維斌的努力下，資訊局透過扮演協調者的角色，將環保局、教育局，甚至後來到體育局都拉進空氣盒子的網絡當中，使得這項計畫的聲勢更顯浩大，也為空氣盒子的下一步擴散打好基礎。這項計畫的成功讓更多政府部門注意到了空氣盒子，驚訝於這個跟網路分享器差不多大小的盒子竟擁有這麼驚人的串連能力。

既然臺北市都開始進行了，六都當中的其他五都也隨即跟上，開始籌備空氣盒子的計畫。在跟訊舟公司商談盒子的布建時，由於二〇一六年適逢訊舟成立三十週年，決心要立下一個里程碑的訊舟便做出了一個大膽的決定：基於公益以及推廣的角度，六都的空氣感測器都用捐贈的方式。於是前前後後，訊舟總共捐出大約兩千臺的感測器給六都的市政府，在這過程中，逐漸轉變成訊舟完整扛下雲端與生產的重任，訊舟也因此對於空氣盒子的完整技術更加純熟。臺灣這樣的模式，迅速吸引了韓國、泰國與印尼等國家學習，訊舟因而意識到未來這將會是一個邁向海外市場的機會。

臺北市的案例，以資訊局做為核心，連通環保、教育與體育等各局處的模式，讓其他縣市按圖索驥，這在後續陳伶志與ＬＡＳＳ社群繼續布點到各個縣市起到關鍵作用。提到這點時，陳伶志笑著說：「政府就是這樣嘛，沒有法規明確規範的事不太敢做，但有了一個prototype在前面後，它就知道要怎麼做了。」

然而，盒子仍有盲區。二〇一七年桃園輪胎廠大火，輪胎與化學物質燃燒所造成的空氣汙染擴散到了大半個桃園，但是當時空氣盒子的布點在桃園的站點仍然相當有限，主要集中在市區人口稠密的地區，這也使得人口少的盲區數據上一片空白，難以捕捉到當下空汙擴散的情況。因為這樣的事件，陳伶志與ＬＡＳＳ更加速了盒子的布建。時至今日，雖然東部一帶的站點仍然較為稀缺，但西部一帶的點位已經相當完善，這樣的完善性讓我們得以進行更多的觀察與推估，但也意外引出其他的問題。

•意外掀起科學模式之爭

如果我們翻開報紙，有時會看到由於環保署測站數據與空氣盒子數據不一致所引發的紛爭，有些人會質疑環保署的測站是不是太「遲鈍」，亦或是有美化數據的嫌疑，這類的紛爭若是沒有獲得妥善的回應，便會演變成民間跟政府的針鋒相對，或者直白地說，某一方「打臉」了另一方這樣火藥味濃厚的情況。例如二〇一八年底立委吳焜裕質疑空氣盒子並未經過嚴格的品管措施就公布數據，可能造成民眾恐慌，而這也引起無數民間團體的爭論，中興大學環工系的莊秉潔教授當天就在個人臉書發文，表示立委要質詢的應該是環保署為何失去民眾的信任。但這樣的衝突有辦法避免嗎？

回顧兩者的設立目的，環保署的空氣品質監測站是為了從大尺度的角度綜觀整個臺灣的空氣品質，我們可以想像我們面前是一張臺灣的地圖，而我們將其劃分成七十七個格子，這樣我們的確可以快速地對於臺灣各地的空氣品質有初步瞭解。也因此環保署測站的目標是標準地得出大範圍的空氣品質狀況，其中涉及了對大範圍面積空氣品質的計算方式、標準測量方法的規定等。而空氣盒子則是民眾為了從小尺度的角度瞭解自身所處的空氣品質，我們可以想像我們面對著操場上面的看臺，而看臺上的人們正在進行波浪舞，透過人群的起立坐下，我們可以看出波浪的趨勢，所以空氣盒子的目標是即時地回報各地的空氣品質狀況。

再來檢視兩者的特性，環保署測站嚴格遵守法規所規定的標準方法進行作業，擁有專業的技師進行維護與修繕，並且擁有較為多元的監測設備，能夠監測六種物質，並針對產生複雜化學物質的工業區有額外的「固定汙染源空氣汙染物連續自動監測設施管理辦法」，規定固定汙染源（例如工廠煙囪）必須設置連續自動監測設施（Continuous Emission Monitoring Systems, CEMS），但環保署的測站造價昂貴，每個測站的成本大約要六十到一百萬元，這的確也是這類測站無法廣泛設立的原因之一。而空氣盒子的組合成本約五千至八千元，精準度上的確難以和環保署測站相比，此外在

位於臺北市大安區的公館國小透過學校裝置的空氣盒子，可以隨時上網監測空氣品質，學校也會同步查詢環保署空品監測網。例如拍攝當天空品指數是88，普通，因此學校升起代表普通的黃旗子。不良是紅旗，非常不良是紫色旗子，這時就會宣布停止戶外活動。（攝影：王梵）

較為潮溼的環境下容易失準，若是太久沒有進行校正或更換零件，也可能因為老化而失準，但其相較低廉許多的成本使得民眾自身能夠負擔得起。

環保署的測站與空氣盒子在設立目的以及自身特點上其實並無明顯的衝突，或者可以說是各有所長。而檢視空氣盒子的發展過程，我們也可以看到政府與空氣盒子確實有著共同發展的空間，但空氣盒子的模式或許象徵著過往由政府擔任核心主導角色、由上而下的模式需要被打破。在面臨的環境議題愈來愈駁雜的現代，跨行政領域、跨地區領域的議題愈來愈常見，傳統的大尺度決策模式沒有辦法有效地回應每個民眾的小尺度問題，例如當有民眾詢問說到底自己居住地的異味究竟從何而來，政府往往也只能回應說

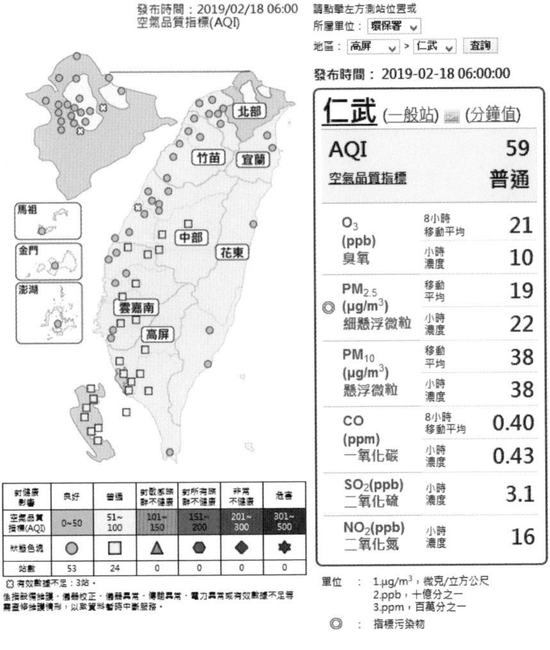

環保署空氣品質地圖（圖片來源：環保署空氣品質監測網）

需要更進一步的研究才能下定論。然後這些的進一步研究卻往往曠日廢時，而且不一定有結果，也因為如此只有每個民眾自己才是最有可能清晰瞭解自身問題的人。

政府的大型監測站為了得出大範圍的空氣品質狀況，並不會單獨擷取特定地段或時段的尖峰值，然而對於地方民眾來說，尖峰值正是他們所擔憂的問題，也因此大型測站並沒有辦法回應民眾的擔憂，長期下來便累積成了民眾對於政府監測的不信任。在這一層面上，空氣盒子則恰好能夠對應到這個問題，這就像是一個不規則形狀的禮物盒，今天你想要用一個標準的蓋子把這個盒子蓋上，你就得用一個能夠完全覆蓋、超過盒子面積的蓋子來將其蓋上，但如果你今天有測量禮物盒形狀的工具，你就能量身打造一個蓋子，達到最少的耗材，但這也絕非是說標準的蓋子就應該被捨棄掉，而是我們要能夠分辨何時需要標準的，何時需要特殊打造。

對於政府而言，政府很多時候接獲民眾的舉報以及陳情，但做為行政方，任何開罰都必須於理有據，也就是需要符合法規標準的證據，而單一的陳情舉報，由於都是主觀判斷，並沒有辦法做為證據來使用，就像是噪音判定，接獲民眾舉報後需要由稽查人員檢定分貝量。空氣盒子目前雖然尚未被法規認可，但至少提供了一系列明確的數據讓政府做為參考，就像是「哈爸」許武龍所說的：「這是一個以科學為核心的計畫，提供政府與民間理性溝通的共同語言。」

．對空汙更多元的理解與想像：讓相異者共存

在政府跟空氣盒子互動的這幾年間，我們可以看到政府並非一成不變或故步自封，空氣盒子從民眾到政府、體制外到體制內的過程也刺激出了一些新方法。例如政府部門公開了更多環境資訊，讓民眾能夠整合起來使用，環保署也更積極地使用移動式監測站（俗稱的「空汙車」）來回應民眾的陳情，好彌補定點監測站的不足，同時環保署還投入了大量的精力在微型監測，目標是布滿一萬個微型感測器。不過政府單位仍然需要依循著標準作業辦法與量測辦法，這類微型感測器的數據，主要目的並不在處罰，而是監測，測到哪個區域有汙染，稽查人員就前去調查再做開罰。我們確實能夠看到政府機關也正在摸索著如何走出下一步，而空氣盒子或許正扮演了走在政府摸索前沿的先驅，它們用自身證實了這樣的監測或許可能出錯，但仍然有著瑕不掩瑜的重要價值。

最後，儘管空氣盒子目前看起來到達了一個成熟的現況：科學社群進行分析、產業界進行生產、政府建立平臺、民間進行實作的完整生態系，但空氣盒子的社群依然在尋找著更多可能性，除了二氧化碳跟ＰＭ2.5，還能不能穩定地監測其他物質？除了整合風向與天氣資料，還能不能再整合進更多資料？空氣盒子的下一步會在哪裡還不一定，但陳伶志提到健康資訊的部分時，認為空氣盒子日後的發展會牽涉到一個核心：「臺灣到

底需要什麼樣的東西？」

在空汙議題與能源議題都愈來愈急迫的現在，空汙似乎成了促進能源轉型的一個推力，二〇一八年底的公投結果似乎也隱含了這樣意味。但當我們看著政府拿出來的空汙來源研究結果，我們到底又該如何去想像轉型？如何想像能源的轉型以及產業的轉型？如果我們對空汙的理解其實有所誤解或偏誤，那麼伴隨而來的能源轉型要求又是否真的能解決這些問題？又或者當我們以為我們千辛萬苦把事物通通塞回盒子後，實際上卻是不小心打開另一個潘多拉的盒子？而要釐清空汙，真正需要的或許不是幾個大型又複雜的「尖端」測站，也不是無數個的「靈活」小盒子。

傳統的科研方式與管理決策方式，期望找到一種能夠應對所有情況的方法或方案，但這樣的方式是以決策者做為核心，而這種決策核心式的方法，在面對現代多面向、繁瑣的危機，傳統的方式總是顯得太過

環保署測站與空氣盒子之比較

	環保署測站	空氣盒子
單點可監測範圍	大	小
設置密度	低	高
精準度	高	低
一般監測物質	臭氧、PM2.5、PM10、CO、SO_2、NO_2	CO_2、PM2.5
設置成本（新台幣）	60~100萬元	5000~8000元
維護技術	需專業技術人員	可於社群內學習維護方式

（資料整理：臺大風險中心）

「笨重」，資源上也容易捉襟見肘。空氣盒子的例子恰好告訴我們，或許問題點並非在於哪一邊的方法是對的、哪一邊的方法是更好的，也並非在於到底是誰該聽誰的，而是在於我們有沒有辦法使不同的方法共存，來形成更好的方法，能不能同時接納這些不同的監測方式，並瞭解各自的優缺與局限，才能真正一步一步、更完整地瞭解空氣的狀況。我們有沒有辦法先擱置權力的拉鋸，來好好回應問題、建立起面對問題以及解決問題的承受能力。我們能不能不再期待有特定的英雄來拯救所有人，不再被動地等待解決方案的出現，而是自己主動地拿起工具、邁開腳步來跟環境共處，並且相互扶持、相互推動。如此一來，我們也才更有可能精準地找到問題、精簡地解決問題、有效地面對更廣泛的挑戰，而所謂公民的自主精神也才有辦法得以生根發芽。

關鍵數據

空汙與健康疾病

隸屬於世界衛生組織（WHO）轄下之國際癌症研究所（IARC）在2013年指出，暴露在室外空汙會提高罹患肺癌的風險，WHO隨後也將空汙中最關鍵的PM2.5列為一級致癌物。國際能源總署（IEA）2016年報告亦指出，全球每年約有650萬人的死因與空汙有關且死亡率將在十年內急遽上升。普遍認為空氣汙染對人體健康的影響，不外乎是鼻子過敏、氣喘及肺癌，其實心血管疾病對健康影響的效應才是最為嚴重。在心血管疾病方面主要包含缺血性心臟病、心律不整、心肌梗塞、腦中風、動脈硬化等。

空汙與臺灣癌症數據

根據臺灣衛福部的統計，臺灣2017年國人十大死因中占比最高的依然是癌症（34.9%），其中又以肺癌（39.2%）為最高。臺大公衛學院就曾針對空汙與癌症的關聯辦理記者會說明研究結果，其中PM2.5造成的疾病在中南部地區（雲林、南投和高雄）最為嚴重。

評析 殘霾：創新與局限

杜文苓

從〈自己的空氣自己救：嘉義市與埔里鎮的反空汙故事〉與〈匯集公民力量的空汙戰鬥器：空氣盒子〉兩篇文章中，我們看到，民眾在霧濛濛的天空下，不再對空汙問題視若無睹。嘉義的社區醫療團體注意到民眾的咳嗽、過敏反應與季節、空氣品質狀況息息相關，開始思索正本清源之道，努力宣揚空汙相關之衛教知識，協助民眾自我防護。在南投的媽媽們則看到孩子深受咳嗽、氣喘之苦，化擔心為集體行動，並結合在地大學資源的協助，發展臺灣首例社區空汙微型監測，從減低在地汙染源做起，提升地方的空氣品質保護意識。在臺灣迅速普及的LASS空汙監測體系，也是來自擔憂的爸爸們，憑著不想要下一代活在氣喘的恐懼中，經過無數次的實驗，發展出低成本的空汙感測器，並靠著臺灣靈活的創客社群，普及大眾對於空汙監測的認識。居民們化擔憂為行動，發展出屬於民間的反空汙策略，展現臺灣草根民主的創意與活力，使空汙問題不再只被少數專家或政府定義。

在這幾個案例中，我們可以看到臺灣民間在反空汙行動的知識創造力，以及不同網絡擴散的力量，這些空汙監測行動有以下幾個特點：

一、從在地需求出發，重新界定空汙問題

民間團體在進行反空汙倡議時，發現一般民眾缺乏空汙的風險意識，對於政府部門所公布的空汙相關資訊與指標，常常無法理解與自身的關聯。因此，如何使民眾的身體經驗連結上空氣汙染問題，是民間團體首要處理的課題。在嘉義的案例中，具有醫藥公共衛生背景的專業人士，提供了民眾健康與空汙問題之間一個關聯性的解釋，他們蒐集既有的研究成果，同時比較與參照政府部門的監測數據以及國際普遍認定的健康標準值，運用醫學社群的網絡，進行空汙防護的教育宣導與實驗。他們的努力，使民眾不再錯認ＰＭ2.5是下午兩點半；推動玉山觀測，也挑戰了原有官方不合時宜的空氣汙染指標，並進一步影響嘉義市政府成立空汙防制委員會，進行更多基礎建設的改善。

在南投埔里的案例中，一群媽媽透過學校網絡，發現大家都有空氣不好的共識，進而討論如何改善問題的可能。她們上網查詢資料、聚在一起開會討論、成立粉絲專頁、尋求與外界關心空汙團體的結盟，透過環境監測與環境教育雙管齊下，倡議社區共同行動的必要。尤其埔里一向給外界好山好水的印象，沒想到壞空氣成為嚴峻的環境議題，但這一塊並不是沒有重工業所在地的埔里原本在意的問題。公民從自己周遭經歷的故事出發，界定空汙議題是地方重要課題，與在地的大學結盟，發展出全國首例的空汙微型

監測，找出汙染熱點，宣傳地方廟宇減香、不燒農廢等措施，成功降低三分之一的地方汙染源。

而在LASS的案例中，也是囿於政府的環境監測沒有辦法即時而有效地回應人民空汙受害問題，在實驗室工作的資訊工程師，以「自己環境自己救」的思考，把創客精神帶到空汙監測領域，貫徹「共同參與」和「群眾針對自己的問題找答案」的理念。這個空汙監測計畫，凸顯了傳統科研典範處理複雜空汙問題的不足，其所生產出的監測數據，並非挑戰傳統監測的不正確性，而是理解傳統方法的限制，開拓出更多貼近民眾生活認知的空汙監測方法，並透過將即時空汙資訊圖像化、視覺化方式，讓更多民眾認識空汙問題。

二、發展參與式協作之行動策略

與傳統空汙監測所強調的針對大範圍面積空氣品質的測量，以及標準測量方法規定有很大的差異之處是，這三個案例皆不同程度地強調參與式協作。在空氣盒子的案例中，LASS重視開源精神，其技術研發如同〈空氣盒子〉文中所提，「致力於降低上手門檻，讓全部有意願的人都能是參與者兼研發員的預備軍」。在這樣的理念下，也代表著「議題牽涉的範疇有多大，具有潛力成為夥伴的人就有多少」。

埔里媽媽們所展現的女力，不僅在積極宣導環境教育的行動力，更展現善用網路平臺、跨域結盟的實力。她們與暨南大學的學者們發展合作關係，促使學者設計出可偵測細懸浮微粒的低階微型感測器，並在埔里地區布點三十個測站與建置雲端平臺記錄資訊系統，連結對在地空汙情況的瞭解，發展出汙染熱點偵測。這種小尺度空汙資訊在地生產協作的可貴之處，更在於運用地方社會運作的瞭解，盤點交通、焚香、燒金紙、燒農廢等汙染源，從而發展出民眾宣導策略，促進減汙的行為改變。

而在嘉義的案例中，社區醫療衛生團隊也與政府部門合作，讓民間發展出來的衛教宣導與玉山觀測的呼籲，成為體制內運作的環節。透過空汙風險意識的傳播，也結合了當地相關企業（如口罩工廠）的參與投入。換言之，反空汙的共同目標，成為串接起各界行動的平臺，發展出與傳統倚靠政府管制或經濟誘因來促使環境改善的不同做法。

三、創新行動，挑戰傳統汙染管制調查證據資料

本章節中的三個案例皆顯示，因為境內沒有重工業汙染源的排放，空氣汙染問題早期並不受到重視，少數的空汙數據資料也無法呈現其嚴重性。但民眾從對問題的無知，到發展出風險意識，進而尋求更多跨域合作，嘗試運用低成本的公民監測科技，自行生產空汙數據。這些新資訊，對照出傳統監測資訊的問題：即著重在如何測量到汙染物，

卻沒有考量敏感族群的分布狀況、活動生活脈絡，或短暫高濃度暴露的風險等。空汙的數值難以回應地方居民的生活身體感官經驗，更無法回應在地居民所擔憂的產業運作帶來的複合汙染問題。

這些局限促使民間社會發展出創意的監測行動方案，企圖拿回空汙問題的詮釋權，指涉著民間在意的環境資訊（如即時性與小尺度）面向，認為政府所發布的大尺度監測數據抹平了環境差異，無法反應地方在生活尺度上的真實空汙狀況。這些小尺度的地方監測數據，提供不同於官方的資訊詮釋，成為地方掌握環境現況以及推進環境治理行動的最佳利器，迫使政府必須重新面對傳統指標與監測方式的不足，並為揭露更即時、更完整的空氣品質數據而努力。

‧臺灣發展空汙監測公民行動科學的可能限制與展望

臺灣創客社群的開源精神以及舉國之力發展的資訊產業，有助於臺灣空氣品質微型監測的快速拓展。不過，空汙問題的複雜度，牽涉到汙染源排放端的資訊掌握、大氣擴散、媒介與地形地勢等物理條件的限制，以及受體端的風險暴露評估問題，顯然不是仰賴幾種特定的監測方法可以全然釐清。而不同汙染物質的特性，其所需的監測設備也有差異。因此，身為想要掌握空汙問題的科技公民，我們可能更需要瞭解每種空汙偵測方法論的優勢與局限。

筆者也必須指出，目前發展的公民監測空汙的社區行動科學，還處於提出質問、整理資訊與傳播風險意識的階段，所生產的資訊較能提供個人避險之用，而無法回答空氣汙染物質特性，也無法釐清誰是主要汙染貢獻者等問題，因此行動上難以轉化為針對源頭系統性變革的訴求。這些局限，對照國外已經發展的經驗、工具與反思，如針對石化區汙染特性發展出來的多種監測設備與結合管制許可要求，以及從地方環境問題意識出發的公民科學推動結合訴訟協商的運用，在在顯示推動空汙監測公民科學所需要的知識生產方法、工具、策略與跨域協作資源整合等，仍有許多可以進步的空間，來支援反空汙行動力量的提升。

但不容否認的，這波公民空汙風險意識的崛起，提供了發展多元組織網絡的機會與基礎，打開更多環境資訊的需求，促成了空汙相關問題的討論，使空汙的問題建構有被重新詮釋與設定的機會。在反空汙運動的滾動中，民間團體有機會連結起許多過去未能接觸到的社群，如提供調查方法與儀器運用的技術者、提供對抗性科學論辯的跨領域專家、研發APP監測運用的資訊專家與開源社群等，慢慢發展出志願網絡與微型的支援系統，使空汙問題的界定與詮釋不再掌握在特定的專家社群中，身處空汙第一線的公民也有機會參與推動政策議程的設定。

多元社群的關心與投入，不僅意味著彼此的分工合作，也指向拉開環境健全知識的參與空間，讓原本冷冰冰的監測數據，可以跟社會運作對話互動，而得以使複雜的空汙問題進入地方脈絡中被驗證與理解，並進一步提供科學技術者將汙染暴露、風險分配等考量，納入空汙治理的評估回應，從而檢討傳統測量技術與標準設定等問題。當科學技術不再排除與社會的對話，當多元社群可以在環境正義的目標下跨領域結盟，空汙治理轉型的契機即已開啟。

第3章

公民電廠

能源轉型的四種聚焦02

導言　從都市到鄉野的星火

陳潁峯、高淑芬

二〇一八年臺灣舉辦九合一大選合併公投，不少民眾展現了對非核家園理念的質疑；但根據臺大風險中心發布的報告顯示，許多民眾在公投前對我國的能源現況相當陌生：有超過四成民眾以為臺灣發電的主力是核能，超過五成的民眾不瞭解能源轉型目標（詳序章）。遺憾的是，此次公投就在如此缺乏深度省思的情形下完成。

臺灣人民對於能源事務的陌生是可以想見的，因為在我國的能源法規與市場架構中，無論是在能源選用、生產、傳輸與購買的各個階段，民眾皆無機會參與其中，也沒有其他選擇，僅能被迫成為最後端的消費者。

各國能源轉型的完成皆必須有高度公民參與，其參與形式之一則展現在發展社區型能源與「公民電廠」。社區型能源與公民電廠和由政府或大型企業開發的能源不同。首先，社區型能源與公民電廠是多面向地結合效率與行動，透過在地方的微型發電進行全面性的革新。其次，藉由連結一群對能源轉型有共同目標的人，克服結構的限制，透過賦權，使社區集體改變自己的社會、經濟和技術環境，以鼓勵並實踐更永續的生活方式。最後，他們強調公民參與在解決永續能源問題時，是有能力建立地方知識與網絡，並找出適合當地脈絡的解決方案，這可以包括社區發展、解決燃料貧困和地方經濟發展、自治、參與民主。

「公民電廠」概念源起於德國，一九七〇年代全球能源危機爆發時，沒有油礦的德國深受警惕，積極地推動再生能源政策，一九八六年的車諾比核災更讓德國對核能發展踩了煞車。然而促成德國再生能源發展的關鍵因素是二〇〇〇年德國政府頒布的再生能源法案（Erneuerbare Energien Gesetz, EEG），法案中保證收購所有再生能源的發電量，並且制定不同的獎勵費率，加速民間投資再生能源產業。德國之所以這麼做的原因，主要是不想再依賴進口能源，加上社會有高度的環境意識所致。在二〇一一年福島核災後，德國政府宣布二〇二二年全面廢核，二〇五〇年再生能源發電量提高到八〇％。德國政府立法廢除核電，政策一確定後，就大規模發展再生能源。就算電費價格高居歐洲第二，大部分德國民眾還是願意支持綠能。二〇一四年德國供電率，再生能源占二六．二％，首度躍升成第一位，同年核能一五．八％，和二十年前相比減少了二〇％。自從德國以此政策工具提供民眾誘因，以公民為主的電力事業如雨後春筍般勃興，從一九九五年的六十三家快速增長到二〇一六年的一七四七家，綠能發電量在二〇一八年已經達到總電力需求的四〇％；更重要的是，有四〇％以上的綠能發電量來自公民電廠，遠勝過四大電力公司，這些公民電廠多半是以能源合作社的形式出現[1]，可見公民在德國能源轉型中的吃重角色。

相反的，臺灣雖仿效德國採用躉售制度扶植綠能發展，但主要仍以大規模的政府採購與招標為主，供應方也多為大型企業，民間自主參與的比例極低；由於競標作業需有雄厚的財務後盾，等於是為公民參與又設下了一道門檻。

相較於歐洲國家的再生能源法規中皆設立地方參與規定（如丹麥規定在地持股居民必須要在二〇%以上），或是給予小型信用合作社若干保障條款；我國目前在能源的推動上，並未認真思考「公民與在地參與」的問題，也因此，本章節所做的兩份關於臺灣公民電廠的研究，我們或可有以下的切入點。

首先，地方行動者的角色。公民電廠推動初期，不免面對資金、互信與人才的匱乏，因此地方行動者（如地方政府、信用合作社）的角色相對重要。在此兩案例中，位於三重的峰景翠峰社區電廠是由新北市政府擔任推動者與出資者，蘆荻社大成立的綠能合作社與彰化台西村公民電廠則是篳路藍縷由當地居民自行募資籌款，在公民電廠的發展初期，如何結合找出最有利的地方行動模式，或許也能在案例的比較中歸納出若干端倪。

1 其中三一%是個別私人投資人，一〇．五%是農民，而四大電力公司僅占一六%，參見Borchert, L. and J. Wettengel.（25 Oct 2018）. "Citizens' participation in the Energiewende." Retrieved Feb. 22, 2010, from https://www.cleanenergywire.org/factsheets/citizens-participation-energiewende.。

其次，再生能源在城鄉是否有不同推動方式。在台西村的例子中，以老年族群為主的居民長期受六輕汙染所苦，因而尋求偏鄉的經濟自主；而在新北市三重的案例中，則是呈現新舊區塊並陳的都市風景，青壯移民與在地社群彼此互為激盪，是否因地緣特質不同而必須在推動方式上採取不同的做法，亦值得探究。

第三，公民電廠的內涵為何。如果使用比較寬鬆的標準，只要由公民提供屋頂或是參與募資就算是公民電廠；但亦有比較嚴格的視角認為，要稱為「公民電廠」，不但電廠的持有與經營必須是以公民為主，其內部營運方式、收益分配也必須經由民主、在地的方式進行，而本文的三個案例或也可對此爭議提供若干參考價值。

第四，公民的能源自主如何達成。在實現能源自主的過程中，知識如何進入社區並普及？透過何種網絡而可進入操作層面？能否促成更大規模的示範與學習效果？這些屬於在地社區的脈絡問題，亦是需要考量之處。

最後，公民電廠的外部風險問題。任何的經濟開發都有風險，躉售制度優厚的財務誘因一旦滾起雪球效應，確實有可能引發大規模的設置風潮；但再生能源本身亦有其社會風險（如風電會引發噪音、眩影等鄰避效應，鄉村大規模種電亦可能引發破壞農地的道德風險），因此讓公民享有綠能利益的同時，是否也能透過社區自主發展出風險的辨認與協商機制，也是確保綠能永續發展的核心課題。

公民電廠在臺灣仍然是個陌生的概念，但是社會透過多年實踐而獲致的民主活力和社區經驗，應能提供滋養能源自主的土壤，而本章節的兩項個案研究，或能協助我國公民電廠摸索出更強固的發展方向。

彰化大城鄉台西村正努力從汙染與凋亡中脫困（攝影：許震唐）

1

南風的下一章：台西村公民電廠與地方創生

高佩懃

南風，一般而言帶給人溫暖溼潤的感受，混和著雨水的氣息。但二〇一三年出版的《南風》紀實攝影集卻告訴我們，南風不只是記憶中的溫柔。

翻開《南風》的書頁，一張張黑白照片，一則則看來平淡卻意味深長的敘述，描寫的是台西村——位處於彰化縣大城鄉南邊，隔著濁水溪與六輕相望的村落，它同時面臨著汙染與偏鄉的困境。

從二〇一〇年六輕的連環大火開始，一連串石化工業、汙染與健康的「戰爭」就此展開，且至今尚未停歇。在來自各方的論述中，或許你記得六輕的所在地雲林麥寮、也記得國光石化的預定地彰化大城與芳苑，甚至是協助整個運動進行的環保團體，但是僅與六輕一河之隔的台西村，在當時並沒有被看到，直到《南風》這本集結許震唐與鐘聖雄攝影作品的書籍出版，台西村的樣貌才有機會進入社會大眾的眼簾。

做為從台西村外出的「遊子」，曾任電信業高階主管的許震唐，把攝影視為閒暇時的興趣，也是支撐自己面對壓力的解方。《南風》裡的攝影作品，是他的「故鄉攝影計畫」，也是二十年來，對故鄉的紀錄與依戀。《南風》出版時，許震唐曾描述攝影計畫開始的原因，是因為發現故鄉的人逐漸老去，當鄉下人口不斷地外流，同輩的人往外走，只留下老人，「總有一天，這個村子會只存在照片裡。」，他說。

揹著相機陪村子走了幾十年，卻發現留在底片上的身影相繼離去，這是促使許震唐著手回顧故鄉樣貌，釐清人與環境、土地之間的關係，以及人與人關係的關鍵。「透過回顧與重新檢視這些影像，我們才發現：『不排除』六輕跟台西村的轉變是有關係的。」在與公視的訪談中，許震唐提到對於故鄉的觀察。

• 想自立的空汙受害者

若說《南風》的出版是台西村故事的第一章，做為讀者，看到的是台西村的悲苦與「汙染受害者」的角色。在六輕還沒來之前，台西村看起來與印象中的農村沒什麼差別，產業道路、農田、溪流或水圳，加上三五親朋搭起屬於農村的辛勤與喧鬧。但《南風》裡，村民述說的是六輕來了之後的日常，只開花不結果「瘋欉」的西瓜；過去可以輕易捕獲現在不再的鰻苗與毛蟹；地層下陷海水倒灌導致鹽化的土地；罹癌患病、子孫外出卻難離故土只能獨居的老人家。灰，不僅是汙染的顏色，似乎也成了《南風》裡村民心中的顏色。

這幾年，大眾對空氣汙染愈來愈關心，台西村的故事隨著《南風》的影像在各地展覽，癌症村的印象彷若是最具說服力的「明星受害者」。但這些關心與注目的眼光，並沒有為台西村帶來實質的改變與幫助。二〇一六年陳建仁副總統到訪是村中的大事，然而除了兩支空氣汙染偵測器，與空氣汙染即時資訊看板，汙染的問題仍然持續，偏鄉人口外流的困境也依舊存在。

在一個缺乏就業機會，除了從事農漁業之外沒有其他可能的環境裡，年輕人外出打拚成了追尋前途的唯一選擇，這是每一個農村共有的困境。然而與六輕做鄰居，為台西村加重了突破困境的關卡，現在台西村實際長住人口僅不到三百人，絕大部分都是老人、外籍配偶與幼童。仍舊艱難的現況，使得曾經願意大聲疾呼的村民，在《南風》攝影集出版六年後的今天，因為對現況無法改變的失望，讓熱血冷去，再次選擇在人前沉默。

眼看著台西村的生命力正隨著村民的老去一同走向凋零，卻不願眼睜睜地看著台西村死亡的是詹長權和許立儀一家人。在反國光石化時與台西村密切合作，也曾以六輕汙染對雲林麥寮及彰化台西的健康影響進行研究的臺大公衛學院院長詹長權，在與許震唐的妹妹許立儀——也是反國光石化時台西村重要的抗爭者，談起台西村的下一步時，開啟了一個重要想法。「相對於石化工業的汙染，綠能或許是一個讓台西重生的突破口」，許震唐轉述詹長權拋出的概念，這是現在台西村公民電廠逐漸成形的重要開端。

一開始，負責公民電廠這個重責大任的是許立儀。選擇公民電廠做為重生的形式，只是希望透過綠能，一方面在能源上自給自足；另一方面，賣電收益可以做為穩定回饋村莊的來源，在經濟上打破目前台西村仰賴農漁業，但卻因為汙染與勞動力老化而賺不到錢的窘

與六輕為鄰的台西村，灰，是唯一的顏色。（攝影：許震唐）

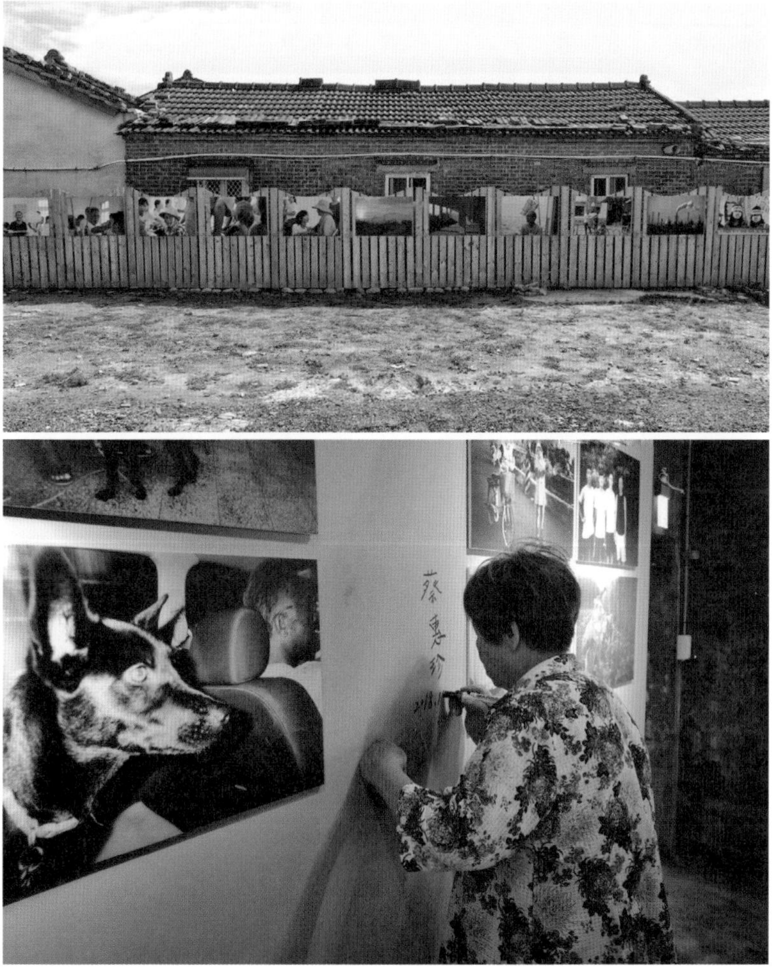

台西村影像館是許震唐一手打造，希望能夠凝聚村民，累積未來公民電廠能量。（攝影：許震唐）

名詞解釋

公民電廠

除了文中提到對公民電廠的各種解釋，2018年底歐盟執委會針對「電力指令」（The Electricity Directive）達成新的協議，當中重新界定了「公民能源社群」（Citizens energy community），強調公民能源社群是指「持股人或會員經由自願性及開放參與程序所建構的法人」；其主要目的是為電廠所在地與會員提供環境面、經濟面或社會面的效益而非財務獲利；其可參與到發電、輸配電、電力供給或消費、儲能或節能、需量反應聚合、電動車充電等各種能源服務面向，與我們所指公民電廠定義相近。該指令也確保400kW以下的再生能源發電專案，至少到2026年皆能優先併網調度，且其市場近用權與大型電業一致。

境。然而籌備公民電廠比預想更為漫長，「我只好跟村裡的人說，弄電廠耗時，你們會老、會走，可能等不到它了，但你的子孫回來這裡，會看到。」許立儀在接受《今周刊》訪談時提到。隨著小孩就學分去時間與注意力，台西村公民電廠籌備任務轉到哥哥許震唐的身上。

「我們就是想要讓台塑看看，我們不用領你的六百[1]也可以過得很好。」許震唐談起他承接妹妹公民電廠籌備的原因時這麼說。自立、不仰賴帶給台西村汙染的企業，是當時許震唐認為要脫離「受害者」角色，走向「重生」的第一步；或許也是當時許震唐毅然決定離開穩定的工作，走出自己「中年危機」的第一步。

除了龐大的壓力，工作還能為自己帶來什麼？這是當時許震唐不斷問自己的問題。願意為了籌備公民電廠而辭職回到故鄉，不僅是為了做點自己想做的事，也是認為需要有外部力量進來，攪動逐步趨向沉默的結構。但現實的問題是，有了籌備公民電廠這一個大目標，實際上該怎麼做，卻仍然無解。

• 一個人從零開始的台西村公民電廠

許震唐回鄉後，一邊著手公民電廠的規畫，一邊也將《南風》的影像帶回台西村，成立台西村影像館。很難想像，現在看來光鮮的台西村影像館，在一兩年前還是無人居住瀕臨廢棄的老屋，全憑許震唐一份份的計畫書申請經費補助，再拜託熟識的朋友、鄰居幫忙搭建照看。在開幕的時候，村民看著《南風》照片找尋裡面熟悉的身影，接下來村裡的阿伯阿姆也會從參觀者，變成照片的拍攝者，留下他們眼裡的台西村。這個看似與綠能毫無關聯的影像館，卻是許震唐為《南風》與台西村公民電廠之間畫上的連結號，希望能透過影像館凝聚村民參與村中活動的習慣，為未來推動公民電廠累積能量。

1 這是指台塑提供給六輕所在地雲林縣麥寮鄉民的電費補助，其發放的金額為每人每月六百元，故有此說。

「能源」與我們的生活密切相關，打開開關就會有電、插上插頭電器即刻運作，幾乎是這個世代每個人習以為常的生活。但若談到「能源」、「公民電廠」等詞彙，對民眾而言卻相當遙遠。因此如果推動公民電廠是一條台西村有機會重生的路，應該怎麼做？應該有什麼樣態？怎麼說服村民一同參與？這些是許震唐一開始思考的問題。公民電廠做為分散式能源系統重要的一環，是希望透過社區再生能源發電設備的設置，擁有滿足自我電力需求的能力，當集中式電網發生問題時，減少風險，進一步達成能源轉型、能源分配正義的目的。「不過翻遍了臺灣學界對公民電廠的研究，大家都很有願景，談的方向與價值我也很認同，但是然後呢？我下一步應該怎麼做？沒有人寫。」許震唐說。

公民電廠的理念，在碰到必須說服居民共同參與的實務問題時，常常因為一般民眾不容易理解這些複雜的概念，更難以從中看出明確的利基與效益，不夠吸引人，而造成溝通的落差。許震唐說：「你跟一般住在都市、受過良好教育的中產階級講這些，他們都不一定可以聽懂了，更何況是台西村的村民。」可不可以賺錢？對我有什麼好處？才是民眾決定要不要參與的重點。

習慣企業思考的許震唐認為，提出明確的利益與效益是在第一線溝通最直接有效的方式。然而不論是運作已經趨向穩定，以出資購買太陽能板參與公民電廠建立的模式；還是從零開始串連村民租用屋頂自發自用或全數躉售，實際上在利益與效益上都不夠明確。

採用邀請村民出資參與公民電廠建置的方式，對偏鄉民眾而言，第一筆出資成本與回收時間都是不小的負擔。「出資參與雖然在利潤分配上還是不那麼正義，但這是一定要走的第一步，讓人家知道原來再生能源是這樣子。為什麼一定要走這一步？因為電力系統是一個財務密集的產業，需要大資本大規模投注才容易獲利。但坦白說，出資參與是中產階級才玩得起的方式。」許震唐不諱言指出現有模式對台西村的困難。面對年事漸高的阿伯阿姆，十年的回收期更是長路漫漫的等待。

但如果可以像德國一樣，串連起整個社區一起裝設太陽能板，成為社區共同經營的公民電廠呢？初步估算，若將裝設太陽能板的量要可以負擔整個台西村用電做為目標，大約需要裝設770kW的太陽能板，裝置的費用約為三二〇〇萬。[2]在完成裝設之後，可以採行的方式有躉售與自發自用。然而即使是全數躉售，依照目前臺灣的躉購費率算起來，利潤還不及穩定投資股市。

2 這是以台電二〇一八年之售電資料進行估算。依據台電統計，二〇一八年台西村平均每日用電量約為二一四七度。以彰化縣太陽能發電日平均每kW三．二一度的情況下，若加計一五%的裝置容量備用，總裝置容量約需770kW。費用的部分參考經濟部能源局在一〇八年躉購費率審定會第四次會議估算，屋頂型太陽能發電在總裝置量大於500kW的情況下，期初成本為每kW四一五〇〇元。

以彰化縣平均每年發電度數來看，台西村的太陽能板每年售電的獲利約可達到三八二萬[3]，但預估的維護運轉費用約為每年一一八萬。[4]若是以太陽能板可以使用二十年來計算內部投資報酬率[5]（IRR），整體的報酬率約為五．四八％，以企業而言並不是太好的投資目標。[6]

若是選擇以自發自用為主，在全村約三百四十戶的情況下[7]，每戶平均每個月使用一九二度左右，以目前台電的電價在夏月時間為每度二．三八元，非夏月時間為每度二．一元來算，每年台西村全村除了可以省下一七二萬左右的電費，可能還有一些餘電可以售出，預計大約可以獲利五十萬。[8]但總的來說，二十年的內部投資報酬率算下來是負三％，別說賺錢了，可能還要賠一些。

在現有的模式下，無論怎麼算，錢，這個最現實的問題，成了偏鄉設置公民電廠最大的困難。「所有認識的人都問我在搞什麼，從企業募款或企業贊助發電設備開始不是很快嗎？但是當引進企業投資，利潤是企業資本帶走了，然後它可能再回饋一部分給居民。但這樣的模式下居民還是仰賴企業，這個角度不叫作自立。」許震唐這樣說。一趟由綠色和平組織推薦的德國社區電廠參訪行程，讓許震唐有機會從中找到突破利益不足問題的想法，進一步釐清台西村公民電廠的樣貌。

德國的社區電廠立基於社區共同投資、共同參與的營運模式，其售電盈餘會直接回饋投資人，成為吸引參與的利益誘因。「我去德國參訪，也一直問他們財務方面的問題，當時候跟我一起去的林育立記者還跟我說，『許大哥你怎麼都問錢的事情？』但是錢就是你要成立公民電廠最現實的問題。」談到去德國的經驗，許震唐還是很務實地希望找到怎麼樣破解財務問題的方法。

對於德國的參訪，許震唐說印象最深的就是由德國藝術家組成的公民電廠案例。由於德國的電費高昂，在德國政府開放出租的房子裝設太陽能板售電不另收稅金後，同租一棟公寓的藝術家們就與房東協商租用屋頂，並成立電力公司開始售電。「我問他們為什麼會有這個動機？那個藝術家也很搞笑，說因為我們窮啊！因為我們窮這句話拿來套

3 根據二〇一八年統計，彰化縣每年每kW太陽能板之發電度數約為一一七三度，乘上770kW的裝置容量，預估年度發電總數約為九十萬度。以現階段與台電簽約，適用一〇八年第一期屋頂型未併聯特高壓線路的躉購費率四・二三一三元，年度獲利約為三八二萬。

4 根據經濟部估計，屋頂型太陽能板每kW的維運費用比率為三・六九％（一〇八年），故全部770kW之預估維運費用約為一一八萬元。

5 內部投資報酬率之計算與僅計算收支之投資報酬率差異，在於考量時間對於購買力之影響。

6 這是與元大臺灣50交易所交易基金（ETF）比較之評斷。根據臺灣證券交易所估計元大臺灣50成立十五年來IRR為八・八％。

7 台電統計之售電度數與抄表戶數未排除農業用電。

8 此以前述預計需裝770kW，預估年發電度數為九十萬度，計算扣除台西村預計用電後剩餘電力躉售之獲利。

許震唐穿梭村民之間，不斷說明著公民電廠的想法。（攝影：余志偉）

台西村就很match。我就是這樣子來想，後來回臺灣之後我就把它轉成公民電廠的必要條件。」許震唐說。

不同於德國有健全的社會福利制度，臺灣的偏鄉社區經常需要自找出路。因為台西村窮而需要一個穩定的資源幫忙，就可能成為推動公民電廠的利基與效益。簡單地說，如果少賺一點，可以換得一個穩定照顧故鄉的資金來源，那可能是可以說服村民參與的關鍵，這也就是許震唐提到的效益。「因為臺灣電價跟躉購費率很低，所以利益很低（公民電廠），只好強化它的效益。」把效益落實到村裡，就可以把部分盈餘撥給社區進行長照、社區營造等社會福利補助之用。更希望透過這樣的效益，讓居民有我們的電廠不會汙染又會照顧我們的想法，建立居民對電廠的連結與情感。

•凝聚在地人的電力公司

面對台西村在發展上的困難：內部沒有錢沒有人，卻又不想仰賴外部企業，這條重生自立之路該怎麼邁出第一步？在許震唐的規畫中，公民電廠有四個重要的元素，分別是所有權（ownership）、人、財務與當地資源。而他認為若是要打破台西村偏鄉、人才外流、資源不願意挹注的惡性循環，公民電廠可以是翻轉循環的內部突破口，並引入政府資源挹注偏鄉。

許震唐舉了一個例子來說明他的公民電廠規畫。假設有十個人一起集資成立一個小型電力公司，來承租這十戶人家的屋頂，進行鋪設與售電，如果以30kW的裝置容量規模來算，安裝成本大概是一三五萬[9]左右，每年賣電所得約為十六萬，維護成本約五萬。若這家公司不做任何擴張，二十年下來內部投資報酬率大概在五％。

這樣的方式看起來規模小、杯水車薪，但最大的優點是可以創造緊密的ownership。由於規模小，相對於要在村里籌劃一個大案場而言，凝聚共識找到志同道合的合資者相對容易，而且成立的公司所承租的是自己的屋頂，所有權就比其他模式來得明確。對區域而言，因為台西村可能有更弱勢、連參與電力公司分享所有權都有困難的居民，因此透過固定將電力公司獲利的一〇％回饋至照顧社區弱勢的信託基金，來擴大電廠的效益，把部分所有權分享給社區。

這樣看起來不僅利潤少，對於社區要達到實際回饋也需要很長期的經營。「我有一個想像，村子裡面不是只有十個人，村子裡面可能有四百個人，裡面會有好幾掛（不同人際網絡的意思）的人，比方說有五個不同掛的，那至少這個村子裡可以成立五家電力公司，只要有

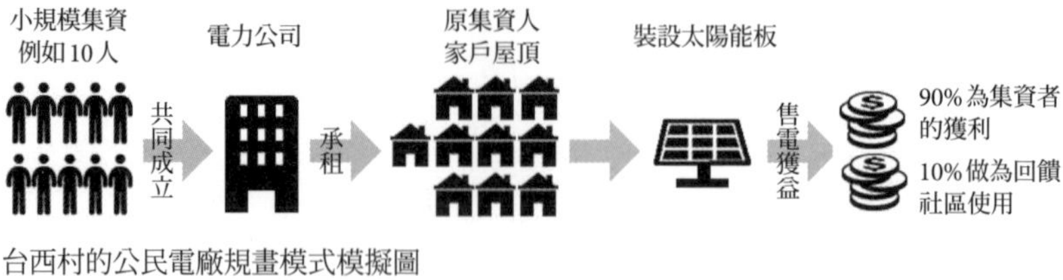

台西村的公民電廠規畫模式模擬圖
（資料來源：許震唐）

一家賺了錢願意回饋村子，另外一家一毛錢都沒回饋的時候它就會撐不住了。」許震唐說。社區裡的關係錯綜複雜，但許震唐並不擔心其他人來學，反而希望藉著更多電廠的成立與社區內部的壓力，由他來做為投資回饋社區的領頭羊，推動其他居民的跟進。

前面有提過，做能源是一個愈大規模投資愈可能獲利的產業，但公民電廠若想從小規模慢慢「長大」的話，「人才」是不可或缺的第二步。一家電力公司即便股東都志同道合，但要是沒有任何人懂基本的技術、財務管理與專職處理公司事務，難有長久的經營。若請外面的人來協助經營，原本微薄的利潤就更低了，很難照顧社區，「生食都無夠，哪有通曝乾。」許震唐說。

那經營人才從哪裡來？就是一開始募集股東時，股東或股東的家庭成員一定要有相關專長者。換言之要組成一個電力公司，股東一定是在地人（因為需提供公司原始承租屋頂），其次才是提供資金或人才。而組成電力公司對人才的需求，就創造了一個供外移的年輕人或專業人才回流的機會。

人跟ownership是許震唐在思考公民電廠這件事情時，最重要的頭兩件事。「人沒有回來，你做再好的社區也做不起來，它就沒人嘛！社區就是人啊，啊你都沒有人了談

9 以每戶每日用電量平均六至七度，約須裝置3kW，及躉購費率審定會提出裝置20kW以上100kW以下之期初成本為每kW四四四〇〇元計算。

何社區？」這是許震唐一直希望能創造機會，讓離家的遊子願意回鄉的原因。「所以假設一個公民電廠，它如果沒有辦法在一個區塊裡面產生人跟ownership的一個條件的話，它事實上是失敗的，是不能稱為所謂公民電廠的。」許震唐說。

前面提到建設成本跟利潤的問題，但牽涉到錢的部分卻不止如此。如果要讓回饋社區的錢被好好使用，進而達到足夠的效益來彌補利益不足的問題，那如何管理由公民電廠提供的回饋金就是大問題。無論是社區的協會、慈善機構或是指定特定單位管理，都很可能隨著人事變動產生使用政策的變動，當這筆錢積少成多成為社區的重要資源時，更有被濫用的可能。

許震唐認為要透過基金會成立指定用

台西村屋頂（攝影：許震唐）

途的信託基金，在需要受到會計師檢核的外部監管下，才能使這筆錢被用在該用的地方，符合初始的立意。「要是沒有這樣，當這些民間組織理事長、組織換人，財務使用就不再是社區可以掌握的。或者又會產生一個問題，每個人都做了很多電廠，錢都回饋了，大家就來搶這個理事長的位子，又產生政治問題。」許震唐說。

在解決人、所有權跟財務的問題之後，當地可以提供多少資源是關鍵因素中的最後一環。放眼望去，以平房透天厝為主的台西村似乎有很多屋頂可以應用。「閩南語在說『父死路遠，母死路斷』，就是說父親走了，你與家鄉、兄弟姊妹的情誼就開始漸行漸遠，而當母親也走了，回家鄉的路也就斷了，兄弟姊妹也就散了。

台西村內許箽的房子。世代漸凋，人去屋空。（攝影：許震唐）

這邊很多無人居住的房子就是這樣開始走向破敗，走向破敗的房子你要再做其他的用途就很難。」許震唐也提到除了房子沒人住會壞，屋齡已經五、六十年的老式三合院，建築結構上幾乎已經無法再承受搭建屋頂太陽能板的施工過程與重量。另一方面，在地的房屋有些是以農舍的名義建造，若是要參與躉售需要變更，變更後，還要額外多繳租金與稅金，對居民而言不只利潤降低，更形同自找麻煩。

「我對於公民電廠的整個架構概念，基本上有四大個方向：ownership（所有權）、人、財，還有當地的資源。若是這四個條件沒辦法組成，那公民電廠也不會成。」許震唐說。那有想法、有規畫、有這四個條件，公民電廠就可以成功推動嗎？在尚未有足以商轉的公民電廠之前，沒有人知道答案，也沒有人可以回答。即便在一次一次論述與計畫書的撰寫中，不斷完善與修正對公民電廠的規畫，但當走到社區第一線時，第一座台西村公民電廠要落實仍然有很多已知及未知的困難與挑戰。

•人、錢、產權：公民電廠步步障礙

有了初步規畫與想法，台西村準備好這四個條件了嗎？許震唐認為自己回鄉籌備第一間電廠，透過自己跨領域的學經歷，可以填補初期台西村的經營人才需求。「坦白說，是人才的不會留在村子裡，一直留在村子裡的年輕一輩基本上是庸才。我不敢說自己是人才，但如果我回來可以推動公民電廠，也是一條路。」許震唐希望以自己做為第一個「範例」，讓不只一間公民電廠的想像變成可能。缺乏讓更多人才進到社區的管道，是一個整體制度性的問題。回鄉投入公民電廠近兩年的時間，許震唐只能一個人自己研究、調查、盤點、寫計畫，不只不支薪，若是有其他花費還得自掏腰包。這樣的工作環境，很難吸引人才投入公民電廠的推動。

在所有權的部分，除了股東的所有權外，還希望透過社會福利的照顧，跟社區分享所有權，進而累積深厚的連結。雖然目前許震唐已經在村內找到志同道合的股東來做第一間公民電廠，但如何突破現有的「同溫層」去承租其他村民的屋頂，是未來公民電廠經營的關鍵。現行政府正在推動綠屋頂的政策，這無疑是與公民電廠競爭，讓公民電廠要找到願意出租屋頂的民眾更困難。一個社區的倡議者與政府或企業相比，民眾或許寧願相信政府和企業，面臨這樣的競爭該怎麼辦，「既然政府在推，我大可將屋頂租給企業，但是這樣社區共識要凝聚時就牴觸了，因為我小咖，政府大咖，形同政府跟民眾來搶屋頂。」許震唐說。

除了股東之外，所有權的概念落實到社區，常常與地方創生、長照2.0結合，台西村影像館做為《南風》與公民電廠的連結，擔起了建立情感連結、分享所有權的重責大任。「那個許賀（協助搭建設施與裝置藝術的村民）他媽媽驕傲地跟我說，『你看，你就去從錢就好了，阮後生會共你發落甲好勢好勢。』[10]」這種情感的連結與光榮感，就是許震唐期待看到所有權的延伸與作用。但更多的時候，政府推動地方創生的過程引入大學、顧問公司來協助寫計畫跟執行，而不是由社區來發想，缺乏與在地的連結，難以留下影響力。許震唐說最常看到的就是，「所有計畫都很熱情，搬到現場都不能做」。

在財務的部分，二〇一八年五月經濟部能源局公告了「推動民間團體於偏遠地區設置綠能發電設備示範補助作業要點」，開放盤點偏鄉資源與補助20~100kW的發電設備裝置費用，共兩階段的補助申請，其中每案第一階段可獲得最高兩百萬元的補助，第二階段則可由

台西影像館門前的裝置藝術，由許賀協助搭建。（攝影：高佩懃）

政府補助五〇%的設備裝置費用（最高以一千萬為限）。若通過申請，對於偏鄉而言大幅減輕募資壓力，也是許震唐正在努力爭取的方向。「但是今年包含偏鄉公民電廠申請了三個計畫，都還沒有下落。」在受訪時（二〇一八年十一月）許震唐提到。[11]時值縣市長選舉與公投剛結束，同意以核養綠的公投通過，也讓許震唐不免擔心政府推動再生能源與偏鄉公民電廠的政策可能生變。

除了向政府申請計畫之外，融資政策上能不能幫忙，也是未來公民電廠的模式能否遍地開花的關鍵。依靠政府的補助只是短期，若要全面推廣，並不能每個案子都有機會搭上補助期程。另外，以銀行的觀點來看，公民電廠規模小、財務風險高、技術力不像

台西社區活動中心（攝影：高佩勳）

10 國語意思為：你只要去籌錢就好了，我兒子會幫你把其他事情處理好。

11 二〇一九年一月十九日，經濟部能源局已公告第一階段甄選結果，共計有十九個偏鄉，二十一個原住民地區獲得第一階段補助，補助金額以一案兩百萬為上限。許震唐的計畫案有得到補助。

企業明確、還沒有擔保人，一樣是綠能案件，銀行願意把錢借給企業，卻不一定願意借給公民電廠。對公民電廠的倡議者來說，現在的專案融資利息超過三％，如果電廠運作順利，發電條件好獲利六至七％，扣掉利息後利潤就難以創造效益、照顧社區。

綜觀發展公民電廠的四個條件，台西村最大的挑戰還是在當地資源的不足，即便是公有屋頂也有產權的問題。「你看那棟社區活動中心，它其實不能蓋（太陽能板躉售），因為他蓋在河川上面，算是違建，還有一些是無建照的。」許震唐提到。公有屋頂都有產權問題，遑論鄉村的房子常有多個兄弟姐妹共同持有，以及部分居民只有地上建物權，土地與堤防都屬於國有財產署的狀況。複雜的產權狀況使太陽能發電若要進入躉售制度，有許多困難需待進一步的協商與釐清。

台西村被稱為「風頭水尾」，想必風力上有一些優勢，有沒有考慮改用小風機[12]做為發電的主力？許震唐表示，在相同裝置容量下，小風機的確會比架設太陽能板需要的面積來得小，產權上可能只需要與國有財產局洽談，相對單純。「但是臺灣關於評估小風機發電的環境資料很少，萬一評估跟實際發電量差很多怎麼辦？至少不能賠錢吧！我之前曾經去參訪過臺中龍井那邊裝的小風機，問他們的評估資料從哪邊來？他們說是參考梧棲港務局的資料，但我這邊跟梧棲差了四十公里耶，我要怎麼用他們的資料？」由各個夥伴共同投資的公民電廠，在面對設備的選擇與評估上，許震唐不免特別小心。

走到台西村第一座太陽能板案場顯榮宮，3kW的太陽能板還矗立在金紙爐旁邊，但在不遠處，連接儲能電池的線路已被拔掉。若是廟的主委不贊同，當初為什麼會選擇顯榮宮做為第一個場址呢？原來台西村其實被快速道路切成兩邊，大小人口不同，過去村裡的資源自然而然比較多在大的這邊。但是由於另一邊的爭取，當地的信仰中心顯榮宮的主委更換，對於太陽能板及推動再生能源的想法就和原本預期的規畫不太一樣。「這大概是最大的隱憂吧！」許震唐說。

在希望先有一個示範場址讓村民眼見為憑的思維下，宮廟、教堂、社區發展協會、活動中心等較具公益性質的位置常常是第一個案場的首選。然而受到地方頭人對再生能源推動的積極性與想法有差異的影響，在地的權力變換成了影響社區能否順利推動再生能源最難以掌握的關鍵。

長期致力於推動綠能社區發展的臺灣再生能源推動聯盟（Taiwan Renewable Energy Alliance, TRENA）副理事長陳秉亨協助與陪伴多個社區的公民電廠推動計畫，也指出複雜的土地產權問題是台西村在推動綠能設備建置上，比其他偏鄉困難的地方。但困難並不是無解，還是可以嘗試跟國有財產署租用或協商，從協助偏鄉發展的角度來看，國有財產

12 根據經濟部能源局的定義，陸域風機單一裝置容量為1~20kW者屬小型風機，其躉購費率會與20kW以上之大型風機不同。

署做為行政單位，有義務協助發展，總比讓土地閒置來得好。另一方面，引入企業的協助並開放社區入股仍不失為初期穩定公民電廠發展的方式，對企業而言，開放地方居民入股可以減少在地的反對意見，對公民電廠的發展而言，引入企業資金也是使電廠減少受到地方權力變換影響的方式。「我覺得台西這一場可以朝這個模式（企業開放社區入股），直接邀請英華威來台西搞一根（風機），設廠過程環評有的沒的都是廠商去處理，然後我直接社區入股就好，這樣可能比較理想。」陳秉亨說。

• 公民電廠：地方創生的第一桶金

實際盤點現在已經著手推動的綠能社區，臺灣至今仍稱不上有「成功的公民電廠」

3kW的太陽能板能支應宮廟夏季主要電力，卻因為宮廟主事者更迭，險些成為人事交替下的供品，所幸透過廠商及村里耆老的奔走下最終保留下來。（攝影：許震唐）

案例。二〇一九年一月，經濟部公告通過能源局偏鄉綠能設備設置補助計畫的十九個偏鄉社區中，無論是已有較穩定基礎的臺東達魯瑪克部落、彰化台西村、花蓮南華村，還是才剛開始起步的另外十六個偏鄉社區，都尚未成功走到產出利潤並創造完整收益模式的一步。「能源局這十九個案子算是不錯的開始，但我還滿擔心這十九個做不出來，因為社區的事情沒那麼簡單。」陳秉亨做為長期協助綠能社區建立的陪伴者，提出這樣的觀察。

綠能社區的發展長期以來推動都相當辛苦，沒人、缺乏臺灣在地經驗、能源政策不夠重視，以及政府部門的資源未充分整合都是重要的原因。過去陳秉亨在倡議與推動社區公民電廠時，一直希望能將社區營造與農村再生的團隊一起帶入，促成社區不同資源間的整合，也透過關心與瞭解社區的團隊，來彌補推動公民電廠對人才的需求。如何讓這些團隊看到再生能源對社區的助益，以及打破不同行政部門間的疆界，是其中的關鍵。「過去農再辦[13]不會認為推動社區綠能是他們的事，那是歸能源局管的，要一直告訴他們社區綠能可以讓農村賺錢，農村賺錢就是復興農村。這幾年下來，農委會是開始有看到這一塊。」陳秉亨說。

13 在中央層級全稱為「農村再生基金辦公室」，於二〇一六年正式成立，隸屬行政院農委會管轄。但部分縣市有另外成立農村再生專案推動辦公室，處理農村再生計畫事宜。

好不容易找到人才，但社區營造或是農村再生團隊過去進行的多是小造景、彩繪、文化行銷、產銷班等計畫，對於社區綠能的規畫與推動，能源設備的盤點、評估、維護都缺乏經驗。臺灣再生能源推動協會也開始籌劃透過舉辦相關的課程或營隊，在熟悉的太陽能領域，邀請太陽能公會協助教學，進行能源盤點、分享之前協助達魯瑪克的經驗，但在其他的再生能源領域，「我們也是跟大家一起在學。雖然之前辦了兩屆全國高中職大專盃小水力發電比賽，但我們對於如何盤點農村、部落的水力潛能其實也不懂。桃園復興鄉比亞外部落想做的木質燃料，其實現在林試所也才剛開始進入實驗階段。」陳秉亨說。

另一個造成人才缺乏的原因其實來自於經費的限制。「之前能源局的經費是不能做為人事費使用的。」陳秉亨說。好不容易爭取到的經費不能核銷人事費，就難以聘請社區專職人員持續長期推動公民電廠計畫，畢竟不穩定的薪水很難構成年輕專業人才回流的誘因。由陳秉亨協助陪伴的達魯瑪克部落就規畫未來成功售電後，要將獲利二〇％的金額回饋社區，成為促使人才回流提供專職工作機會的資金；更希望回來的人才是原本從社區出去與社區有連結的年輕人，而不是顧問公司，「如果不能真正給社區養分，那個意義就會打折打很多。我們理想的綠能社區就是要跟地方創生合作，讓綠能成為地方創生的第一桶金。」陳秉亨說。

談到政府對公民電廠的發展與規畫，陳秉亨看起來有些無力，資源整合不足、缺乏大規模的投入、步調太慢都是問題。三年前來自農村再生計畫的經費，甚至不能用於購入太陽能板，不同部會間對於綠能社區的推動更無整合，陳秉亨認為即便能源局的經費僅能補助設備，若與就業培訓、就業補助媒合也不失為解決人才問題的好方法，但行政部門並沒有去發想與嘗試這些可能，整體上也缺乏大規模的投資，「農再當時的規畫號稱臺灣有三千個農村社區，一個社區要投入五千萬，五千萬幾乎每一個社區都可以百分百綠能了。如果臺灣有三千個百分百的綠能社區，那個時代就不一樣了。像這次前瞻基礎建設也是一樣啊，要不然你就七、八百個原住民部落通通丟下去（社區綠能經費），要是能夠有八百個百分百的綠能部落，那個對廠商也好，對（能源）政策要翻轉也好，都會有很大的幫助。」陳秉亨說。

好不容易政府對於公民電廠的執行，有一個比較特定的經費與計畫支援，也開始有社區對公民電廠產生興趣，進而願意投入推動，臺灣的公民電廠是否可藉此機會進一步發展了呢？「慢慢來吧！如果這十九個有做起來，開始有成功案例上來之後，其他的社區就會慢慢跟，當社區做出成果之後其他人就會比較相信。眼見為憑！我們的公部門也好或是社區，真的是要眼見為憑，它沒有辦法去想像一個不存在的理想。」陳秉亨說。

但這十九個案例若是無法有比較明確的成果，後續很容易被打上無效、推不動的標籤，在未來爭取其他資源時會有很大的負面影響。

•空轉二十年的公民電廠

在能源轉型白皮書中定義的公民電廠，係以公民參與為主體，應包含部落、村里、社區等在地性參與……結合相關利害關係人，透過創新營運模式，以專業技術協力與設備供應等方式，共同打造之再生能源公民電廠。公民電廠依發起單位、民眾主導性高低、所有權分配以及收益規畫可有多元組織形態……惟須符合由民眾參與出資，且收益由參與者分享，或回饋地方公共服務與公益用途，用以強調電廠發展過程中「以公民為主體」、「自主性」、「參與」等特質。不過，我們對於公民電廠的期待究竟是什麼？公民電廠對於每一個研究者、推動者的意涵與意義又是什麼？這當中可能會有一些細微的不同。

對許震唐而言，「公民」的角色與定義在公民電廠的討論中很重要。在我們談起公民電廠的議題時，他就先反問，「為什麼我們要把社區型的發電方式叫作『公民電廠』？德國他們就叫社區電廠啊，因為他們本來就是公民所以不用強調，而臺灣就是沒有公民所以才強調『公民』。」他認為不是只要參與投票就是公民、就達成民主，民眾有沒有能力評斷政府的作為符不符合需求才是關鍵。而台西村公民電廠採用再生能源、減輕環境汙染、反對化石燃料，是他們面對空汙問題做出的應對，也是連結社區發展與個人的方式。

對陳秉亨而言，公民電廠則是推動能源轉型的基礎跟過程。他說，「綠能的收益可以給人民，而人民因為這樣可以對能源的議題有一些責任跟義務。」在他的看法裡，公民電廠只是第一步，所以不管出錢也好、出力也好，重點是透過建立經濟模式喚起關心。長年來臺灣的電力系統由台電做為主要的管理者，民眾太習慣開關打開就有電，太習慣台電一定要負起所有供電責任，但這樣的模式讓「發電」這件事離民眾的生活很遙遠。只有讓公民電廠可「能」，未來才有機會推動更積極的節能作為。

回到公民電廠在臺灣的發展，「我印象最深刻是我在環保聯盟看了一本刊物，一九九六年，那時候我們就在寫說德國萓瑙社區已經變成一個由市民組成的公民電廠，臺灣是科技大國我們要急起直追。我二〇一六年看，我們還是在寫德國萓瑙社區我們要急起直追。」陳秉亨說。

從一九九六到二〇一六這二十年的時間，缺乏突破性的進步，能源與社會的互動還是停留在由上而下、由台電負起全責的結構。這不僅是實務上、政策上的問題，更是因為對於公民電廠的意涵與樣態缺乏充分的想像，這使得公民電廠難以落實到社區，成為民眾生活的一部分。不同於其他的公民電廠案例，是由長期致力於能源轉型的NGO來協助，公民電廠對社區而言，更像是一個可以嘗試促進社區的新工具。而台西村的案例，則是由真正的「在地人」開始研究、盤點，成為社區與公民電廠之間的樞紐。

做為一個不在內政部八十五個偏遠村落表上的「偏鄉」，台西村在籌備公民電廠過程中所需面對的挑戰，包含了各方各面，人、錢、時間、社區情感、資源、技術、外部汙染等等。若是台西村的公民電廠能夠走到商轉，或許我們就能證明，公民電廠的發展真的可以從一個人的想法與期待，走向落實。公民電廠能夠走向商轉，也表示現行臺灣整體制度與環境上的困境，不再是難以撼動的障礙，開始有解方，更可能可以建立一個可供複製的公民電廠推動模式，讓臺灣真正走上能源轉型的道路。

面對外部的汙染與內部的困境，台西村選擇用公民電廠做鑰匙，開啟南風之後的下一個章節。空氣汙染、化石能源耗竭、氣候變遷，都是我們在這個世代難以避免，且與能源使用息息相關的議題，而我們準備好要突破這些困境，走向能源的下一個階段了嗎？我們是公民了嗎？這是走在能源轉型的路上，必須共同反思的問題。

2 都市百工化身能源先鋒：新北市社區公民電廠

許令儒

臺灣都市化程度高達八成，人們已習慣都市生活的便利。天暗就開燈、天熱就開空調，路邊隨處可見的配電箱、電線桿，連接到我們看不到的遠方，也許除了收到兩個月來一次的電費單、緊急停電時啟動的地下室柴油發電機，我們很少認真去思考，電從哪裡來？是來自臺灣南北兩端的核電廠？或是通常位於海岸邊的火力發電廠？還是只有像八一五大停電事件[1]發生時才會被大眾注意到的大潭電廠？這些由火力（如煤炭、重油、天然氣等化石燃料）或核能發出來的電，透過層層輸配電系統——發電廠、高壓電塔、變電塔、配電箱等等由高架在天空或埋藏於地下的電線——傳送到家戶。在人口密集的都市空間，已沒有傳統上被視為嫌惡設施的大型發電廠容納之處。

然而即便在看似遠離人口密集之地，愈加高漲的自然環境與生態保育意識，以及大眾對汙染風險的感知度愈高、忍受度愈低，也使新設、擴建或延役電廠愈加困難。若再

1 八一五全臺大停電是指二〇一七年八月十五日十六時五十一分起在臺灣本島各地發生的大規模無預警停電事件。此肇因於中油對台電大潭發電廠的天然氣供應管線意外停止運作，導致大潭發電廠六部機組全部跳機。因電力供需失衡（供電量小於用電量），系統頻率瞬間下降，為維持頻率穩定，系統自動執行卸載——自動切斷部分用電，因此導致分區停電，同日二十三時始恢復正常供電。

台電系統電廠及電網分布

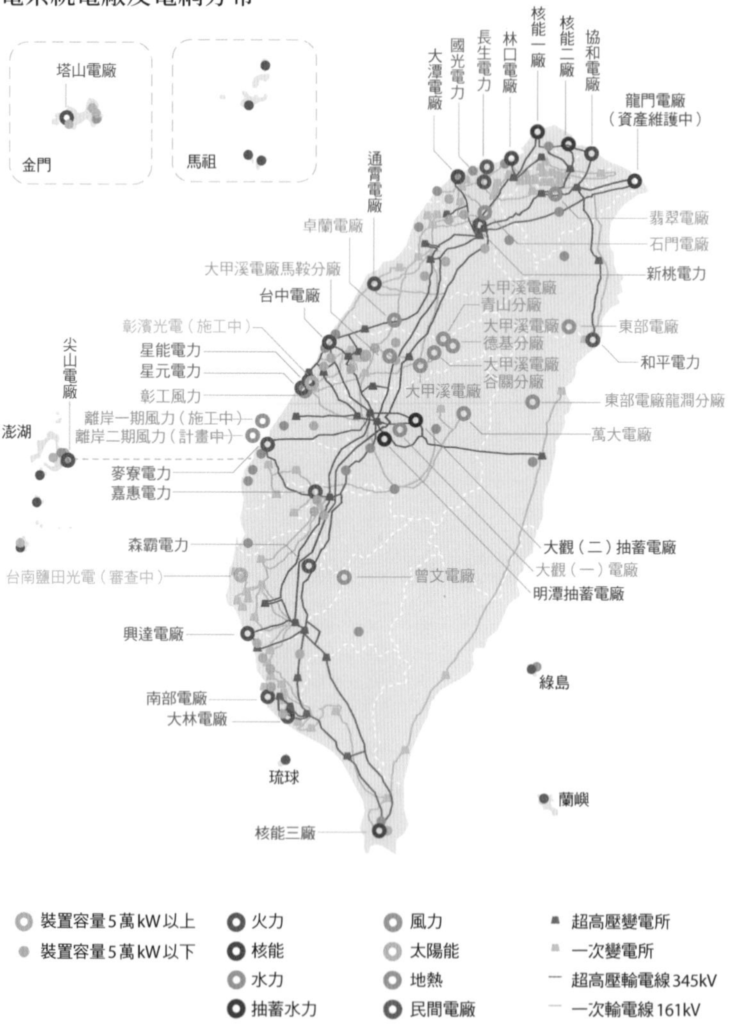

（資料來源：台灣電力公司，https://www.taipower.com.tw/tc/page.aspx?mid=37）

加上特殊政治經濟脈絡下將議題操作成環保與經濟發展衝突，或仇視「×電×送」，忽略電力傳輸需各區相互調度支援的物理本質，抑或承受健康風險的偏鄉居民與全臺灣產業與都會區高能源需求的長期不平等，各種能源相關命題將更形複雜。從八〇年代開始的核四爭議到二〇一八年深澳電廠擴建案、中油第三天然氣接收站環評事件等，引發社會不安與對立的能源問題，最終在二〇一八年十一月的公投端上檯面對決。

其實都市居民既是電力使用者、消費者、溫室氣體排放大宗，也是汙染受害者、風險承擔者，絕對無法置身事外。有四百萬人口的新北市是全臺人口最多的都市，工商業發達又密集，二〇一八年不含工業部門的縣市住商用電量全臺第一，住宅部門的戶均用電亦偏高，而同時也是深澳電廠所在地，還有商轉中的如林口、協和火力發電廠以及核能電廠等，傳統上被視為嫌惡設施的各種發電廠皆囊括在內。但要用電又不想要發電廠蓋在我（們）家後院（Not in my backyard）難道真的只能用愛發電嗎？都市人可以自己發電嗎？新北市民們將用以下故事回答你。

• 全臺第一個由地方社區成立的電力合作社：新北市庶民發電學習社區合作社

二〇一九年三月末，春天剛過了一半，上午的日頭不至於赤焱焱，卻足以讓我們感

名詞解釋

電力公司VS.能源合作社

在2017年《電業法》修正後，將電業拆分為發、輸、配、售四個區塊，並開放發電與售電部分，供所有人參與，不再由台電獨占。電業組織形式以股份有限公司為主，但再生能源發電另有規範，開放更多元的組織形式，包含能源合作社、社區管理委員會、社區發展協會等，其中公司與合作社仍然是公民電廠組織形式的主力。這兩種組織模式各有特色，合作社強調的是「共同參與」的概念，相對而言在組成與參與的門檻較高；公司雖然不脫「經濟誘因」的想法，但相對參與的門檻較低，籌組上較容易。

受到春日的溫暖。位在新北市熱鬧街區、市場旁的蘆洲忠義廟前，尚有習習涼風吹來，回頭一望，廟埕前赫然站著兩尊威風凜凜、面容肅穆的神將——千里眼與順風耳——彷彿正護持著什麼，然而在祂們注視下的既非神明，也非信眾，而是四片映照著陽光的深藍色板子，它們是發電中的太陽能板，系統電源連接著一臺工業電扇，正是這陣陣涼風的來源。

這組簡易太陽能發電系統，是由「新北市庶民發電學習社區合作社」(下文簡稱庶民發電合作社)社員自行組裝架設，特意在「合作社」成立大會現場來展示，要展現其推動「庶民參與、合作發電」的目標與決心。做為新北市第一個、全國第二個成立的發電合作社，主要是由橫跨三重、蘆洲的蘆荻社區大學所培力的在地能源社群與眾人共同催生出來。大會當天帶來祝福的與會者除了來自三蘆社區各行各業的社員，還包括全國第一個成立的發電合作社（綠主張發電合作社）[2]、地方政府（新北市政府經濟發展局）、民意代表、能源公司、臺東卑南族卡大地布部落代表、荒野保護協會臺東分會與專家學者等。祈福儀式上，社員們向蘆洲忠義廟池府王爺上香、誦讀疏文[3]，並請出千里眼與順風耳兩尊神將上陣遶場加持。

「新北市人口這麼多，難道不能自己發電自己用？我們贊同政府發展綠能，但蓋在別人的傳統領域、溼地上這不公道！[4]要解決綠色價值的衝突，都會區建物屋頂太陽能的開發是我們應該走的方向！」當天當選為合作社理事主席、現為蘆荻社大主任李易昆的致詞，正是庶民發電合作社創立初衷，肯定再生能源的低碳、永續發展價值，但不應

2 以主婦聯盟等民間環保團體網絡為基礎，從二〇一六年成立至今，已有二百多位社員、全臺八個案場。

3 由新北市庶民發電學習社區合作社向蘆洲忠義廟池府王爺暨列位尊神　御前恭修文疏一封，內容「誠心叩請／蘆洲忠義廟池府王爺暨列位尊神鑑納／祈求新北市庶民發電學習社區合作社／人人參與，眾志成城；能源轉型，圖利民生；事業騰達，蒸蒸日上／公共事務推進社會進步，貴人扶持來自四方五路／風調雨順，風和日麗；白天晴空萬里，暗時雨霑大地，民眾參與欣欣向榮，庶民電廠發電滾滾」云云。

4 指臺東縣政府招標廠商要開發知本溼地為光電園區事件，當地亦屬卡大地布部落傳統領域。

上｜「新北市庶民發電學習社區合作社」二〇一九年春於蘆洲忠義廟舉辦成立大會，社員在廟埕架設光電系統，現場發電供應一臺工業電扇使用，並請出兩尊神將護持。（攝影：許令儒）

下｜祈福儀式上，社員們向蘆洲忠義廟池府王爺上香、誦讀疏文。（攝影：許令儒）

以犧牲生態環境或原住民權益等為代價。

成立大會上同時舉行了理、監事選舉。宣布投票結果時，獲得超過九成社員支持、高票當選監事的李鴻源，有些靦腆地向大家躬身致謝，又匆忙走向室外與其他人一起檢查光電設備。平日在保全公司上班的他，今天上午特別請假參加成立大會，因為月底結帳日比較忙碌，他下午還要趕著回去上班。自十年前報名蘆荻社大的攝影課、八年前成為三蘆社區報創始記者至今，平時工作之餘，李鴻源相當積極參與學校活動，因為「社大是個很放鬆的地方，沒有階級之分，不像上班」。李鴻源說。他在專科就讀電子科系，平時保全工作也與電子設備弱電工程相關，對電不算陌生。而在能源議題的參與上，處處可見他的身影，他去反核遊行現場，觀察、記錄、瞭解能源爭議；他是二〇一五年新北市節電參與式預算的提案人之一；他參與規畫社大的能源參訪；二〇一八年報名太陽能工班，去社區講解

正在檢查光電系統的庶民發電合作社社員，中央藍衣低頭者為李鴻源，近處兩位身穿藍衣紅褲者為蘆洲神將會的神將腳，也是社員之一，遠處可見兩尊神將正在繞場。（攝影：許令儒）

電費單，到處去別人家看屋頂、開客廳說明會，直到現在參與發起庶民發電合作社，推動建置都會建物屋頂太陽能板，發展都市社區公民電廠，一路走來，無不有他的足跡。

合作社大多數的社員都是像他這樣的一般民眾、勞動者，他們是上班族、業務員、家庭主婦、布行老闆、小頭家、清潔工，或是退休人士等，在蘆荻社大的陪伴下，一步步走出屬於自己的能源之旅。他們彼此串連起像自己這樣的庶民百工，大家開始關心能源議題，並進一步思考如何從節電到發電。

• 強調公共參與的社區大學

一九九九年，社區大學運動在臺灣興起，蘆荻社區大學是在當時的臺北縣最早成立的五所社大之一，直至二〇〇八年才將校舍遷移至今天的鷺江國小校區。[5] 創校二十年來，蘆荻社大始終秉持當初社大運動的核心精神，藉著發展社區成人學習[6]，使「教育改革與社會改革併行」，並致力「從個人學習走向社區與社會的公共參與」。

如何讓一般庶民對公共議題有感進而去參與，蘆荻社大有其做法，首先是認識在地特質。如社大執行長莊妙慈的觀察，三蘆地區跟中、永和（較多軍公教人員）不同，有較多勞動階層，「比如黑手變頭家這類的小工廠很多，後來因為捷運，又上來一批上班族」，這邊所說的勞動階層不一定是受雇者，很多小型自營作業者，「就是一個店面或小工廠，他們即使退休，退休的樣子跟軍公教也很不一樣，像這邊很多大姐，白天現在雖然沒有像過去那麼辛苦天天工作，可是她們也是閒不下來喔，很熱衷於當志工，參與學校的活動」。也有人「並沒有受到好的教育資源，可能國小或國中畢業離開家鄉到臺北來，所以社區大學對他來講，就像一種文化資源的嚮往」。在此人口密集、各行各業聚集、階層混雜，有很多來自全臺各地與東南亞的新舊住民，也有很多市場與宮廟。

從二〇一一年開始發行的《熱炒久久．三蘆社區報》，萌生於蘆荻社大開設的編輯採訪課程，記者編輯群從學員到志工，每週定期開會討論，至今持續每雙月出刊。這是一份由地方居民自己採訪、編輯、排版，甚至親自派送的報紙。曾任社區報課程講師的莊妙慈回憶當時社大創報動機之一，正是因觀察到在地的社會變遷。隨都市擴張、開發以及捷運開通等因素，並透過都市更新或市地重劃，三重、蘆洲地區近十年來可見地景重塑、人口與社會經濟結構變遷，新的住商大樓林立，消費生活形態風格轉向現代資本主義都市，新舊移民在此交雜，舊公寓與新大樓僅有一牆之隔。而社區報既能記錄市井

5 二〇〇八年，原位於國立三重高中（現新北高中）體育館的蘆荻社大因校舍委外經營重新招標（教育OT案），社大不敵民間廠商高價競標而被迫遷離已經耕耘近十年的校所，移至今鷺江國小校區，當時的「保校運動」凝聚了社大成員的公民意識。

6 參閱「社大20：做伙學習，翻轉地方」網站：http://www.cu20act.org.tw/

百工生活，也是社區公共議題對話平臺。李鴻源感嘆，他在蘆洲居住生活三十多年，要不是參與社區報，對在地的認識程度恐怕還不如他工作的士林、北投地區呢！

當然除了這樣社會性的編輯採訪課程，做為社區的學習中心，社大琳瑯滿目、上百門課程，不論是看似軟性的舞蹈音樂表演、書畫藝術創作，或是語言文化、生活技能（水電、烹飪）的課程，都有其用意。軟性課程也許是吸引疲累的上班族來放鬆踏入社群的第一步，至於技能類課程可能一開始只是工具性的學習，但透過講師與社大工作人員的設計與引導，「進入學習的社群關係後，他會發現跟別人分享所學其實樂趣會更大，像這樣透過課程跟學習資源，讓他願意朝公共參與『挪動』，就能去跟其他人、在地社區居民發展更密切的關係跟互動」，莊妙慈說。他們會想盡辦法將課程與學習資源，回饋到社區、社群。學員來學水電不會只是為了自己，他們會利用所學技能做公共服務，所以，「這一間（指訪談當時的會議室）的冷氣是他們（水電班）裝的，社區廚房水電也都是他們幫忙架設。」而「水電醫生到你家」社區義診活動，則是將過去僅用擺攤呈現的成果發表，轉為社會實踐。後續協助蓋社區公民電廠的「光電特工隊」太陽能工班，也是從水電班延伸而來。

除此之外，當有重大社會議題，比如勞工或反核運動等，社大會鼓勵學員（還有講師與志工群）親身去觀察、去記錄。同時擔任公共影像課程講師的莊妙慈強調：「不管他的立場如何，比如他支不支持勞工或反核，我們都鼓勵他先到現場去看看，再決定他的立場，而不是立場先行，因為通常一般庶民老百姓的立場，都是受到新聞媒體的影響，所以我們就鼓勵他們，你至少可以有自己的獨立判斷，最好的方式就是去看。把它當作是學習活動，不是為了表達立場而去。」當講師問學員：有沒有去過反核遊行？沒有？那就去拍！蘆荻社大——包括工作人員、講師、學員、志工群——對於能源議題最初的接觸就是透過這樣的學習、參與觀察而來，都是用非常在地、很有感的方式。社區報也會配合時事報導公共議題，例如其報導過的能源議題包括參訪核四、反核遊行、節電參與式預算、日本核食、再生能源發展實例、生態與能源的美麗與哀愁專題等等。能源議題這等重大公共議題的討論中，蘆荻社大與三蘆社區報皆不曾缺席。

•逐步建立能源社群

二〇一五年新北市經發局舉辦「節電參與式預算」，就委由境內的蘆荻社大與永和社大執行。參與式預算，簡而言之，是由人民決定公共預算的支出。新北市首次將參與式預算應用在節電上，是創新做法。[7]在地耕耘已久的蘆荻社大，瞭解在地特性，熟悉

7「參與式預算（Participatory Budgeting）是由人民來決定一部分公共預算的支出，也就是對公共資源的分配扮演更直接的角色。（文化部推展公民審議及參與式預算實驗計畫網站：https://2015cepb.com/）

社區工作方法，也認知到參與式預算重要精神是審議與討論，且「相信庶民的生活經驗能提供有價值的政策建議」，設計出獨特的參與式預算流程：從街頭說明會，找出平常不易參與公共議題但又能影響節電的社群，例如新住民、市場攤販、高中生，再舉辦提案工作坊、發表會與審議、定稿工作坊等，藉提案團隊間的共學與外部專家團隊協助，再將投票以園遊會闖關形式舉行，讓民眾瞭解提案後再投票，最後提案皆具足在地特色、非常客製化，例如平常忙於做生意的美食市場攤商們，與工作人員不斷討論溝通下，提案「推動『綠寶石節電商家』標章——吃美食也可以愛地球」，邀請專家針對各攤商進行節電評比，通過者頒給綠寶石標章，並做為節電宣導站，既節能、省錢，又能做宣傳，都對生意有利；又如在討論過程中有語出驚人者說要「把小孩趕出去！」原來是因為「家裡最耗電的是小孩，又不用繳電費，不會心疼」，所以把小孩趕出家裡，外出活動最能節電，引起在場為人父母者的共鳴，於是討論出提案「全家總動員，單車上路，節電第一步」結合節電宣導以及單車活動，鼓勵民眾出外騎單車環繞三蘆島，而這些獲選提案也讓提案人自行執行。

當時剛從社工系畢業成為蘆荻社大專員的鄭婉伶說，回想她陪伴印象最深刻的一組提案人，是新住民姐妹們。她們嫁來臺灣很久，卻少有權力或機會在臺灣參與公共事務，這次她們就想怎樣促發大家來想節電這件事、又跟她們自己的文化有關？於是「相約節電，姐妹來電──新住民家庭聯合野餐會」提案成型，因為「在她們家鄉，野餐是大家週末假日都會做的事情」，後來提案成功獲選得到經費來執行。不過新住民姐妹們第一次自己主辦活動，「覺得壓力超大，過程中又要掌握預算，錢要怎麼花，（怎麼）取得單據，這方面她們都沒有經驗」，需由社大專業團隊來輔導。執行過程中她們才瞭解「原來政府預算也不是亂編的，要有所依據，花錢時也需有憑據」，莊妙慈認為這是「挺好的民主學習」。

「換阮家己來做主！」是社大志工李鴻源鼓勵其他人參與提案時最常說到的一句話。有電子專長的他，自己製作、組裝發電腳踏車，提案「透過踩腳踏車體驗一度電」，雖然沒能獲選，但他很自豪在沒有綁樁動員的情況下，光靠投票園遊會現場民眾體驗，他就獲得了七十幾票呢！「要不是最初測試時因阻力太輕鬆，有年輕人踩太快把燈泡燒壞，故意調為比較重的阻力要踩兩小時才發一度電，讓現場一些中老年人覺得會太累，不然可能更多票！」

在推動這些既有教育效果、兼具生活趣味的節電參與式預算之後，蘆荻社大逐步建立起「能源社群」，這個因參與節電提案而加深連結的社群，在能源群組裡討論相關議題也聯絡感情，並常常不定期聚會。二〇一八年，蘆荻社大再次有機會受到新北市經發局委辦區域能源自主計畫，二〇一九年三月更進一步，從消費端的節電，走到生產端的發電。

蘆荻社大一群美麗的新住民姐妹分別來自越南、印尼、中國福建和山東省，雖然來自不一樣的家鄉，但姐妹們參與了新北市節電參與式預算後，更有成就感和自信了。
（圖片來源：蘆荻社大網站 http://www.ludi.org.tw/ludi2/modules/tadnews/index.php?ncsn=13&nsn=154）

延續先前節電參與式預算由下而上的公共參與精神，蘆荻社大設法培力在地的能源社群，讓一般庶民很「有感」。除了坐在教室裡的能源講座，更多次進行能源之旅，參訪各種發電系統與場域，從集中式大型電廠（火力、核能），到地方政府公私協力（再生能源）或社區公民電廠，例如「木柵福德坑能源之丘」、「臺東知本溼地：全國最大太陽能場址預定地」、「達魯瑪克部落公民電廠」等等，還由志工親自場勘，將專業導覽轉譯的更白話、生活化，如此帶領民眾踏遍北中南東各式案場，瞭解當地自然生態與社會文化環境，並將大家的參訪心得發表在各期三蘆社區報。

為了拉近再生能源與社區居民的關係，蘆荻社大透過實際操作並培養在地技術知識人才，成立「蘆荻社區光電特工隊」太陽能工班，工班召募來自新北市四十到六十五歲的市民，由全國第一位取得太陽光電乙級技術士證照的水電班講師溫南福在開訓典禮現場組裝太陽能板發電供電風扇運轉，期望培育學員成為「社區光電醫生」。工班走入社區講解電費單、訪問調查住宅型態與家庭用電、到處去看屋頂、開客廳說明會……「順便將別人家冰箱食物搜刮一空」，喜愛美食的李鴻源玩笑著說。透過日常生活發現議題、親眼看親耳聽、感受他人的感受、實際動手操作、相互交流討論，始逐漸凝聚出能源自主的共識並實踐之。

與蘆荻社大其他課程一樣，這些學習活動都是透過工作人員與講師、班代與志工群共同討論精心設計出來，李鴻源在參與過程中深有感觸，他寫道：「一直以來都是參與者的角色，覺得參與主辦也還是參與者，一心想說能多做點事、多幫點忙，都是些手腳功夫，直到一次在能源群組邀約活動，被朋友吐嘈：你以為自己是主辦單位！那次有很深刻的體會，並不是只有主辦單位才能提出邀約吧！覺得這是個很讚的活動就應該向好朋友介紹。那時覺得自己身上似乎有長出什麼厲害的東西？是對於能源的認識，然後把知識傳達給其他人，進而影響其他人一起加入。」看似複雜專業的能源議題，透過公民社群的參與，轉化為平易近人的學習活動，得以「好康逗相報」吸引更多人加入，且不僅被動參與還能成為主辦者的角色。

如此培養出了一群有意願、有知識又有操作能力的在地社區能源社群，終於催生出社區公民電廠組織「新北市庶民發電學習社區合作社」，將庶民、學習、發電、社區元素都顯現在組織名稱中，以合作社為組織形式，正是希望發揮合作精神[8]，基於民主、公平、自治的原則，人人參與，不只是投資者或出租屋頂的人，而是「每件事都要參與討論，票票等值」。

目前合作社創始社員共三十九位，投入股金總額四十萬元。[9] 以建置裝置容量每 kW 太陽能發電設備估計約需七萬元的成本來說，資金似乎不算多，但合作社創立之初，本就以鼓勵多人參與及推廣教育為目標，不以金額多寡、經濟利益為優先，故雖然在籌備時討論過是否提高社員認股上限以增加資金，最後仍決議，維持目前二五〇股的認股上限，待未來運作穩定後再研議是否調整。[10]

現在，有了一定的人員（社員）、資金（股金）與技術（工班培訓），合作社首年度營運目標之一，是募集更多的社員，找到更多新北市合適的屋頂場址，設立至少 10kW 的太陽能公民電廠，也一邊進行集資與教育，希望「創建社區自立公民電廠的基礎與模式」，擴大新北市民眾的能源自主參與、推動更具社區意識的能源議題教育工作。

• 困境與願景

在建物密集的都會區要設置太陽能屋頂，最常遇到的問題就是頂樓違建，這是一個初生的發電合作社、社區公民電廠組織在尋找案場時最大的困擾。透過社員的關係，蘆荻社大聯繫了至少七戶三重、蘆洲在地的屋主、社區表示有興趣，並且已洽談進入評估程序，最後都因屋頂違建而卡關。另一方面，新建大樓雖然較無違建問題，但頂樓為共有部分，需經公寓大廈（社區）管理委員會協調、區分所有權人會議同意，要與動輒數十、上百戶的社區大樓住戶協調也非易事。好不容易找到第一個案場不在三重、蘆洲，而是在林口的透天厝，屋主是能源社群的一分子，曾在節電參與式預算提案，是太陽能

8 我國《合作社法》定義之「合作社」指依平等原則，在互助組織之基礎上，以共同經營方法，謀社員經濟之利益與生活之改善，而其社員人數及股金總額均可變動之團體（第一條）。其中每位社員認股不得超過股金總額二〇%（第十七條），而每一社員僅有一表決權（第四十九條）。國際合作社聯盟定義參下 https://www.ica.coop/en/cooperatives/cooperative-identity。

9 其中每股一百元，每位社員認股五〇到二五〇股不等，每人上限二五〇股，共四〇〇〇股。

10 當然基於合作社組織平等原則，乃「一人一票、票票等值」，本就不以社員占股比例計算表決權，但仍要避免因出資相差過多可能造成的不平等，更重要的是，若單純誘之以（經濟）利益可能造成的衝突。

工班學員，如今當然也是庶民發電合作社社員。

即便政府已為此調整一些行政審查程序[11]，可以在不違反公共安全與不影響處理違建的情況下在屋頂安裝太陽能發電，但因相關程序是中央授權委由地方政府辦理[12]，故各縣市目前認定情況不一，而新北市則尚未有標準可核准相關案例。因此，在合作社成立大會上，剛出爐的理事主席李易昆即向在場民代陳情，希望議會能督促新北市政府盡快訂出標準作業程序，讓更多民眾有機會參與設置屋頂太陽能，以利推廣社區公民電廠以及綠能屋頂[13]，加速能源轉型。違建問題是否有望突破，就待後續政策執行。

另外成立大會在場來賓黃淑德，是全臺第一個綠電合作社「綠主張綠電生產合作社」主席，也提供不少合作社組織營運的「眉眉角角」經驗參考。而他們除了案場難尋、申設行政流程繁瑣，也遭遇融資問題。雖在理論上合作社為法人得向銀行借貸，但實務上其較難符合一般銀行要求之貸款擔保，因此有倡議可比照中小企業信保基金，由政府設立綠能基金，或為公民電廠組織（不一定是公司或法人型態）。[14]

但更為根本的「人」的問題，也就是社群、社區共識的凝聚，仍有賴如社大這樣的草根組織深入基層與社區民眾接觸，去「挪動」他們與社會的關係，使之參與公共（能源）議題、轉而為具體行動。否則在以追求利潤導向的資本主義社會中，目前臺灣的（不合理的）低電價政策，較難讓民眾以單純投資綠能的角度來參與，應訴求更為廣泛的社會環境效益，除了「價錢」之外，更要談「價值」。

蘆荻社大就極力避免誘之以利，志工群是一群自願奉獻、互相幫助的夥伴，「我們的志工什麼都沒有，不像其他單位志工可能有點數或時數可以兌換什麼，都沒有，我們是連來聚餐都要每人自己帶盤菜。說起來我們真的很摳耶！」莊妙慈與鄭婉伶打趣卻也

11 經濟部（能源局）、內政部（營建署）已發函公布如「合法建物屋頂存有違章建築設置太陽光電之申設說明」、「設置屋頂太陽光電免請領雜項執照處理原則」等，用以放寬、簡化相關行政流程的標準。

12 例如經濟部一〇七年十二月二十六日發文（經能字第10704607550號）主旨：「公告委任本部能源局及委辦新北市等十個地方政府辦理『再生能源發電設備設置管理辦法』相關業務事項，並自一〇八年一月一日生效」。其中說明：「於新北市、桃園市、新竹市、臺中市、雲林縣、嘉義市、臺南市、高雄市、屏東縣及澎湖縣轄內，有關『再生能源發電設備設置管理辦法』裝置容量不及五〇〇瓩太陽光電發電設備之同意備案、查驗、設備登記、撤銷、廢止、查核及其他相關業務，委辦當地直轄市、縣（市）政府辦理。」

13 經濟部二〇一七年底推出「綠能屋頂全民參與」政策，以「政府零補助、民眾零出資」為口號，由地方政府招標光電系統商，讓民眾提供屋頂設置光電設備，發電躉售予台電，廠商將售電金額依比例回饋給地方政府及屋主。但因其招標條件較利於有一定規模資本額的大廠商，且PVESCO出租屋頂形式，民眾自主權有限，故我們認為嚴格來講較難稱之為公民電廠。

14 《電業法》已修法放寬再生能源發電業之組織形式（第四條），依經濟部公告（經能字第10604603550號），能源局說明：如「政府機關（構）如醫院、學校可申請，另外法人，包括公法人、財團法人、社團法人、農會、工會、合作社等，以及其他依法組織的非法人團體（限於裝置容量為二千瓩以下者），如大廈管理委員會、社區發展協會」等，皆可成立再生能源電廠。

是實話實說。他們創造最大的利益就是透過學習、分享，持續黏合著一群講師、學員與志工們，雖然不免有人員流動，但跟著社大二十年的老面孔也不少，從青年到壯年、從壯年到老年、「從黑髮到灰髮，從灰髮到白髮」，令人感動。

聽起來很理想、很熱血，但實際操作要花費很多心力，要去發現學員不同的需求、引導他們進入社群關係、去連結社會、關注公共議題。這是社區大學運動原初的精神，因此，由社區大學來連結能源自主社群達到能源轉型，恰很符合兩者的目標：以公民社會實踐（能源）民主與公平正義。

• 一棟大樓也可以是能源社群

都市要發展能源社群，僅是三重、蘆洲這兩個加起來面積不到三十平方公里、設籍人口超過五十萬的地方，就能體現其動態複雜性。前述所觀察以勞動者居多的三蘆地區，近十年來，其實也有不小的轉變。八年前的三蘆社區報試刊號頭版報導說的就是這樣的故事：「從荒煙漫草到連鎖咖啡進駐 重陽重劃區的前世今生」。市地重劃開發造成仕紳化效果，將荒地變身為中產階級生活區。

位於三重的峰景翠峰社區，是建成十年的住宅大樓社區，正位於淡水河畔三重、蘆洲交界處的重陽橋附近重劃區內，不少來自士林、北投的臺北市民移居至此。這個位於重劃區內的社區，經新北市遴選成為「新北市智能生活社區示範場域」，讓我們看到另一種可能的公民電廠方向。

前述提到在無頂樓違建的新建大樓設置太陽能發電系統，動輒要與數十、上百戶社區大樓住戶協調並非易事，但在這共有六棟、十四層樓、七十九戶約三百二十人的峰景翠峰社區，因為有積極熱心的社區管委會與主委，想為社區多做點事，加上新北市政府的計畫資源，才能夠迅速在十天內逐戶拜訪、說服超過四分之三、共六十多位屋主簽名同意，通過遴選成為新北市智能生活社區示範場域。

如今峰景翠峰社區屋頂建置了四十二片容量共12.6kWp的太陽能發電系統、三支容量共3.6kW的小型風力發電機，預計全年可發電一五八〇〇度，還有十四顆共可儲能六十度的鋰電池與裝置容量5kW的甲醇型燃料電池設備可發電二〇〇度。創能系統可供給社區約三成公共區域用電與公共緊急災防用電，儲能及能源監控管理系統可供社區尖峰用電調節，在台電協助下，家戶也裝設了智慧電

三重峰景翠峰社區正門口，隱約可見立於門前的兩位人影，左為社區管委會主委、右為社區總幹事。（攝影：許令儒）

表，社區可自己發電自己用、即時知道用電情況以調節電力使用，預計可節電一四%。此外，住戶每週都會收到電子郵件通知用電報表，即可得知在社區的用電量排名，加上住戶用電異常通報系統，使得節能之外兼具了長照功能，因為假設社區內有獨居老人，他不可能一個人在家卻沒使用任何電子設備，系統會發出警報，讓警衛知道這戶可能異常，要主動去關心。廠商派駐工程師對社區的智慧能源系統設備各種功能、願景侃侃而談。政府與廠商合力打造，希望社區成為智慧能源——創能、儲能、節能——系統整合應用示範場域，讓國內外產官學各界皆得以實際參訪學習的成果與典範。

時任新北市經發局綠產科科長的廖士煒說明了當初規劃背景。先選社區、才選廠商，而且要求廠商「組團」報名[15]，正是希望廠商共同合作來示範「系統整合」如何應用於一般社區大樓場域，也是臺灣廠商與國際大廠相比較為欠缺之處。其實臺北市推動智慧公宅計畫也有類似的社區硬體環境，只是「住戶比較不知道這些設備跟他們的關係」，參訪過臺北興隆國宅的廖士煒這麼說，所以這次的社區遴選，就十分注重「社區凝聚力」，除了基本場域條件，更將社區組織的運作情況、居民共識程度等做為關鍵指標來評選，要建立這些設備與居民的關係，居民需要更投入參與計畫並瞭解建置這些智能系統的意義。於是，運作良好的社區管委會、同意比例極高的住戶以及熱情積極有遠見的主委，讓峰景翠峰社區雀屏中選。

在說明投入這個智能社區計畫的動力為何時，峰景翠峰社區管委會主委陳明福解釋道，因為做生意，他每年皆會定期造訪德國這個能源轉型的模範國家，而喜愛歐洲火車旅遊的他，二十年來「一直看、一直看」，親身感受到德國城鄉景觀的明顯改變，從城市屋頂到鄉村空地，火車經過沿線，到處都是太陽能板。他有感而發，「德國可以做得到，為什麼我們臺灣做不到？尤其我們臺灣更需要，我們一直講要非核，今年在吵空汙，不要火力發電廠，那你這兩個都不要，除非不要用電！要點蠟燭嗎？」很有四、五年級生臺灣人「愛拚才會贏」，以及中小企業「一卡皮箱走天下」精神的陳明福這麼說，「臺灣從以前一路這樣打拚過來，別人沒辦法做的我們一直在做，而且我們（太陽能）這方面的技術，其實在全世界前面，有很多優勢，為什麼做不到？所以我覺得既然有機會就去做！」

當時得知官方資訊並邀請承辦計畫的臺灣經濟研究院人員前往社區說明之後，管委會當即拍板決定要報名參與。但離報名截止日僅剩十天，在短短十日內要準備眾多申請資料，包括社區基本資料、過往活動紀錄等等，以及最重要的就是取得住戶同意連署，如何在短時間內取得多數住戶同意呢？沒有其他方法，就是要向每一個住戶完整說明，

15 負責峰景翠峰社區的共同聯盟廠商為安華機電、有量科技與元皓能源公司。

1 | 2
3 | 4

1 峰景翠峰社區屋頂太陽能板（攝影：許令儒）
2 峰景翠峰社區整備中的屋頂農場，旁邊仍保留有曬衣處。（攝影：許令儒）
3 峰景翠峰社區頂樓儲能電池（攝影：許令儒）
4 峰景翠峰社區頂樓小型風機（圖片來源：峰景翠峰社區管委會）

於是社區管委會委員與總幹事逐戶拜訪。終於到報名截止前，全社區七十九戶，共取得六十一戶同意。沒簽到的，大多是租戶或屋主人在國外不方便聯繫，到報名截止後，還有住戶來詢問能否參與連署。為了準備這些資料，有好幾天是做到天亮，「我們也很拚啦！」陳明福笑說。

從二〇一七年十月社區報名，之後遴選委員現場勘查，到十一月底確定社區中選，隔年一月招標廠商、廠商依條件規劃系統、到社區勘查協調，並於區分所有權人大會上，再次說明以釐清住戶疑慮——包括屋頂漏水（施工加強防水層）、噪音、震動（小風機移至屋突）、曬衣及其他活動使用空間（所占屋頂面積比例僅約六分之一）等。之後五月正式施工，在二〇一八年夏天到來之際，峰景翠峰社區的智慧綠能管理系統終於建置完成。有了這套系統，頂樓降溫了，家戶可即時查詢用電情況提升自主節能效率，社區也「不怕被台電罰了」，因在用電量快超過契約容量時，可即時啟動儲能電池降低市電用電量。陳明福拿著手機，秀出智慧能源管理系統頁面[16]，分享他在家如何利用手中資訊，「有理有據」的勸說放學回家就窩在房間開冷氣的孩子們「自主節能」的經驗。

但有理想的物質、硬體環境還不夠，科技終歸要與社會相輔相成。舉例來說，若沒

16 可參考峰景翠峰社區智慧能源管理系統（新北市智慧宅效能展示平台）：http://223.22.242.160/Main.aspx

有「我是這個社區、社群的成員」、「我們是共同體」的意識，我在社區大樓用電排名多少，恐怕沒有意義。「自主節能」似乎僅是個人的意識與行為，但實與社群互動息息相關。此外，長照雖可仰賴科技輔助，但仍需有人的溫度。若獨居老人與在地社群有關係與互動，比如有鄰居朋友時常互串門子，或有社區共餐，當他一整天甚至一餐沒有出現時，自然就能知道異常。

因此，雖然目前峰景翠峰社區環境已臻完善，但其距離公民電廠理念，強調「公民自主參與」，還有一小段路要走。回顧從一開始在管委會說服下，住戶同意參與遴選，到接受廠商規劃（當中社區雖有反應意見，卻不能說有參與規劃，畢竟招標條件都是設定好的），而獲得政府與廠商大力投注資源（耗資九百萬元經費由政府與廠商各出一半），這樣的過程，反而讓居民顯得被動，且對部分居民來說可能多少仍是基於經濟與物質誘因。比較令人振奮的是，後來因「好還要更好、一次做到位」的想法，參與環保局「低碳社區」評選（已獲金熊獎認證）又申請「屋頂農場」補助，讓更多居民有機會主動參與社區事務，藉此帶動社區交流。而後續社區也傾向保留設備，並自行使用社區預算來維護（預估每年約三萬五千元）。也許等兩年示範計畫案結束後，視社區後續發展，才可進一步評估其是否合乎嚴格的公民電廠標準。

另一方面，目前新北市也正持續推動示範社區，但經發局人員也坦承，因經費有限，照此模式這幾年只能做幾個示範點，因此希望中央能在制度上有更完善的配套，以利大量推廣、鼓勵民眾自主參與再生能源發展，尤其是設置技術門檻較低、也更適合都市公民參與的屋頂太陽能發電系統。

• 能源是大家的事！

發電廠可以有多種樣態，為什麼要推廣公民電廠？正是因為這不單純是技術專業或經濟層面的事，它既影響生態環境與健康，也與我們的日常生活方式息息相關。透過眾人參與公民電廠的實作過程，就有機會理解電怎麼來、需要付出什麼代價才有如此便利的生活，而我們可以選擇更好的、兼顧公平正義與效率的再生能源和分散式電源系統，達成能源轉型。

前文所舉三重峰景翠峰社區，將創能、儲能、節能系統整合，即為社區微電網案例之一。新北市庶民發電學習社區合作社在林口的第一個案場，尚在洽談後續設置詳情，屋主考慮除了採用台電保證收購的躉購制度，也想要自發自用，或可優先自發自用餘電躉購，又或以直供、轉供方式到市場交易，甚至賣再生能源憑證等都是選擇，端視如何與合作社共同協商未來整體營運策略並規劃系統設置。更重要的是，還有機會說服隔壁同為透天厝的鄰居一起加入公民電廠的行列！

但現存技術與制度有不少障礙，例如饋線與併網容量問題，智慧電表、電網等基礎設施建置，而各地方行政標準不清、相關承辦人員不熟悉流程，加上如躉購費率與綠電市場機制等相關政策尚不明確，都是推廣公民電廠過程中影響民眾參與意願及設置門檻的制度因素。事實上就臺大風險中心二〇一八年的民意調查，全臺有超過八成民眾願意在自家社區住宅或建築裝設太陽能板，但卻限於場域、價格、資訊不足等原因而退卻。而同在當年底預告隔年再生能源躉購費率草案中，100kW 以下小屋頂光電費率遭大幅調降，經民間團體表達反對意見，正式公告版本才維持一定

密集的都會區是發展屋頂太陽能最佳場域（圖片來源：峰景翠峰社區管委會）

的費率水準。

更基本的，例如都市缺場域的問題，除了調整營建法規設立安全標準，適度開放有違建的屋頂，或可參考催生出臺灣第一個發電合作社的環保團體——主婦聯盟環境保護基金會所倡議的「開放公有屋頂」讓更多公民有機會參與發電。尤其在臺灣，最可能缺電的尖峰用電時刻是夏季下午一點至三點，此時正是屋頂太陽能最能發揮功效的時候，可謂最佳救援投手。

但光是推動這樣的小改革，背後所涉及的協商溝通成本可不小，皆有賴更多人有更充分的資訊一起來討論相關政策。更進一步如電價該不該漲、生態保護與綠能發展要如何調合，都是複雜的議題，不是非黑即白的簡單選擇題而已，需要仔細而廣泛的審議，需有公民的參與才能推動龐大的官僚系統與社會共同轉型。

幸好即便遭遇二〇一八年底能源議題公共討論（公投）的挫敗[17]，相關轉型法制仍逐漸完善中。五十年來終於大修的《電業法》，在各界討論下於二〇一七年初通過，走出臺灣電業改革的一大步，其與二〇一九年四月中甫於立法院三讀通過的《再生能源發展條例》修正案，皆是臺灣能源轉型的關鍵法制。此次《電業法》修法以「綠電先行」

17 挫敗是指許多民眾在資訊不足或誤導的情況下，未能經理性思考辯論就投下支持或反對票。

為主軸之一，第一階段先開放民間參與再生能源發電業、售電業；《再生能源發展條例》除了配合《電業法》修法，明確綠能發展目標，為擴大公民參與也明訂要獎勵「合作社、社區公開募集之公民電廠或設置於原住民族地區之再生能源發電設備及儲能設備」，其他相關配套，如用電大戶條款（強制增設一定比例綠能）促進再生能源市場需求，躉購制度與一般市場交易得併行自由轉換，再生能源發展基金得用於再生能源資源盤點以及節能、儲能設備之研發補助、簡化行政措施、增加併網彈性（業者得自行設置變電站與引接線路）等等，都影響社區公民電廠的發展。這些可說都是經過公民參與政策規劃所做的修正。

總之，在都市或許缺場域、缺空間，但不會缺人力，也較不缺資金與技術，不過，人與人的連結是極度欠缺。要避免民眾誤以為核能是臺灣最主要發電方式、或以為太陽能板清洗需要用化學溶劑的窘境，相信只要有更多綠能設備在都市日常景象中出現，就能讓民眾有感，感受到能源是大家的事，進而願意去瞭解並支持、實踐能源轉型。為此，我們需要更多像蘆荻社區大學、像峰景翠峰社區管委會這樣熱情的種子，將人們串連起來，並傳播到各個角落，或許看起來零散、微不足道，但要造就不同於傳統大型集中式的電廠，開展小型分散具彈性的能源系統，就需要這些種子遍地開花。

關鍵數據

1kW的太陽能板能發多少電？

裝置容量1kW的太陽能板可以發多少電，是決定裝設太陽能板划不划算的關鍵。實際上，太陽能板能發多少電受到當年天氣狀況、裝設位置（例如：裝在屋頂或地面）與朝向、是否有遮蔭、機組設置時間（裝設愈久設備老化或損耗使轉換效率降低）等各種因素的影響，也因此無法產生一個確切的數據。但在進行初步評估的時候，仍然可以台電所提供的各縣市發電數據做為參考。接下來就以彰化縣為例來說明，如何判斷台電提供的數據。

基本資料

· 107年度彰化縣的太陽光電裝置容量：306,192（kW）

· 107年度彰化縣太陽光電總發電量：359,066,863（度）

年發電量

359066863÷306192=1173（度／年）

日發電量

（359066863÷306192）÷365=3.21（度／日）

發電設備的利用率（容量因數）

$$\frac{359066863\text{（總發電度數）}}{306192\text{kW（裝置容量）}\times 8760\text{（全年時數）}}=13.39\%$$

與其他的縣市相比，彰化縣的太陽光電發電情況並不差，利用率與日平均發電量都僅次於雲林縣（日平均發電量3.39度／利用率14.12%）。

關鍵數據

我們用了多少電？花多少錢繳電費？ 電價費率怎麼訂的？

根據台電統計，住宅用戶（占台電用戶約九成、總售電量約兩成）近兩年（2017-2018年）每月平均用電在220度到398度間，夏月（6-9月）與非夏月期間落差可達178度，相差近一倍。其中每月平均電費則在539元到1228元之間。（注意前述數據是每月平均，但我們收到的電費單是每兩個月計價。）

經濟部公告電價費率計算公式如下：

每度平均電價＝

$$\frac{（購電支出〔含利潤〕＋輸配電支出〔含利潤〕＋售電服務費用）＋公用售電業合理利潤}{售電度數}$$

而針對各類用戶電價費率，在反映不同成本之外，也會考慮節能減碳、抑低尖峰、照顧民生等原則，台電（公用售電業）就依據這些原則與公式訂出電價費率，經每半年召開的「電價費率審議會」（由經濟部邀集之學者專家、工商與消費者團體代表及相關機關或單位代表等組成）檢討調整。不過在《電業法》修法後，可不必透過台電直接向再生能源售電業者買電，此時費率就由買賣雙方（市場）自由決定。

評析

艱難打底，從破口轉型

陳潁峯、高淑芬

隨著世界各國積極投入能源轉型，國際上對於能源轉型的理解亦超脫了以往「更換能源來源」的狹隘科技思考，除了能源轉型尚有產業升級與國防自主的考量之外，近來關於其鞏固民主的功能亦被廣泛提及：相對於傳統的能源供應方式多使能源利益由大型集團獨占，綠能在設置上具備了成本低廉，並可因地制宜的「遍地開花」特質，公眾與社區可透過群策群力參與能源生產消費並獲得收益，不但讓公民享有能源獨立自主的可能性，這種分散式與扁平式的權力與利益分配，也將大幅改變能源使用與政治權力的樣態，並進而強化公民社會的獨立自主發展。

然而所謂的「能源自主」，必須依賴國民的共識與主動參與才有機會達成，但試想：如果民眾長期無法參與能源事務，對於能源的知識顯得貧瘠，能源轉型的論述權很容易落入現有電廠業者手中，轉型也很容易以「維持現狀」告終；因此，讓公民參與發電過程，不但是以民主與分散的方式實施能源培力，為公眾進行深度的環境教育，更重要的是透過全民的在地實踐，為能源轉型累積多元論述的社會能量，才能為現狀提供轉變的破口。

•德國能源轉型成功的關鍵

在這方面，德國可說是將能源轉型與民主工程融合的最佳典範，其轉型工程除了由聯邦政府擔任火車頭立法推動之外，地方政府、社區與公民也都扮演了重要的生產者與投資者角色；此外，德國有許多州政府（地方政府）立法強制增設的再生能源電廠必須有一定比例的地方參與，確保在綠能發展過程中，在地公民的聲音能進入決策體系，轉型的利益也可由全民共享，這些做法皆大幅強化了公民參與轉型的力道。

德國著名綠能城市如：弗萊堡、萱瑙、亞琛……，都是在地方政府與社區的主動努力下，漸進長期投入減碳與綠能產業，透過公部門以身作則與政策引導，結合業者與財務誘因，導入產業鏈、融資體系、教育和訓練課程，同時透過鼓勵參與，化解可能的外部風險與阻力，甚至還將綠能設施轉型成為城市觀光產業的一環，成為知名觀光景點。

在弗萊堡和其他城市的成功案例中，我們看到公民透過集思廣益，克服許多技術與資金上的困難，例如：款項不足或是缺乏自有屋頂的民眾，會採取數戶合資的方式，再按出資比例分得用電量；當參與的民眾增加，居民自發性的認同感和自主性也隨之凝聚且深化，無形中便強化了公民社會的力量。

由於德國人深刻理解公民參與發電事業的箇中辛苦，因為無論是採取躉售制度或是更具市場意涵的競標制，最終都有利於大型能源事業而不利於公民參與，因此在漸次自由化以活化能源市場的同時，輸電管線與硬體仍需維持一定程度的公共性，同時體制也可能要為公益團體或公民合作社提供保障（如：優先得標），才能透過擴大參與保障能源轉型中的正義。

但當體制保障了民眾參與，規劃過程中就難免出現雜音，德國能源轉型過程中，由於電價上漲，同時影響德國傳統煤礦產業生存，因此也產生不小的紛擾；但德國面對民主所帶來的困擾，則是選擇以「更加民主」的方式來面對：許多德國社區透過地區性的合作體系，讓地主、社區民眾、地方政治人物和銀行參與透明公開協商，開放地區居民集資入股，並讓地方工程業者與融資銀行優先承攬相關工程，讓民眾瞭解環境保護與經濟收入並非互斥，甚至可達到雙贏關係；而民眾在學習討論中發揮創意與擴散效應，社區的生活福祉、認同感與團結感都因此大幅提升。

在廣泛的社區協力下，連帶出現許多中小型能源合作社，透過能源合作社一人一票所凝聚出的草根性與公共性，發展出超越傳統以營利為目標的單純逐利型態，而能將再生能源的收益以長遠的眼光投入社區發展或是補償因能源轉型而受影響的弱勢族群，例如：德國綠色和平風電合作社就長期提撥基金以資助傳統燃煤區興建太陽能電廠，以彌補能源轉型對燃煤區所造成失業問題，這種同舟共濟的公民精神，正是民主美德的最佳實踐。

• 臺灣綠能發展遲滯

臺灣二〇〇九年雖仿效德國制定《再生能源發展條例》，設立再生能源發展基金，並以二十年躉售機制向民間購買再生能源；但推動十年以來，不管從裝置量或是普及率來看都只有些微的成長（從二〇〇九至二〇一七年，我國再生能源占比僅成長約一．五％）。

同時，近年來亦有不少對我國能源轉型過程的研究結果顯示：臺灣民眾普遍難以參與能源轉型工程，以至於綠能發展速度不盡理想，其中原因大致如下：

第一、資訊與認知不足：能源事務與供應長期性由國家掌控，以及再生能源基金的「間接購電」方式，都使一般民眾習慣於能源消費者的角色，對於能源事業的外部成本與經營缺乏認知，也缺乏關心能源事務的意願。第二、電力市場不夠完備：台電對於能源事業的壟

二〇〇九至二〇一八年再生能源占比變化

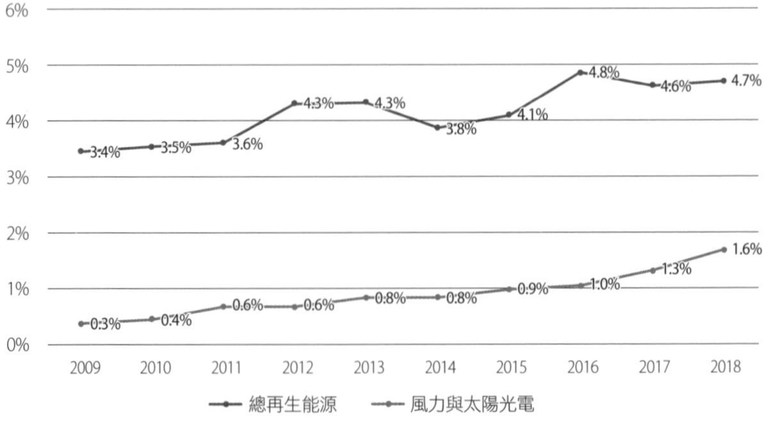

（參考資料：經濟部能源局能源統計月報；繪製：臺大風險中心）

斷，使電力市場不易活絡，雖然二〇一六年《電業法》修正後允許民間經營電力事業，但因《電業法》第三十條仍規定業者在銷售電能時必須「準備適當備用供電容量」，民間經營電力事業的門檻仍過高。第三、建築法規與行政程序過於繁瑣：臺灣建物大多有鐵皮違建，但相關法規僅允許發電設施架設於合法建物之上，同時申裝過程繁瑣，影響民眾裝設意願。第四、缺乏能源基礎建設：推動再生能源所需的智慧電表、分散式電網與饋線建置，在長期仰賴集中式發電設施的臺灣仍不普及，現行躉售制度下又只有台電負責進行裝設，因此硬體建設未上軌道。第五、地方缺乏能源知識與誘因：由於地方政府長期在能源事務中缺乏角色，也未有專業局處與人員，因此基層推動時障礙仍多。

本章透過此兩個案例的實地走訪，也大致得到類似的結論，並透露了臺灣能源轉型的瓶頸：多數民眾未能參與能源轉型，不但導致綠能設置容量成長緩慢，也造成民眾對能源事務的冷漠，甚至影響民眾對於非核家園等政策的態度。造成瓶頸的原因如下：

第一、能源轉型涉及利益的重新分配，當大多數公民難以從能源轉型中獲益，卻可能受其拖累（如電價上漲、缺電、斷電、空汙惡化），「能源不公義」的形象即容易深植人心，影響民眾對於能源政策的態度。

第二，當民眾無法參與發電事業，對能源的外部成本亦不易瞭解，使得民眾僅能以消費者的狹隘視角期待低廉而穩定的電源供應，不容易以公民身分進行能源生產的想像或是負起能源使用者的社會責任。

第三，再生能源有「因地制宜」的特質，如缺乏在地民眾的參與，即不易融合地方智慧找出屬於在地的最佳利基，很可能形成鄰避設施或是導致經營上的無效率，其發展成果也無益於地方長期願景。國內外多有案例顯示，民眾若能參與能源設施的經營，就能提升對設施的信心，這對於解決環境糾紛或是建立在地利基，都有長期助益。

公民參與能源轉型的「成分多寡」，很可能是影響能源轉型成敗的決定性因素；相對於德國在能源轉型中面對高電價衝擊，卻仍有七成以上的民眾堅定反核，臺灣在二〇一八年十一月舉辦的公投卻顯示：絕大多數民眾對於能源轉型缺乏承諾感與效能感，且對能源轉型路徑和結果懷抱嚴重疑慮。

也因此，能源轉型在臺灣如何「接地氣」，結合在地脈絡與行為者，找出屬於在地的經營與擴散模式，便成為刻不容緩的議題。從這兩篇對公民電廠的實況踏查，我們或可找出未來公民電廠在臺灣深耕的若干啟示。

• 都會區的能源社會工程

首先從三重峰景翠峰社區的案例顯示：都市集合式住宅由於流動性大，人際關係淡薄，因此社區意識不易凝聚，也不易產生互信；此時社區領導者的熱情與地方政府的引導便扮演重要角色：該社區相對穩定的管委會運作，以及主委強烈的個人領導魅力，本身存在著較高的互信基礎，因而在發想與協商的過程中，社區住戶能達到一定的共識。

而從三重峰景翠峰社區的初步操作成果來看，比較令人感到欣喜的是：社區民眾確實因為目睹綠能實踐過程而提升了能源意識，民眾在討論與決策過程中吸收了最新資訊而逐漸掃除對綠能的相關誤解，智慧電表等裝置的運用也讓民眾對於能源使用有更即時的感受，甚至能化為節電行動。該社區最終選擇在期滿後以自主經費承接綠能裝置的運作費用，更代表民眾對於能源轉型工程的接納。

然而，從集合型社區極高的溝通成本來看，也可看出公民電廠發展的潛在隱憂：儘管峰景翠峰社區內部已具有較高的信任資本，但由於集合式住宅戶數較多，個別戶數參與綠能電廠的物質效益並不特別誘人，因而絕大多數的出資與籌設過程仍必須由政府催動；而在新北市多數都市型社區皆較缺乏凝聚力與出資意願的情況下，雖然峰景翠峰社區的實施成效頗為理想，但此案例是否能產生其他社區的仿效作用，目前仍不明朗，也需要更長時間的觀察。

更值得思索的是，在臺灣目前由上而下的治理模式中，民眾可能會習慣於「能源供應是政府的事」的思維，因此當公民電廠的發展過程中，政府仍扮演負責出資、建置，甚至是評核成果的主要行動者；同時公民電廠的收益分配過程，也未能持續回饋在地或刺激出提升能源知能的社區行動時，是否能讓民眾從單純「投資者」、「屋頂提供者」轉化為具有社會責任感的「公民」身分，亦需要各界更多的關注。

相對於峰景翠峰社區在能源事務上仍處於「被動接受者」的角色，蘆荻社大在與新北市多次的能源事務的合作中，則顯現出另一種更為獨立自主的風貌：從二〇一五年的參與式預算與二〇一六年的能源自主計畫，新北市政府與蘆荻社大攜手合作，利用社大活潑的地區脈絡對社區民眾的能源知能進行培力；從社大學員在能源議題中的快速茁壯，似乎可看出公民社會已尋求填補政府在能源治理上的落差，亦體現出再生能源原本即具備的「社區化」、「多元化」潛力。

從這篇文章的訪談中，我們看到從二〇一五年新北市選定蘆荻社大為合作夥伴後，社區民眾開始有機會在能源議題啟動發想並落實到社區事務中，而透過社大的引領，能源提案逐漸精緻化並落實在社區的日常生活中，群策群力的實踐過程提升了民眾的能源效能感，原先的社大水電班亦擴大轉型為「光電特工隊」，打造了屬於社區的技術與諮詢團隊，為能源事務的在地化展現了高度能動性。

而後，透過社大光電特工隊的社區服務與案例討論，社區民眾開始思考能源自主的可行性，並願意進行更深層的投入，也就在二〇一九年，蘆荻社大正式成立了北臺灣第一個以社區居民為主體的綠能合作社（庶民發電學習社區合作社），從發想、規劃、籌資、裝設，都將由社大自行推動；蘆荻社大的發展與公民角色的大爆發，無疑是臺灣在能源轉型中的一大突破。

在峰景翠峰社區與蘆荻社大的案例中，新北市政府的角色亦不可小覷，在前者，地方政府透過整合產業與積極評選，將峰景翠峰社區打造為能源治理的示範種子場址；而在後者，地方政府則透過積極陪伴與資源釋出，讓社區獲得能源議題的更多自主權與政策支持。而在我國集中式的官僚治理制度之下，決策理性常以達成一次性的KPI或是以政策綁樁做為目標，而未能真正從公民的「民主培力」出發。但新北市政府願意以「投入社會工程」的方式長期推動能源轉型，實屬難能可貴，我們應給予高度肯定。此亦證明地方政府在能源治理工程上實具有高度的潛力，尤其在克服公民電廠發展初期資訊整合與籌資的時間、溝通成本方面，具有決定性的影響。

• 以綠能做為社區創生

至於另一個彰化台西村的案例，則更接近公民電廠發展的「理想原型」，許震唐先生一家人是長期投入公害抗爭的運動者，在臺大詹長權教授的研究中，台西村居民深受各項汙染所苦，然而老弱凋零的社區難以拒絕汙染設施的回饋金；也因此，如何「自立」與「苗壯社區」便成為台西公民電廠計畫的核心目標。在許震唐的藍圖中，電廠建置過程的各個階段，包括發想、討論、評估、籌資、決策與利益分配等，都需盡可能將觸角延伸到社區中的每一個角落，讓社區維持主動地位，以確保公民電廠能實現社區自主的夢想。

然而，也因為理想層次極高，台西公民電廠的實踐過程不免遭遇許多障礙，在一個青壯人才大量外移的偏鄉，執行起來格外辛苦；話雖如此，許震唐一步一腳印的經營方式，不僅可能為國內公民電廠的運作立下標竿，也可能為臺灣偏鄉的社區創生走出一條截然不同的道路。

「風頭水尾」的雲林以及彰化長期做為貧困縣市，過去習慣以犧牲居民健康的方式換得高汙染產業進駐以促進地方發展，從六輕開始，包括台塑鋼廠、國光石化等計畫，似乎都成為當地追求經濟成長的唯一解方。然而，這種發展模式換得的是居民健康惡化，以及青壯年持續出走，社區的永續經營成為泡影；也因此，鄰近六輕的彰化大城鄉台西公民電廠利用在地資源引入綠能，或有機會翻轉過去的高汙染發展模式，成為另類地方發展的典範；對於長期依賴高耗能產業而難以翻轉的臺灣經濟發展模式而言，應該也有振聾發聵的作用。國人或許可以思考：過去的「拚經濟」模式，將汙染、耗能等外部成本留在當地，社區福祉卻未見提升，這樣不永續的社區經營，民眾與國家都將付出慘重代價。

從地方政府一手催動的新北市峰景翠峰社區，到台西電廠必須靠公民自力摸索的篳路藍縷，可看出在臺灣傳統「以國家為中心」的發展模式中，公民不容易找到自己在政治場域中的位置。誠然，我們有成熟的民主選舉制度，這使得民眾在「督促政府」時能掌握施力點，然而公民自身透過實踐、交流、互相學習，企圖自立，在體制中卻少有實現的機會。

這種高度依賴國家進行資源分配的政治模式，使得政府必須全盤承擔政策上的各種缺失，而公民低度的效能感亦引發相對剝奪感；此兩股浪潮的合流，或許說明了近年多次選舉中，為何民眾總是以憤怒情緒進行投票，也暗示歷次政黨輪替難以提升公民滿意度的原因：當公民無法透過自己力量尋求所追求的願景，無奈感必使其轉變為滿腹憤慨的酸民或是獨善其身的自利者，這樣的特質難以承擔起共同責任，亦不易以同理心透過對話尋求國家團結。

如果從治理能力的角度來看，缺乏民眾參與的能源轉型也必然產生與現實之間的落差，例如：臺灣的《再生能源發展條例》雖然提供民眾參與的財務誘因，但基金所提供的「獎勵總量」，如何能改變臺灣的能源結構，以及欲透過何種時程與方法達成能源轉型目標，都未能多加著墨，因此實施後的預期效益並不明朗，難給國人足夠信心。

如果把臺灣的《再生能源發展條例》與德國的再生能源法相比，亦可看出德國的再生能源法不但有明確的發展能源目標（在二〇二〇年達到再生能源占總發電量之三〇％）並提供信貸保證等相關政策配套；反觀臺灣一直要到條例實施約十年後，才在二〇一八年修改法條，加入「二〇二五年再生能源發電占比達二〇％、推廣目標二七〇〇萬瓩裝置容量」等計畫目標，也一直到二〇一九年再次修法才納入對於公民電廠的優惠補助。

綜觀《再生能源發展條例》通過後的這十年，我國綠能缺乏民眾的積極參與，公部門難以掌握各地能源潛力，亦無法深入基層動員，以至於目前仍缺乏達成轉型目標的具體方法；而當轉型速度遲緩，政府為了達成期程目標，又必須祭出大規模招標與高額補貼，此又將對國人關心的電價問題形成衝擊，在此兩難中，政府與台電動輒得咎，亦不甚公允。

也因此，此次新北市與台西村的公民電廠案例，雖然發展方式殊異，卻都為轉型工程「接地氣」踏出了最艱難的一步，其規劃方式與願景發想，都拋棄了過去面對上級的「應付達標」心態，而是真正往「深入地方動起來」的方向進行規劃，這正是能源轉型的基本功。從能源效率的角度，或許這樣「打底」的做法無法在短時間內催生出大批裝置容量，因此成果良窳尚難以論斷；但無論如何，這些做法對於公民的社會學習不啻是寶貴的一課，也為臺灣民主政治所遭遇到的困難，揭露出一道可貴的曙光。

第4章

產業節能創新

能源轉型的四種聚焦03

導言

節能優先的工商新典範

趙家緯

為因應氣候變遷，全球正致力推動能源轉型，但提起減碳時，大多數的人都只會想到太陽光電、風力、地熱等綠能科技，然而依據國際能源總署的分析，再生能源對於全球達到減碳目標的貢獻度約為三六％，但節能（含化石燃料補貼改革）的貢獻度則為三七％，為占比最高者。節能不僅是減碳的關鍵措施，從省一度電就等於發一度電的角度來分析，節能也是最便宜的來源。依據能源局的分析，臺灣省一度電只需花一．三五元，而目前發電成本最低的燃煤發電，發一度電也要一．五元左右，更何況還會產生各式各樣的環境汙染。節能不僅可以便宜地減碳、減空汙，還可以帶來「刺激總體經濟發展」、「挹注政府財政」、「公共健康與福祉」、「工業生產力的提升」、「有助能源供應端的營運」、「創造就業機會」等多重效益。以「工業生產力的提升」為例，研究指出若可提升工業的能源效率，除可以節省能源成本以外，尚能增進競爭力、獲利率、產品品質、改善工安環境。此類生產力方面的效益，可達能源成本削減總額的四倍，亦即若將共同效益納入節能投資評估時，節能設施的投資回收期可縮短為原預估的四分之一。而建築隔熱翻修、冷氣汰換、能源管理規劃，均可創造許多就業機會。以美國為例，二〇一八年能源效率帶來了二三〇萬個就業機會，為石油、煤炭、天然氣等燃料開採業的總就業人數的兩倍以上。

為使全球加速推動節能政策，聯合國在二〇一五年通過的永續發展目標中，就將能源效率進步幅度倍增列為具體目標，而歐盟也在其氣候與能源政策中，提出「節能優先」（energy efficiency first）的政策原則，依此訂定二〇三〇年節能三二．五％的目標、每年要有三％的公有建築物進行節能修繕、提升能源效率投資等具體作為。然而依據國際能源總署分析，二〇一七年時全球節能投資約為二三六〇億美元，遠不及達到減碳目標所需的五八四〇億美元，因此導致能源效

臺灣能源效率國際比較

指標	2016年能源密集度	2016年電力密集度	2016年人均電力消費
單位	公斤油當量／美元（2010幣值）	度／美元（2010幣值）	度
臺灣	0.21	0.50	10,880
韓國	0.22	0.42	10,618
日本	0.07	0.17	7,974
新加坡	0.09	0.17	9,041
中國	0.31	0.62	4,279
瑞士	0.04	0.10	7,481
德國	0.08	0.15	6,956
美國	0.13	0.25	12,825

（資料來源：IEA〔2018〕, Key World Energy Statistics；整理：臺大風險中心）

率進步幅度僅達一・七％，遠不及永續發展目標中設定的三％。

將視角回到臺灣，雖然「節能減碳」四個字，大家多朗朗上口，但若分就「賺一塊錢使用多少能源」（能源密集度）、「賺一塊錢使用多少電」（電力密集度）以及「臺灣人一年用多少電」（人均電力消費）等三大能源效率指標，比較臺灣與已開發國家以及亞鄰，則可見臺灣每單位GDP所耗費的能源是日本與德國的三倍，是新加坡的兩倍。更有甚者，雖然在能源密集度上臺灣與韓國在伯仲之間，但若從電力密集度與人均電力消費相比較，臺灣均高於韓國，顯見臺灣在能源效率提升上，仍有極大的進步空間。

若進一步分析臺灣能源政策的績效，依據美國能源效率經濟委員會（American Council for an Energy-Efficient Economy, ACEEE）每兩年進行一次的國際能源效率評分卡（International Energy Efficiency Scorecard）評比，臺灣於二〇一六年首度納入評比時，該年在二十三個受評比國中排名第十三名（五十一分），二〇一八年則是在二十五個受評比的國家中，進步至第九名（五十七分），排名不及日本、中國，勝過韓國。臺灣各項節能政策中，表現較差的為「人均節能投資」，僅達每人每年九・七美元，而排名最高的德國則達到三一・三美元，日本亦有一三・三美元。

正因節能政策力道不足，導致二〇一八年全臺能源消費量創下歷史新高，較二〇一七年成長約一・八三％，高於過往五年（二〇一二至二〇一七年）的年均成長率〇・

九一%；用電量方面，成長率則為一・一五%，成長幅度雖較前兩年下降，但電力消費量已逼近經濟部原規劃之二〇二五年消費量（二六五七・一億度）。能源與電力消費量增長的主因乃是工業部門的用電增長，包括石化業、電子業等。所以，要確保臺灣有效達成非核與減煤的目標，就需要針對工業部門研擬進一步的節能政策。

然而經濟部於二〇一九年三月四日赴立法院進行「因應公投結果能源政策評估檢討專案報告」時，卻提出在考量未來大型半導體投資案、中美貿易戰帶來臺商回流、氣候因素、車輛電動化等新增用電需求下，預估二〇一八至二〇二五年電力需求年均成長率為一・八六%，甚至做出於二〇二二年時成長率達到五・六%的離譜預測。離譜之處

臺灣能源效率評分比較

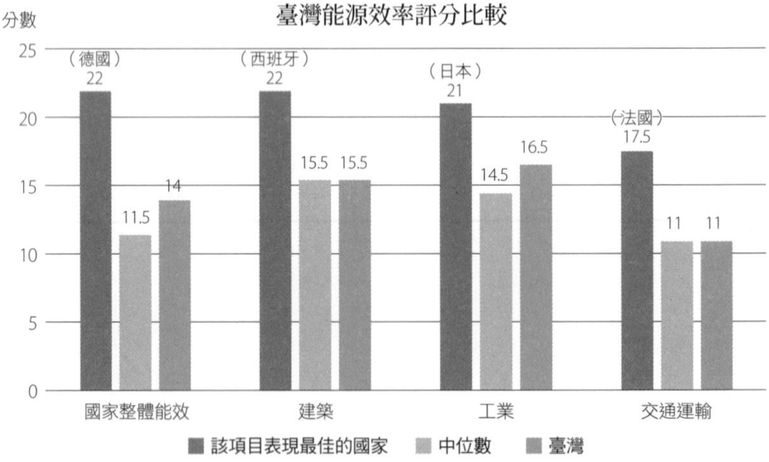

（資料來源：ACEEE〔2018〕. The 2018 International Energy Efficiency Scorecard. https://aceee.org/research-report/i1801；整理：臺大風險中心）

在於過往十年間，除全球金融危機因素以外，未有一年單年用電成長率達到五・六%。再者，依據經濟部的推估，此期間的年均經濟成長率約為二・七%左右。依此估算，代表未來臺灣經濟成長率提升一%，用電量就會增加〇・七%。但依據國際能源總署的預估，全球未來經濟成長率提升一%，用電量僅增加〇・五五%。對於北美與歐洲等成熟經濟體而言，更是進入「經濟成長不再仰賴電力需求增長」的新型態，經濟成長率提升一%，用電量僅會些微增加〇・二五%。由此可知經濟部當前的規畫，是對於節能政策的輕視，導致社會仍陷入「經濟成長必然導致高用電增長」的傳統思維。

雖若未積極推動節能政策，估計仍可藉由再生能源以及天然氣的使用增長，於二〇二五年將燃煤發電占比削減至二七%，發電量為八四三億度左右，而這個目標，相較二〇一八年度發電量，確實是減少三分之一；但原先的能源轉型政策規畫，是要於二〇二五年時將燃煤發電量降至七九八億度，減煤速度在新規畫中，較舊規畫更落後五%。

由此可知，若欲於後續能源政策論戰時，爭取廣大關注空汙的民眾支持，破除「非核家園是以肺發電」的迷思，決策者應盡速研擬國家能源效率行動計畫，提出促使工業提升節能投資的誘因及管制工具。

宏遠興業位於臺南山上工業區，是臺灣紡織業節能、創新的典範。（攝影：楊軒豪）

1 不斷翻滾的臺灣紡織業：宏遠興業

楊軒豪

二〇一二年NBA發生了一件讓世界為之瘋狂的事情，當時做為尼克隊板凳球員的林書豪，以超乎尋常的優異表現席捲了整個NBA的賽事，後來美國媒體甚至將其姓氏「Lin」（林）與「Insanity」（瘋迷）進行組合，以全新詞彙「Linsanity」（林來瘋）來形容他颼起的NBA熱潮，而這股「林來瘋」也讓相隔千里之外的臺灣感受到熱浪來襲，不少球迷以「臺灣之光」來稱呼林書豪。然而，林書豪跟臺灣的關係可不只有血緣與國籍上的關聯而已，他身上穿的球衣，甚至整個NBA所有球員穿著的運動服飾，其實都跟臺灣有關。

• NBA球衣也是臺灣之光?!

若論運動服飾相關產業，一般民眾定會聯想到紡織業，能源與勞力密集、產品同質性高、毛利低、缺乏創新等，是一般人對紡織業的刻板印象，這印象也讓紡織業成為「夕陽產業」，一個隨著時代演進，市場逐漸飽和、步入衰退的產業。然而，臺灣的紡織業早已擺脫這樣既定的認知，甚至在國際市場占有一席之地，許多人或許不知道，除了Nike、Adidas等國際知名運動服飾外，女性內衣品牌黛安芬，以及快時尚[1]品牌NET等所販賣的機能性產品與布料，其實都是出自於臺灣紡織業的巧手。

事實上，臺灣紡織業在透過不斷的研發努力之下，早已成功開發出各種機能性布料，如今機能性布料可說是臺灣紡織業的生產主力，根據紡織產業綜合研究院的統計，二〇一六年臺灣機能性布料出口，若論運動服飾部分，臺灣出口占全球的比例高達五〇%！且日本化學纖維協會在二〇一七年公布的統計資料，顯示臺灣化學纖維占全球化學纖維總生產量二・六%，是全球第六大化學纖維生產國，這些數據都足以表明臺灣在

1 快時尚，英文為Fast Fashion或Speed to Market，是指可以在很短的時間將潮流服飾推出的新商業模式，對於消費者而言，快時尚以其親民的價格和與時尚接軌，讓消費者能夠在短時間內買到新潮的服飾，而代表性廠商有H&M、Zara、無印良品、UNIQLO等品牌。

二〇一七年全球化學纖維生產國／地區生產量統計

國家地區	合成纖維					纖維素纖維	化學纖維	構成比（%）
	聚酯纖維		耐隆纖維	亞克力棉	合計			
	長絲	短纖						
日本	121 -2.3	93 -16.4	98 8.3	120 -5.4	587 -2.6	67 8.3	654 -1.6	1.0
韓國	606 -3.1	614 4.3	94 -7.3	54 1.3	1,368 -0.1	– –	1,368 -0.1	2.0
臺灣	788 -9.0	536 -1.9	295 -3.1	31 -46.5	1,649 -7.0	63 -41.3	1,712 -9.0	2.6
中國大陸	28,964 5.3	10,261 5.2	2,825 11.6	584 -7.5	43,541 5.5	3,599 4.3	47140 5.4	70.4
東協國家	1,443 2.6	1,212 4.3	153 2.2	129 -0.1	2,936 3.1	631 0.1	3,567 2.6	5.3
印度	3,508 5.0	1,333 -6.3	153 2.2	93 -9.7	5,096 1.4	579 4.2	5,674 1.6	8.5
美國	650 0.5	667 4.9	539 -5.2	110 –	1,966 0.1	18 -5.9	1,984 0.1	3.0
西歐地區	519 18.9	545 2.8	375 2.7	477 -0.3	1,980 5.6	381 -0.3	2,361 4.6	3.5
合計	37,165 4.6	16,602 3.5	4,926 6.0	1,611 -5.8	61,576 4.1	5,360 2.5	66,936 4.0	100.0

單位：千噸，%

特別說明：上列數字為二〇一七年生產量，下列數字為年成長率。

（資料來源：日本化學纖維協會，二〇一八年一月；紡織所ITIS計畫整理，二〇一八年二月。）

國際紡織市場的地位不容小覷。

・翻滾吧！臺灣紡織業

的確，臺灣紡織業在近年來，透過不斷的創新與垂直整合，早已將夕陽產業的標籤遠遠拋去，踏上全新的旅程，然而，這段產業改革的辛酸歷程卻鮮少人知，這其實是跟紡織業的生產鏈有關。事實上，紡織業整體生產鏈錯綜複雜，而與一般民眾親近的多半是處於下游的服飾零售商，在全球貿易分工體系下，臺灣民眾很難去深入瞭解各個服飾零售商背後隱藏的價值鏈分工情況，但這並不足以掩蓋臺灣紡織業的光芒。臺灣紡織業利用垂直整合方式，提升自身在產業鏈上的價值，如始終擁有高股價

名詞解釋

紡織業整體生產鏈

紡織業的整體生產鏈可分為上、中、下游，其中上游為「塑化原料」，包括己內醯胺、丙烯腈、乙二醇等化合物；中游則依原料可分為「天然纖維」、「化學纖維」、「紡紗」，以及「織布」；最後下游則分別為「染整」與「成衣」。而綜觀紡織業整體生產鏈，臺灣紡織業在中游這階段投入相當多的心思。由於臺灣天然原料缺乏，天然纖維多半來自於進口，至於化學纖維部分，臺灣代表性廠商有台化、南亞塑膠、遠東新等。

上游	**塑化原料**	
中游	**化學纖維** 聚酯、尼龍、壓克力	**天然纖維** 棉、羊毛、絲、麻
	紡織：紡紗、織布	
下游	**染整**	**成衣**
	品牌	

（資料來源：Leo著，〈擺脫夕陽產業標籤——透視紡織矽谷〉，二〇一八年四月十一日。股感網站https://www.stockfeel.com.tw/about/）

的儒鴻企業股份有限公司，便是透過研發機能性布料的方式跨足至織布業，而宏遠興業股份有限公司（以下簡稱為宏遠興業）則是將「假撚」、「織布」、「染整」、「成衣」等中下游垂直整合成功的廠商之一。

然而，儘管臺灣紡織業做出了十足的努力企圖擺脫夕陽產業的標籤，但在面對日新月異的全球市場，如何保持一定的競爭力，是臺灣紡織業必須解決的難題。此外，傳統產業的弱勢如高耗能、廠房老舊、人才流失等問題，仍寄宿在臺灣紡織業身上，這也讓紡織業成為臺灣六大耗能產業之一[2]，雖然根據經濟部能源局統計，二〇一八年紡織業整

名詞解釋

假撚、織布、染整

假撚：「撚製」（twist）是為了增加纖維之間的摩擦力，以及提高紗線本身的強韌性。依纖維種類不同，可分為實撚與假撚：實撚針對天然纖維或短纖，撚的次數多、強度高；假撚則針對原本就做成長纖的加工絲（即合成纖維），稍做撚製後再調整撚向，使其捲曲與蓬鬆而不過度平直。

織布：指將紗線透過不同的織法彙整成布料的過程。

染整：指將布料進行染色、印花與加工的過程，為紡織業當中最重要的一環，也是整體紡織業生產鏈上最為耗能的工程。

（資料來源：呂怡貞，〈結合工學與美學的紡織〉，《科學人雜誌》。2019/5/25檢索。）

體能源消費約為一二五萬公秉油當量，與一九九九年二四二萬公秉油當量相比，下降幅度高達四八．三％，但其整體能源消費量仍相當可觀。為此，如何面對能源轉型、未來科技的發展、市場變化與社會變遷，便成為臺灣紡織業的重要課題。在面對這些課題中，宏遠興業的表現可說是相當亮眼，若翻開宏遠興業的企業社會責任報告書，不難發現該公司其實早已在永續發展上有相當積極的作為，宏遠興業除在二〇〇七年推動永續經營模式外（Everest SustainAbility Model，簡稱為ＥＳＭ）[3]，也在二〇一二年獲得了由內政部頒訂的綠建築標章「舊建築改善類—鑽石級」，更重要的是在二〇一四年底，宏遠興業引進「工業4.0」，期望透過智慧自動化、ＩＯＴ[4]、ＡＩ的引入，提升公司的整體經營績效，這些舉動不禁勾引出大家的好奇，身為傳統產業之一的宏遠興業，是透過何種手段將傳統工廠改建成鑽石級綠建築？又是秉持著什麼樣的思維，去推動永續發展與「工業4.0」呢？

臺灣工業部門能源消費趨勢

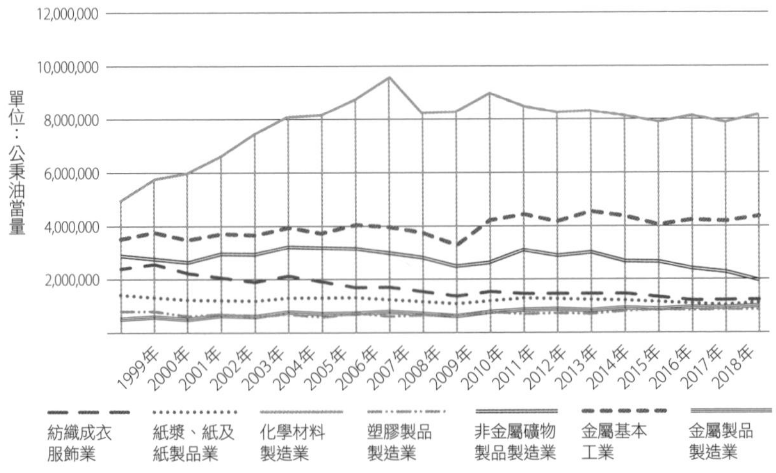

（資料來源：經濟部能源局能源統計月報，臺大風險中心整理。）

•不斷蛻變的紡織龍頭

宏遠興業是將「假撚」、「織布」、「染整」、「成衣」等中下游垂直整合成功的廠商之一，在這過程之中，宏遠興業對其在臺南山上工業區的織布廠下足了苦心。「我們在織布廠內，利用水簾和排風扇這種自然的負壓原理，降低廠房內的溫度，根據統計，這樣的設備約可降低六度左右，

2 臺灣六大耗能產業分別為鋼鐵業、石化業、電子業、紡織業、造紙業，與水泥業。

3 ESM為宏遠興業推動的永續發展模式，同時強調經濟面、社會面和環境面的均衡發展，並以7R修練（Rethink、Redesign、Reduce、Reuse、Repair、Recycle、Recovery）為核心，從公司內部培養員工的環保概念。

4 英語全名為Internet of Things，中文譯為物聯網，是運用感測器和應用程式介面（Application Programming Interface，簡稱為API）將實體物件串連起的虛擬網路，讓所有能行使獨立功能的普通物體透過網際網路連結交換資料。

名詞解釋

工業1.0到4.0

科技的進步影響到工業的進展，學者與業界常以工業幾點幾來做出工業進步的區分，其中：工業1.0指的是機械取代人力的機械化、工業2.0則是電氣化（電器被廣泛使用）、工業3.0為自動化、最後工業4.0是指機械智慧化。

（資料來源：李孟純著，〈企業通—工業4.0進化論：工業1.0到4.0演變〉，二〇一六年九月七日。企業通網站 http://mag.digiwin.com/）

臺灣的綠建築標章

為追求永續發展之建築設計理念，臺灣政府於1999年開始實施綠建築標章制度，並於2007年增訂「綠建築分級評估制度」，將綠建築等級分為「合格級」、「銅級」、「銀級」、「黃金級」，以及「鑽石級」等五級。在2012年5月1日，臺灣實施「綠建築評估家族制度」，將綠建築的評估分為以下五類：「基本型」、「住宿類」、「廠房類」、「舊建築改善類」及「社區類」。

儘管外面是炎熱的夏季，但透過排風原理讓涼爽的風不斷地湧入，室內空氣就不會讓人感覺悶熱難受。」接受訪談的是宏遠興業總經理室協理曾一正，他同時也是數位服務中心的數位長。曾一正邊指著自然降溫系統示意圖，邊解釋：「這樣的負壓原理，一年就能節省約六千萬的成本費用，同時減少碳排放達四八一〇噸，甚至讓我們的織布廠獲得鑽石級綠建築標章。」曾一正指著那塊由內政部頒布的綠建築標章，臉上掛著相當自豪的笑容。

除了織布廠，宏遠興業自然也對位於紡織業下游的染整廠有所安排。「就染整廠而言，我們透過工業4.0引進了自動秤藥系統，在以前，染一塊布料不僅

1 | 2
3 | 4

1, 2 宏遠興業織布廠內的水簾與排風扇（攝影：楊軒豪）
3　宏遠興業織布廠運用負壓原理形成的自然降溫系統（攝影：楊軒豪）
4　宏遠興業織布廠鑽石級綠建築標章（攝影：楊軒豪）

耗時、耗能，也耗人力，但現在透過自動秤藥功能，除了讓布料智慧染色外，也有助於藥劑的控制，對我們而言，這不僅降低對人力的需求，也能提升布料的對色率，更能降低不良品的出現機率，而這便是節省能資源耗用的最佳展現。」除了自動秤藥功能外，曾一正也說明染整廠廢熱回收系統的運作原理，「其實這只是利用最基本的冷熱交換原理，增加染整廠所排放的廢熱水的廢熱回收使用次數。」曾一正表示，「這不僅可以降低因廢熱水造成的環境悶熱問題，更可降低廢水處理場馬達降溫的用電，對我們來說一舉數得。」此外，宏遠在製程改進上，曾一正也針對馬達加裝變頻器，以及利用超音波偵測器去測

宏遠興業染整廠廢熱回收系統（攝影：楊軒豪）

漏空壓機等情況進行解說。根據內部統計，光是這些改革每年便可節省約四千多萬經營成本，成果相當驚人。

曾一正說，「相較於3.0的自動化，我們在推動工業4.0時，最基本就是利用ＩＯＴ去結合ＡＩ、大數據、雲端運算、邊緣運算等技術，透過ＩＯＴ把基層機臺的相關數據抓取出來後，去做分析與快速的回應。我們有跟工研院合作，共同研發能源管理系統，利用視覺化的管理方式，將全廠區編成一個智慧電網去做管理，監視各廠設備用電，避免超過用電契約容量。對我們而言，工業4.0是在優化原先相關的設備，將能源管理好，便可節省浪費，產生相乘效應，但其實論節能，我們在二〇〇七年推動的永續經營模式效果更多，當然，工業4.0在這一塊上也幫助我們不少。」

宏遠興業工業4.0視覺化即時看板（攝影：楊軒豪）

隨著曾一正的腳步，我們從廠房步入了宏遠興業的辦公大樓稍做休息，令人訝異的是，儘管沒有冷氣吹送，辦公室的溫度卻讓人倍感涼爽，「那是當然的，我們建築物的周圍都有綠化過，那些爬藤植物成了最自然的綠色窗簾，除了能隔絕輻射熱能外，也能將涼爽的風送進我們辦公室內。」曾一正邊說邊準備播放今日特別為訪談團隊所製作的簡報，「自然的，儘管在這裡推動永續經營十幾年了，我們剛開始也是先將周遭的生態綠化工程完畢後，才將冷氣停掉，這是要有相關配套措施的，除了經營者有心之外，廠房周邊的有限空間全面種植樹木以及建置四座生態池也是一大關鍵，更重要的是一步一步地去達成。」曾一正特別強調。

• 矛與盾的對決——獲利VS.環保、傳統VS.創新

透過上述訪談，不難發現宏遠興業即使身為傳統產業的一員，仍相當重視永續發展，然而，如此看重永續發展的前提，是否會對宏遠興業的營收產生負面的效果？對此，曾一正毫不諱言，一開始在推動永續發展與引進工業4.0時，都是以降低公司的成本為出發點，「除了考量公司的成本，也希望在面對中國紅色供應鏈崛起之下，公司能有一定的差異化競爭力，避免逐水草而居的窘境發生。但隨著時間經過，我們發現其實還可以做更多。」曾一正接著補充說：「我們當初在推動永續發展時，只是認為節能是一種經營模式，而節省成本的另一面就是增加利潤，在成本降低的情況下，我們自然有能力去跟競爭者競爭。」但這些要如何落實在內部管理，曾一正稍微清了清喉嚨，繼續侃侃而談：「老實說，我們所做的節能撇步都相當簡單，在推行永續發展的時候，都奉行總經理葉清來先生的一個原則，那就是『簡單、便利、低成本』，而在發展初期，我們是採

標竿學習方式，邊做邊學，利用每天上班前的早操時間，與每週一次ＥＳＭ（永續經營）教材的宣導，分享永續發展相關新聞及知識給全體同仁，讓大家都有節能、環保、愛地球的觀念，而總經理葉清來先生則是透過涉獵大量書本的知識，向主管們分享自己的心得與建議，同時我們每週也會召開節電會議，針對各部門的用電量去做分析與檢討，藉由這些瑣碎的功夫，慢慢去累積大家對環保、環境的意識，並共同激發大家對永續發展的想像，久而久之，這些想法便深入我們每個員工心中。那當然的，我們雖然不敢說自己做得有多好，但我們認為永續發展與工業4.0會是未來必行的道路，因此我們非常樂意分享自己的經驗，藉由開放廠區參訪，讓理念相符的產官學研來交流學習。」

不過儘管宏遠興業設法在永續發展的道路大步邁進，似乎仍有些難以解決的隱憂。從歷史來說，紡織業曾是臺灣的重要經濟命脈，根據財政部與經濟部的統計，一九七〇年代臺灣紡織品出口總額占比高達三五．四三％；但在一九八〇至一九九〇年代，面臨全球新保守主義[5]的興起與中國改革開放的影響，致使許多紡織廠商開始西遷至中國，讓臺灣紡織業遭受到前所未有的挑戰，而即便撐過這些壓力的宏遠興業，仍舊得面對自身創新的條件。「對我們傳統產業而言，機械老舊是滿嚴重的問題，究竟是要直接更換機臺，抑或是在舊的機臺上安裝工業4.0相關感測器，是需要經過相當精準的成本效益評估，且機臺並非我們公司自行製造，在購買外來廠商的機臺時，也會面臨廠商不願意將機臺的規格參數及通訊協定提供給我們做整合，因此後來我們在採買機組的時候，都會特別強調機臺資訊介接的公開。此外，我們也需要人才幫我們整合每一個機臺的數據，特別是ＡＩ領域。但大家都知道，ＡＩ的相關人才都喜歡往高科技業走，或是金融等

5 新保守主義：以英美為主的保守主義在一九八〇年代後陸續取得執政的權力，其主要政策以自由貿易、推行減稅、削減社會福利等為主軸，代表人物有雷根（Ronald Wilson Reagan）以及柴契爾夫人（Margaret Hilda Thatcher）。

宏遠興業自製環保磚（攝影：楊軒豪）

服務業發展，很少人願意向我們這種傳統產業投履歷。」即便如此，曾一正仍興奮表示，中研院成立的「臺灣人工智慧學校」是對臺灣的未來注入了一股新的動力，「我們有派人去該校學習新的知識與技術，對我們而言，該校提供的課程，不僅技術扎實，聘請的老師更具備高強度的專業知識，為此我們相當高興能夠有此管道學習。回到人才召募的問題上，我們實在無法在薪資上跟其他行業一較高下，但我們希望透過公司治理的理念，特別是在環境議題上的理念，去吸引年輕人才的注意。」

當訪談團隊詢問到臺灣的能源轉型相關議題時，曾一正意外露出憂鬱的神情，「最近政府一直在打空氣汙染，要關閉工廠內的鍋爐，只是我們公司一向以高標準自我要求，自己內部給自己的期許目標是零排放，但現階段能做到的，只能努力減少我們運出去的廢料。」曾一正邊播放著投影片解釋道，「目前我們有引用循環經濟的概念，以『垃圾＝食物』當基礎（前一個製程的廢棄物等於後一個製程的食物），將處理過的廢水汙泥拿去焚化爐烘乾，之後與煤炭結合放入鍋爐內燃燒，這樣便可不將汙泥清運出去，還可同時降低我們對煤炭的需求。此外，我們把鍋爐內的煤渣送去我們自己的製磚廠，將煤渣與水泥以三：一的比例去混合製成磚頭，而這磚頭可是內政部所認證的綠建材環保磚呢！」曾一正指著投影片上那些磚頭的照片相當引以為傲，「當然我們在鍋爐上是有投資潔淨燃煤系統，花費上看千萬元，目的就是要讓廢氣排放標準達到環保署的要求。

但若政府勒令將鍋爐關掉，那我們循環經濟當中的一條重要連結便會斷裂，後續的環保磚也無法製成，相當可惜。希望政府在制定一些環保政策上，也要傾聽我們產業的聲音。我們也期望能達到零排放的目標，但依照目前的技術而言有一定的難度。」

• 企業節能診斷──成立南臺灣節能巡邏隊

雖然宏遠興業面臨到人才的危機，但也並未忘記企業該盡的社會責任，在二〇一三年，宏遠興業加入臺灣節能巡邏隊聯盟，組成「南臺灣節能巡邏隊」，邀請公司內部同仁與合作廠商，共同義務性地推動企業節能健康檢查服務。「其實我就是當時節能巡邏隊的隊長。」曾一正似乎對巡邏隊之事記憶猶新，「當初臺北有一個叫『臺灣節能巡邏隊』，是由臺灣愛普生（Epson）公司和中華民國企業永續發展協會共同創立，該團隊後來有參訪我們公司，認為宏遠在節能上做得相當不錯，因此鼓勵我們把自己的經驗傳承出去，之後我們便成立了『南臺灣節能巡邏隊』。成立之初，我們是請大家各自派出相關設備的節能專家，義務性地去找南臺灣其他中小企業幫忙節能健檢，原始規畫是一年最多診斷六家，平均一家花兩個月的時間規劃安排。健檢除了有半天的實地考察與口頭建議外，一個月後要繳交相關報告書給被診斷的廠商供他們參考，所以需要的工程其實蠻繁瑣的，但說句老實話，我在做這些議題時，我很快樂，即便這只是個義務性的工作。」

曾一正笑著說。

「當初在幫忙診斷時，也面臨到蠻多困難，一開始許多企業不願意讓我們診斷，即便是免費義務性的提供也得不到正面回應，一直等到『臺灣節能巡邏隊聯盟』做出亮眼的成績後，許多企業才開始願意接受我們的診斷。」關於節能巡邏隊的現況，曾一正強調：「後來階段性任務完成，這份工作就移交給崑山科技大學，因為透過學術單位去接洽，企業比較不用擔心商業機密外洩的問題，同時我們也希望這份工作不能一直由我們去做，對我們而言，我們成功開啟了第一步，接下來的工作就交給志同道合的夥伴接續處理。如果被診斷的企業想聘請我們的節能專家去做更進一步的診斷，我們也樂觀其成。」

幸福台灣 EverSmile LOGO
（資料來源：Eversmile 幸福台灣機能服飾專賣官網 https://www.eversmile.com.tw/）

• 衣服有三寶——安全、性能、環保

現代人相當重視服飾打扮，也都能認同服飾的重要，但要評斷一件衣服的價值卻難有定論。宏遠興業如何評價一件衣服的價值？曾一正思考了一會兒回答：「我們公司強調『衣的安全』，我們所使用的布料是有通過紡織業最高認證的，而且也是國際知名服飾所使用的布料，既環保又安全，因此不用擔心穿我們的衣服會有致癌物透過皮膚滲

進身體裡。勉強要說出我們跟那些國際知名服飾品牌的差異，恐怕就只有在剪裁與設計上的美感吧。」曾一正笑了笑，接著說：「我們公司有自己的品牌叫『幸福台灣Ever-Smile』，是百分之百MIT的品牌，除了所使用布料絕對安全外，如果你們有去查價格，會發現其實我們有一些機能性的衣服，如登山服之類的，賣的價格遠比其他國際知名服

宏遠興業生態工業園區（攝影：楊軒豪）

飾便宜，但性能卻不比他們差，因此有很多登山客熱愛我們推出的產品，對他們而言，『幸福台灣 EverSmile』是俗又大碗的品牌。」

‧不斷創新與上升的臺灣之光

訪談最後，夕陽正落西。紡織業是夕陽產業嗎？曾一正露出炯炯眼神說道：「對我而言，紡織產業絕對不是夕陽產業。」他堅決表示：「紡織矽谷其實就在臺灣，根據統計，臺灣的機能性布料占全球生產七成以上，我們的機能布料相當具有競爭力，而我們公司——宏遠興業可以說是創新的代名詞呢！雖然我們在環保、節能、創新上屢有突破，但我們絲毫不敢懈怠，仍每年制定新的目標，像是今年我們預計跟施耐德電機公司合作，針對我們廠房內的空壓機去做升級流量監控與耗能的改善。」

宏遠興業的與眾不同，還有鄰近廠房小而美的綠化園區，「那是我們的生態工業園區。」曾一正得意解釋，「這是我覺得宏遠與其他傳統產業最不同的地方。當初的規畫，是想利用有限的空間去營造一個生態多樣性的環境，讓很多動植物都可以在這邊生活，也希望透過這裡的植物進行碳吸收，減碳也減少廠區的熱島效應。我們曾向荒野保護協會等組織要了不少臺灣原生種水生植物在這邊種植，但隨著時間經過，剩下來的品種已不多了。」本以為是件傷心的事情，但曾一正卻笑笑表示：「自然界本就會自動找出平衡，這就是大自然的奧妙。」

紡織業本身是傳統耗能產業，這可能是無法改變的特質，然而也因為此特質，讓臺灣紡織業擁有不斷思考、創新以及如何用各種節能環保製程提升產業的動力，是這股動力讓臺灣紡織業創造了新的契機，不僅成功讓產業翻轉，也讓臺灣紡織業有新的時代意義。雖然仍有部分專家學者將臺灣紡織業翻轉成功的原因歸因於國際快時尚的興起，然而，若僅靠消費端的需求改變，實在難以成就臺灣紡織業的一片天，若非臺灣紡織廠商們近年來的研發創新與垂直整合的努力，臺灣紡織業恐會成為真正的夕陽產業，淹沒在市場變遷的洪流裡。

從宏遠興業的案例探討臺灣紡織業的轉型，可以發現，其實相關的環保節能撇步可以「簡單、便利、低成本」，只要利用已知的自然原理，藉由一步步的規畫，便可節省為數不小的經營成本。不僅如此，透過科技的發展，優化原本的機械設備，並建立能源管理系統，也能達到節能目標。更重要的，是如何串聯公司上下內部同仁的向心力，宏遠興業透過每週的節電會議與ESM永續發展教材的心得分享等例行事項，將永續發展的觀念深入每個員工腦海，並讓員工體會到，做永續發展是對社會盡一份企業責任。此外，宏遠興業並不認為自己的發展經驗為商業機密，反而相當願意將自身的經驗傳承給大眾，或許這就是為何宏遠興業成為許多產官學研們參訪對象的原因。期望在未來，宏遠興業能成為臺灣永續發展最具代表性的領頭羊，帶動臺灣更多傳統產業進行節能減碳的永續經營模式。

2 與地球共生的企業：藺裏子與DOMI綠然的節電行動

趙家緯

走進位於大稻埕的藺裏子門市，迎面而來的是「1% for the Planet」、「B Corporation Certified」、「TWINE Guaranteed Fair Trade」等斗大的標示，標誌著此並非一般手創與文創商店。創立於二〇一〇年的藺裏子，九年來的努力，已使其成為臺灣知名的創業典範，二〇一七年，也因提供以臺灣設計的公平貿易工藝品，獲得「Best For Taipei 對臺北最好企業挑戰賽」的社區獎。但藺裏子對於商業與地球間關係的思考，並未停止。

・藺裏子的節能思考

畢業於建築相關科系的創辦人楊士翔（Vinka），談起對於節能與環保的想法，可追溯至創業前在名建築師 Ben Wood 於上海事務所的工作經驗。Ben Wood 對環保理念相當重視，辦公室不開冷氣、鼓勵員工走樓梯，事務所承接的大多是運用舊建材的老屋活化案，因此 Vinka 創業之後，亦思考門市店面設計時納入節能概念。Vinka 曾於二〇一〇年與二〇一一年臺中國立美術館商圈及臺北永康街創立門市時，積極響應關燈一小時

名詞解釋

什麼是B型企業

2007年起，美國興起一陣共益企業（benefit corporation）的簡稱，旨在倡議企業經營的目的不僅是獲益，而是要同時有益於員工、社會、環境與社區。而為呼應此精神，美國B型實驗室（B Lab）發起的B型企業認證，針對企業的公司治理、員工照顧、環境友善、社區照顧和客戶影響力等五大面向，依產業類別、員工人數規模進行客製化的企業影響力評估。通過一定標準的企業，方能獲得B型企業認證。目前國際上已有2,500多間企業取得B Lab的認證，包括全球最大戶外服飾公司巴塔哥尼亞PATAGONIA、全美第三大冰淇淋品牌BEN & JERRY'S。而臺灣方面，則於2016年由DOMI共同創辦人連庭凱引進此概念，成立B型企業協會，目前已有王道銀行、大愛感恩科技、臺灣潛水、綠藤生機等25家涵蓋多種業別的企業，取得認證。

的倡議行動，在週六晚上黃金時段，繁華的街區中，不畏鄰居的狐疑，推動店面關燈一小時。Vinka表示，「在跟DOMI綠然[1]合作之前，LED燈泡，能換的都換了，不單純是為了節能，很現實地為了電費的問題」，雖然初期投資成本高了一點，但後續省下的照明費用，以及因為LED發熱量較低，所省下的空調費用，非常可觀。

二〇一七年時，Vinka接觸到「B型企業」概念，進一步從公司治理、員工照顧、環境友善、社區照顧和客戶影響力等五大面向檢視繭裏子還可強化之處。而B型企業在環境友善面向上，則邀請受評鑑的企業需提出其節能承諾，繭裏子本身就訂定了節能一五%的目標。「就是傻傻的，我們覺得好像可以減少，在還沒上一系列課程之前，就覺得為什麼不能達到這一五%的目標。」但訂定目標後，才發現對於能源不夠認識，無法找出門市的節能潛力，因此找上了DOMI綠然能源——此以節能服務為主軸的社會企業，協助其規劃具體節能行動。

•節能工作坊，提升能源識字率

Vinka強調，「設備改善只能解決一部分的問題，關鍵還是在於使用者行為。」因此與DOMI綠然的合作，並非單向委由DOMI綠然派人逐一審視店面，提出節能改善建議，而是規劃了一系列的節能課程與工作坊，邀請辦公室與門市的工作人員共同參與，討論具體節能策略。

首先，DOMI綠然設計了設備盤點表，請藺裹子的工作人員逐一檢視辦公室與門市的電器數量、耗電功率、使用時數等資訊。基於盤點結果，估算各空間過往的電力使用流向，如非夏季時，「茶水間設備」用電占了辦公室平均月用電量達六〇%，而一般店面則是以照明耗電量最高。為更精準的掌握用電情形，DOMI綠然進一步於門市與辦公

1 DOMI綠然能源是一家節能服務企業，關於DOMI的故事參見頁二二〇。

室安裝智慧電表，掌握逐時的用電情形。

而在工作坊中，則是逐一討論用電數據與空間使用習慣間的關聯性。例如針對某門市的用電曲線，和參與工作坊的同仁討論「下午一點店面仍是營業狀態，是什麼原因使用電量降低了？」、「傍晚六點後用電量下降的原因是什麼？」、「關店後，距離零耗電有段距離，有沒有辦法更低？」等問題，藉此提升員工的能源識字率，並進一步研擬節能改善行動。

首次工作坊後，發現「茶水間設備」中的冰櫃、商用熱水壺、商用咖啡機等耗電量極高，經過共同討論後，立即停用冰櫃，與改變熱水壺與咖啡機的使用習慣。相較於過往一進辦公室，就打開熱水壺與商用咖啡機開關，現在員工會確認若有多人想要喝咖啡時，才會打開咖啡機，藉此降低咖啡機的待機期間所耗用的電力。藉由此類作為，可快速讓整個辦公室未包含冷氣時的耗電量降低一半以上。

藺裏子的創辦人Vinka（右）、Liz（中）與節能夥伴DOMI綠然創辦人Tammy（左）（攝影：趙家緯）

除了前述藉由改變行為立即達到節能成效的行動，DOMI綠然更進一步協助藺裏子依據節能設備的回收期與技術難易度，規劃入門、進階、高階三階段的改善計畫。入門指的是加裝空氣簾避免冷氣外洩與改採用LED照明等；進階的則包括可增進空調效率的循環扇；而高階方面，則是預算需求較高的汰換低效率冷氣。

• 多管齊下的節能改造

經由一系列的工作坊，藺裹子採取的具體措施包括空間改造、設備汰換與員工用電行為的改變。在空間改造方面，藉由用電資訊的檢視，發現辦公室中原本工作空間西曬嚴重，導致空調耗電量高，旋即將該工作空間改為會議室，減少使用頻率，進而降低耗電量。而由於藺裹子在大稻埕的店面，是租用老房子，因此在節能工作坊的過程中，也討論如何改善老屋的隔熱，參採DOMI綠然建議，藉由加裝窗簾，避免因日曬增加空調需求。但在空間改造過程中，具有建築背景的Vinka與Liz也有出乎意料的發現：如原本在店鋪中均保留自然通風的孔洞，卻造成冷氣外洩，反而需要重新進行店面改造。

設備方面，經由第一次工作坊後，立刻停用了冰櫃、熱水壺，改變咖啡機使用習慣，藺裹子亦規劃要提前汰換其能效較差的空調。Vinka坦承剛開店時自己對能源認識不足，因此當時購置的冷氣並非是最具效率的。但現在為了要達到設定的節能目標，則需提早將方才使用三年左右的冷氣汰換掉，惜物的Vinka，面對此提早汰換的決定，對於要額外支出的費用並未有太多遲疑，反倒是思考提前汰換冷氣，是否無形中會造成資源的浪費，而若將新冷氣製造過程增加的碳足跡納入，提前淘汰低效率電器的決定真的對地球有益嗎？

繭裏子對能源的思考，不僅在Vinka一個人的腦中，更藉由這一系列的工作坊，讓所有員工一同面對能源此繁複議題。工作坊中，各分店的員工共同就所使用的空間，訂定出節省一〇％至三〇％不等的節能目標，更對燈具與冷氣等主要用電設備制定了節電公約，例如適時調高溫度（外出用餐）或減少使用時間（延後開、提早關），大幅提高共同參與的團隊決心。Vinka強調，「節電公約不是由我們創辦人寫的，若由我們寫，就只是公司政策，是我叫你做。但各個員工提出自己可以做的行為，是由下而上的方式，而不是由上而下的方式。」「現在只要離開一個空間，沒有關燈的話，另一個人就會去唸他，即便是我們（指創辦人Vinka與Liz）都會被唸。」而Vinka與Liz更進一步設計了將省下的電費做為動保與環保捐贈基金的誘因，鼓勵員工投入節能作為。

目前由於每個分店都設置了「零碳管理員」智慧能源管理系統，可掌握各分店的用電數據變化，因此Vinka表示，「將用電數據公開出來，促成各個分店各自瞭解，討論面對到的問題。」例如店員在冬天搬東西時，不小心壓到冷氣遙控器的開關，導致冷氣開啟整夜，發生這種事情後，就提醒各分店要將冷氣遙控器妥善收好，避免這類事情再度發生。

•節能的瓶頸

藺裏子的節能行動，是否能擴散至全臺近一百萬間用電量共計一七〇億度的小商家？首先面臨的瓶頸是藺裏子若想將在臺北四個門市的節能經驗，複製到其位於臺南、高雄的門市，均有其限制。Vinka表示，目前的門市中，有些非獨立店面，如臺南林百貨店、高雄駁二店等，這些政府提供的空間都是採用中央空調，是在無法控制的範圍。電費分擔上，也是採用平均分擔的方式，實難創造店家節能誘因。

而另一個層次，就是消費者是否支持。門市方面，空調希望維持在二十七度左右，但夏天時，這個空調溫度對於顧客而言，會感到稍微悶熱，此時門市人員就會跟顧客解釋為什麼要控制在此溫度。

面對臺灣節能推動時的另一個關鍵瓶頸是電價太低，導致沒有節能誘因。Vinka是這麼想的：「很多小賣店不敢或沒有做節能的原因，是因為會先想到做這事要花多少錢，但沒有意識到這件事情帶來的成本削減。」而提到成本，更重要的是無形成本。藺裏子在二〇一七年時把成本全部公開，在其公益報告書中，以一件衣服為例，公開各項成本的占比，如營運成本占五〇％、營業利益占一八．五％、運費占二．五％，而以公平貿易為目標的藺裏子，生產者工資在營運成本的占比更達到四．五％，遠高於一般成衣業的〇・六％。由於蘺裏子加入一％地球稅的倡議承諾，將總收入的一％用於捐助環保非營利組織，因此亦以此比例納入各類稅率之中，讓消費者認識產品背後的環境成本。

•不一樣的節能夥伴

從蘺裏子的經驗中可知，小商家的節能規劃過程中，能源服務專業者的角色十分重要，如Vinka自承，「沒有專業者的介入，只能做自己以為正確的事。」而這次蘺裏子選擇的節能夥伴，則是臺灣第一家取得B型企業認證的節能社會企業：DOMI綠然綠然能源。

DOMI就是拉丁文中的「家」，「綠然能源」是由六名具有科技、網絡、商業與公關專業背景的創業者共同創辦，連庭凱（Corey）與胡德琦（Tammy）提起創辦的驅動力，乃是因為他們回到臺灣，推著嬰兒車走在街頭，看到汽車黑煙直撲孩子的臉時，才驚覺不管搬到哪裡，空氣都會受汙染，因此這群原本跟能源與環境議題沒有關係的年輕父母便決心投身有助於降低環境汙染的事業，讓下一代可享有新鮮空氣，於是在二〇一三年創

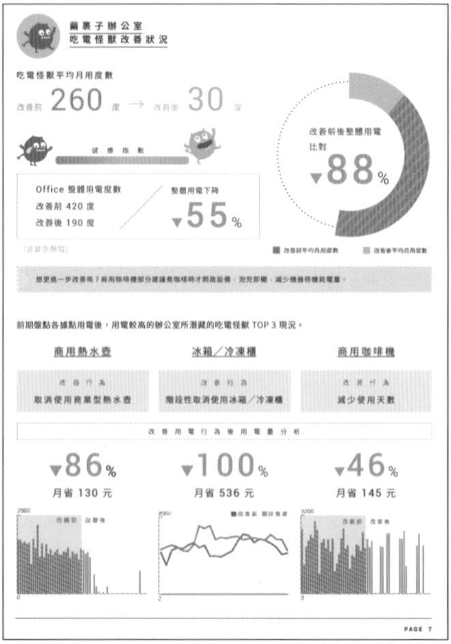

蘺裏子定期能源管理報告書中逐一分析各空間用電量（資料來源：蘺裏子）

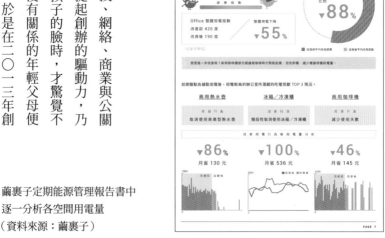

立了社會企業「DOMI綠然能源」。

Tammy強調DOMI綠然的核心理念就是「一減一加」，一減指的是藉由節能降低環境衝擊，一加則是為藉由帶著小朋友一同去植樹等環境教育行動，增進環境效益。針對小商家的節能，Tammy夏月尖峰的抑制除了從空調節能著手，妥善管理待機電力亦是關鍵之一。雖然DOMI綠然目前服務的客戶是以企業為主，但Tammy也同時觀察到一般民眾對於節能不知如何著手，因此DOMI綠然推出了《吃電怪獸在我家》的親子教育繪本，繪本對於傳達節電的價值起了很重要的作用。DOMI綠然推動節電，不只是單純因為要幫忙客戶省錢、或使其保持好的外在形象，而是希望這個行為真的融入於人的生活思維，使其意識到能源使用的重要性，實踐長期的節電行動。

雖然此繪本的目標對象是一般家庭，但有些企業的中高階主管看到繪本很驚喜，請DOMI綠然在企業內部協助辦理「共識營」或相關的工作坊等，DOMI綠然也規劃了相關的「節電很簡單快速包」（包含四個LED燈以及一個節電小丸子定時器），讓參加的人回家後就能採行具體行動。

根據亞洲城市熱島效應的比較研究，臺北百年來增溫已達到兩度，為亞洲增幅前五高的城市，增幅是目前全球增溫〇．七度的兩倍以上。因此，因應熱島效應是抑制夏月尖峰的重要策略。目前已有企業商辦大樓與一般家庭委託DOMI綠然塗裝隔熱漆，打造酷涼屋頂。實際測試結果顯示，於頂樓地面塗上隔熱漆後，室內溫度明顯下降，最高可以差八度。

以DOMI綠然本身所在的辦公大樓為例，能成功打造酷涼屋頂，與房東大力支持與贊助有關。房東當時也是建築管委會的重要幹部，因此對這件事情的溝通更加具有著力點。此外，建築的樓頂住戶也支持此項行動。Tammy表示，是否能成功推動隔熱漆塗抹打造酷涼屋頂，經費的分攤方式是主要的考量，如何引起整棟建築物中住戶的共鳴，使其出錢協力，強化各住戶間的溝通是重要的解決方式。

• DOMI綠然的節能祕訣

就如同Vinka所觀察到的，許多小商家談到節能時，因知識門檻過高、高初始成本投資等因素，而放棄採行更積極的作為。面對此般挑戰，DOMI綠然歸納出「爭取高階經理層的支持」、「提供全方位節能服務」、「強調節能可創造的共同效益」三點。

節能投資的決策層級為高階主管，且橫跨多個部門。Tammy以其自身經驗指出，若節能服務業者找總務部門談節電，該部門很少會再主動找行政、企業社會責任部門的人一同合作；若找行政部門談節電，同樣亦然。所以一定是找總經理、高階的經營管理層，只找單一部門難以推動企業的整體行動。

企業的節能計畫中，部分會與政府提供的設備補助有關。Tammy指出企業其實不熟悉政府的補助作業流程，特別是中小企業因沒有專責的能源管理人員，無法掌握補助項目涵蓋範圍，導致有時候汰換了某些器具設備，後來才發現其實無法成功獲得補助，造成企業對政府的不信任、後續也就難以持續。因此節能服務業在此就需提供一站到底的解決服務（Total Solution），包括諮詢討論、節電潛力診斷、投資成本效益評估、設備更換協助、政府補助申請作業等。藉由簡化各個環節，降低企業節電門檻。

Tammy在導入企業節能措施時，除了與企業社會責任結合，讓主事者有能為環境貢獻的光榮感，更會結合企業員工的教育活動，讓員工瞭解企業導入節能措施的緣由，與企業文化的打造相結合，提升員工對企業的認同感。除了藾裹子等新創企業以外，DOMI綠然也協助了*L'Oreal* Paris巴黎萊雅、UBS瑞銀集團、保德信人壽、元富證券等大型企業導入節電方案。

• 賺錢又對臺灣好：企業的新能源思考

從藾裹子的節能經驗中，我們可以觀察到即使是以公平貿易為核心理念的新創企業，面對能源議題時，若沒有專業的節能夥伴協助，仍無法找出節能潛力所在。藉由參與B型企業認證，Vinka表示，「在認證過程中所要求的調查項目，可促使企業持續性地檢視自身在各個面向的表現，保持永續性的進步。」相較於臺灣公部門常推出的綠色商店認證，都僅是單年度達標與否的稽核，並未能促使企業持續性的進步。而臺灣其他取得B型企業認證的企業，在看到藾裏子與DOMI綠然的合作經驗後，也紛紛與其接洽，打算藉由一系列的節電領袖工作坊，提升員工對於能源的關注。就如同Vinka與Liz一般，其他企業的創辦人也一同參與課程，並未將能源僅當成是總務部門要關注的預算支出。

藉由B型企業帶來的新觀念，或許可讓臺灣未來面對能源議題時，不再只有傳統的工商大老出來批評再生能源不穩定，電價太貴等讓企業難以競爭的論點；而是由在各個行業中的新企業領袖，共同談論著企業該如何打造一個讓地球更好的能源轉型未來。面對這樣的願景，Corey與Tammy談到，他們與好幾個B型企業已經許了一個「二四〇俱樂部」的願景，這些企業立志要影響到二四〇萬人，相當於臺灣總人口數十分之一以上的民眾，以期達到轉型的臨界量，帶來新的典範。

DOMI綠然藉由親子種樹派對，進行能源教育。（資料來源：DOMI綠然）

評析

當前的節能瓶頸

趙家緯

根據臺大風險中心二〇一八年的民意調查顯示，全臺僅有不到〇．七％的民眾未採任何的節能作為，有六八．五％會「隨手關燈、關電器」，有四五．二％的民眾會「提高空調溫度＋搭配電扇」，然而臺灣的能源與電力消費仍在二〇一八年時達到歷史新高，能源主管機關進行規劃時，仍是基於能源需求將不停增加為前提，因此不願意讓臺中火力或興達火力發電廠提前淘汰。

在臺灣要談節能，首先遇到的瓶頸為節能意願低落。依據台電公司在二〇一五年時所進行的家用電器普及狀況調查，目前住宅與小商家所裝設的冷氣中，壽齡達九年以上的老舊耗電空調達到三分之一以上，但僅有不到七％的民眾具有主動汰換意願，小商家有主動汰換意願的比例更不到三％。即使是工業大用戶，其願意投資的節能作為，也多是三年以內就可回收、對整體能源效率提升幅度有限的公用設備。

然而節能意願低的原因之一，就是「低電價難以創造經濟誘因」。依照目前的電價水準，臺灣購買高效率的商用冷氣，在未有任何補貼下，回收期將近八年，而冰水主機的回收期亦達到十二年，因此商家主動汰換節能設備的誘因不足。工業大用戶上，廠商延緩節能投資的最主要因素，以設備折舊年限未到或設備還可以使用所占比例六二・六％為最高，其次為投資不具經濟效益，比例為二〇・八％。

但電價為高度政治性的議題，若未縝密規劃公共溝通程序，搭配針對排碳量課稅等措施，短期內的確難以調漲至具有節能誘因，若可藉由產業耗能標準等法規管制，應能有助於提升廠商節能意願。而當前臺灣針對占工業部門耗能達到七五％左右的水泥業、鋼鐵業、造紙業、石化業、電子業及紡織業等六大產業，已訂定「主要設備節約能源及使用能源效率規定」，規範生產單位產品時的耗電量或是訂定個別設備能源效率標準。而依據最新法規執行成果，於各工廠提出的申報資料進行書面審查時，僅有八・二％的廠家未符合。但進一步實地抽查，廠商違規比例卻達五五％以上。依據《能源管理法》規定，廠商若未符合，僅能開罰二至十萬元，罰鍰額度遠低於空汙法規中最高可處罰至兩千萬元的規範。由此可知，政策工具管制成效不彰，未能提升大用戶節能作為，僅是徒具形式。

針對住商方面，臺灣服務業用電量中，九十七萬戶諸如便當店、文創店等小商家的用電量占比達到四四％；而百貨公司、大賣場等大約一千戶的大用戶用電占比為二五％。近年服務業用電成長最快的類型，是來自小商家，此類小商家由於為數眾多，營業年限也短，因此鮮少參與節能輔導。在住宅方面，由於臺灣住宅型態中，有三分之二以上為五層以下建築，此類住宅多未有管委會的設置，故較需仰賴地方政府的民政體系，動員以村里長所建構的社會網絡，方可有效推動。但目前能源相關行政體制規劃上，多數地方政府未就能源事務設立專責單位，導致目前投入住商節能事務的行政資源無法滿足需求。

•節能行動者網絡突破瓶頸

臺灣現行節能政策推動上雖遭遇了「節能意願低」、「政策工具管制成效不彰」、「低電價難以創造經濟誘因」以及「行政資源不足」等瓶頸，但從本書收錄的宏遠興業、藺裹子、綠然能源等節能行動者經驗中，則可看到許多突破障礙的創新思維。

首先是藉由改變「能源」在企業經營中的定位，提升節能意願。傳統企業面對節能議題時，僅將其視為成本控管項目之一。但在宏遠興業經驗中，可看到它們將能源相關的永續發展議題視為提升企業競爭力的一環，而藺裹子更是從「為了地球好的商業模式」出發，省思過往對能源認識不足，轉而積極挖掘節能潛力。且從宏遠興業的節能手法中，更看到節能的確可以帶來省錢以外的多重效益，如其導入染整廠廢熱回收系統，這不僅降低染整製程的用電量，更進一步降低廢水處理場馬達的用電，還減緩了廠區因廢熱水造成的環境悶熱問題，提供員工更舒適的工作環境。

再者是形塑員工節能文化。過往臺灣企業的節能瓶頸之一，就是把能源丟給環安或廠務部門的能源管理員負責，而未同步建立企業的節能文化。但從藺裹子的經驗中，可看到藉由一系列的節能工作坊，讓所有員工一起討論企業的節能方案，最後甚至訂定了節電公約。同樣的，宏遠興業也藉由每天上班前早操時間的永續發展相關新聞分享，以及每週針對用電量分析的節電會議，累積員工對環保、環境的意識。

另一創新思維是營造節能網絡。除了投入自己廠區的節能作為以外，宏遠興業還組成「南臺灣節能巡邏隊」，邀請公司內部同仁與合作廠商，共同義務性地推動企業節能健康檢查服務。藺裹子則是直接跟顧客對話，藉由參與關燈一小時與解釋冷氣溫度管控原因等方式，趁機針對客戶進行能源教育。綠然能源則是一方面協助企業節能，另一方面亦在企業中舉辦環境教育課程，針對待機電力議題，設計《吃電怪獸在我家》的親子教育繪本，藉此讓合作企業的員工，可將能源知識從企業帶回家庭。

•掌握數位化浪潮，臺灣節能升級

除前述的創新思維以外，從宏遠興業與藺裹子的節能經驗中，另一相同的元素就是掌握用電資料的重要性。而大規模用電資料的應用，以及物聯網技術與人工智慧科技的結合，正是臺灣面臨數位化浪潮的核心，依據研究，這些數位科技對推動節能，有莫大助益。

根據ClimateWorks Australia的調查，藉由強化製程控制，可協助食品加工、飲料、金屬製品等製造業節能四%以上，且此類節能投資只要兩年即可回收。另一方面，數位化的即時監控與連結，可以協助切換設備的能源消耗，使其轉移至離峰或是再生能源供應充足的時段使用，有助於推動需量反應（demand response）。而從宏遠興業實際經驗中，也看到在染整製程中引進自動秤藥功能，提升布料的對色率，降低不良品的出現機率，亦發揮節能功效。另外宏遠在導入物聯網技術下，整合各個生產機臺資訊，建立能源管理系統，產生製程優化與節能的共同效益。

名詞解釋

需量反應

需量反應是指藉由電價差異化設計，鼓勵用電戶削減尖峰時刻的用電量，將用電需求挪移至供電較為充裕的非尖峰時段。台電長期以來，已有推動時間電價、季節電價、儲冷式空調離峰優惠、空調週期性暫停等需量反應措施，前述2015年開始推出更具價格誘因以及更可即時協助電力系統度過供電吃緊時段的需量競價措施。該措施於系統高載時期，開放用戶把節省下來的電回賣給台電，並由用戶出價競標，台電則採愈低報價者先得標方式決定得標者，若得標者於抑低用電期間確實減少用電，則可獲得電費扣減。2018年參與需量競價的用戶累計申請量已經達到138萬瓩，高於核一廠的裝置容量。

根據過往國內學者調查，現行產業節能投資意願偏低，多僅願意投資回收期短於三年的節能措施。另一方面，目前實際上願意藉由製程時間調度，降低尖峰時段用電量，以節省電費的用電大戶僅有三%。然而現在多數製造業均積極因應智慧製造之風潮，導入物聯網於產業製程之中，開啟一扇臺灣產業製程升級的機會之窗。若政府可於各項智慧工廠的推動計畫之中，引導產業認知到數位化對於提升能資源使用效率之助益，進一步以有助提升能資源效率的數位系統為關鍵輔導或補助重點，則必將對於克服現行節能投資意願不足之困境有所幫助。

而從繭裏子的行動經驗中，可看到藉由精準的用電資訊分析解讀，可激發出積極的節能作為。依據台電調查，住宅與小商家所持有的冷氣，有三分之一以上是壽齡九年以上的老舊耗電空調，但小商家中僅有三%願意自主汰換老舊空調。目前經濟部與台電針對住宅與小商家推動出的節電獎勵活動中，雖請用戶登錄電號，卻並未提供任何對用戶的用電趨勢簡易分析或是節電指引。因此對於此節電獎勵活動是否可提升對於冷氣保養或汰換的意願，實令人存疑。

環顧國際近期就促使家戶採行節電行為上的研究以及政策實例，均提出應以「推力」（nudge）為原則，協助政策設計。「推力」乃指在不以強制性管制人民作為下，運用適當政策設計，引導民眾選擇具有公共利益性的作為。如在家戶節電上，最知名的「推力」

案例即是Opower能源管理公司在美國推動的「家戶能源報告」(Home Energy Report)。Opower與售電業合作，針對各個家戶設計了一頁式的簡要報告，比較該用戶與其條件相仿的鄰居間用電量的高低，並提出節電建議，此舉可促使家戶省下一．五%至三%的用電量，尖峰抑制上甚至有五%的成效。

雖然台電目前於電費單上，有標示與同棟住戶用電量的比較，但該數據並未經過其他條件校準，也未以可視化的圖表呈現，致使民眾難以感知。Opower自二〇一五年起來臺洽談過導入此服務的可能性，與能源局、地方政府、法人單位以及台電均有接洽過，故各界對其方法有一定的認識。但後因經費以及數據擁有權上的關係，未能導入。在負載管理攸關臺灣能源轉型成敗之際，不該再漠視此類推力政策可帶來的成效，推力政策將可掌握臺灣大規模導入智慧電表之契機，妥善運用龐大的用電資料，規劃更適切的節能政策。

整體而言，面對現行節能瓶頸與行動者經驗，臺灣亟需提出「國家能源效率行動計畫」，驅動「效率優先」(efficiency first)轉型策略。針對再生能源發展上，政府提出短中程目標，但在能源效率提升上，卻無此類規畫。且現行節能政策執掌紛亂，缺乏有效跨部會整合，故應仿效歐盟在能源效率指令的做法，提出短中程的能源效率提升目標、政策措施以及預算規畫的「國家能源效率行動計畫」。

{第5章}

地方治理

能源轉型的四種聚焦04

導言

地方政府是一座橋梁

李翰林

你知道在用電最吃緊的夏日尖峰，全臺有五〇％以上的用電需求來自於住商部門嗎？翻譯成白話文就是，夏天最熱的中午，有一半以上的發電廠都為了讓大家「吹冷氣」而高速運轉著。很誇張對不對？但換個角度想，只要做好住家、商店與辦公大樓的隔熱節能，減少冷氣用電，臺灣根本不需要蓋這麼多發電廠，可以減少發電造成的空氣汙染與電廠營運成本。

如何讓工廠、社區、商家等都瞭解怎麼使用能源，並且做好節能呢？與大家最接近、最接地氣的「地方政府」，其實扮演著非常重要的角色。以二〇一七年的用電比例為例，工業用電占五七％，住宅用電則占二〇％，服務業則是一八％，如果各部門都能減一點，供電壓力就不會那麼大。但是，既然節能這麼重要，為什麼大家對於節電的印象與知識，卻一直只停在隨手關燈，而很少聽到政府宣導其他更有效的方法呢？

過去臺灣對能源的想像，多半只停留在從國外進口石油天然氣，以及缺電就找地方蓋大電廠，相關權責都歸屬在經濟部與台電、中油等國營事業手上。能源使用的基礎資訊，像是各家各戶及各公司耗電量等資料，則掌握在台電中油等國營事業手中，不會對外釋出。所以能源這回事，只有在油價上漲或是要繳電費時，才會有點感覺，離一般人的日常生活非常遙遠。由於既不負責能源業務又缺乏基本資訊，導致地方政府對能源事務其實非常陌生，例如地方政府並不清楚轄區內的能源使用概況，也不瞭解「誰才是使用能源的大戶？」以及「要怎麼節能？」。縱使首長有心推動，但各局處的權責分工不清，一旦碰到各式各樣的困難，往往會因而卻步。我們會看到，有些縣市把能源相關業務歸給環保局，有些卻交由經濟發展局負責，各地方沒有一致的做法。政府部門都如此了，一般公司行號或社區民眾，當然就更不清楚狀況了。

縱然如此，但從國際經驗來看，若要能讓社會各界對能源有感，願意發揮創意改變日常，共同攜手合作節能與發展再生能源，一定要與日常生活相連結。因此，世界各國推動能源轉型，社區及地方政府絕對是最重要的實踐介面，而且各地的天然環境、產業與人口型態差異很大，都有各自不同的發展利基與必須處理的課題。例如，韓國首爾是一個有千萬人口的商業大城，龐大的用電量一直是不能不面對的大問題。因此，首爾推動了「減少一座核電廠」節能計畫（One Less Nuclear Power Plan, OLNPP），目標是於二〇一二年起的兩年內，節省相當於一座核能機組發電量的能源。起初計畫是由首爾市政府率先喊出口號，再透過與學界、業界、環保、教育、文化、宗教、媒體界代表組成執行委員會，一起思考並執行行動方案。透過地方各界的同心協力，最後僅僅用了一年半就完成目標，成為世界矚目的標竿。又如澳洲的墨爾本市，推動既有的一二〇〇棟商業大樓（約占全市三分之二）節能改造計畫，藉由改善節能與節水，可增加八千個綠色工作機會，還可以帶動二十億元的地方投資。

接下來，我們將看到兩個臺灣在地的代表案例：新北市與屏東縣。新北市是全臺人口最多的都市，工商業繁榮；屏東縣則位處臺灣南端，是以鄉村為主的農業縣。城市與鄉村、北方與南方，兩者所面對的課題截然不同，所需的治理方法與模式亦差異很大。新北市除了拿到官方的全國節電冠軍外，幾次民間團體舉辦的縣市能源轉型評比，也都蟬聯全國第一。這到底是怎麼辦到的？新北經驗絕對值得其他五都效法。而若以農村社區來說，屏東林邊的光采溼地過去幾年被認為是綠能與社區生態共生的模範。八八風災後，屏東首創了養水種電來解決地層下陷問題，光采溼地除了養水種電外，更進一步結合社區經營、文史導覽與生態養殖，再加上燃料電池、氫能機車與自給自足的微電網的實驗，成為一個非常少見，連結了生態、生產、生活的示範場域。

接下來我們將出發前往新北市及屏東縣，一起瞭解它們的故事，看看它們如何在各自區域發光發熱，開創了一條嶄新的道路，以及下一波的挑戰與困境。

新北市是全臺人口最多的都市，且幅員遼闊，地方政府相當重視能源治理。（攝影：柯金源）

1

有環保靈魂的公務員們：新北市經濟發展局綠色產業科　陳喬琪

全球有五〇%的人口居住於城市，八〇%的GDP是由城市所創造，但城市的整體能源消費量占全球的六六%，碳排放量更占七〇%。城市的發展及人類活動急速消耗許多資源，在便利生活之餘也造成環境急遽變化，若不朝著永續發展規劃，城市將持續大量仰賴外界資源與能源的提供以支撐發展，如同寄生般地存在於地球。

・能源與城市代謝

城市能源的投入及產出，與城市發展、代謝及衝擊息息相關。聯合國氣候變遷專家委員會（IPCC）在二〇一八年發布的《1.5°C全球暖化特別報告》中特別指出，城市在減量與調適策略上扮演了關鍵角色，治理面上，相較於中央政府僵化、大方向的政策規畫，城市當局者更能研擬因地制宜、具有地方特色的對策，整合地方意識與全球的挑戰，因此更能制訂有效的地方因應措施、確保社群參與權利，共同規劃與推動氣候政策。

臺灣在能源的治理，是由中央集權逐步調整至中央與地方政府共同關注，中央投注於縣市的能源政策規模與經費，與過往相比也逐年擴增，由二〇一五年的「智慧節電計畫」，至二〇一七年「新節電運動」，計畫時程及經費規模都比過往更長遠且具規劃性，各縣市在經費無憂之餘，是否已具備足夠的治理能力以規劃因地制宜的能源治理策略，無疑是目前各縣市面臨的課題。

談到目前臺灣能源轉型地方推動先鋒，第一個想到的城市總為新北市。過去以來，新北市積極推動氣候調適及能源轉型策略，成果也受到各界肯定，不僅二〇一六年贏得能源局舉辦的「全臺縣市節電競賽」冠軍，二〇一五年及二〇一八年也獲得民間由不同NGO組成之能源轉型推動聯盟所做的「全臺縣市能源政策治理評比」[1]冠軍，新北市的能源政策執行及推動足以做為其他縣市之表率。而新北市能將過去中央主導、地方配合這種被動式的能源規畫，轉化為主動出擊，當中兩位靈魂人物——地方能源推手葉惠青（時任新北市副市長）及第一線承辦者經濟發展局綠色產業科莊秀雲股長[2]——是帶出地方能源成功治理的關鍵。

•如何成為地方政府能源轉型政策的領頭羊？

強將手下有強兵，能源專責左右手

能源轉型的推動，許多政策受限於現行規範，往往受困於龐大的國家機器。然而，新北市卻掙脫了束縛，將創新治理融合於政策設計，以氣候變遷框架整合能源議題，使跨議題、跨部門的策略能夠順利在新北市運行。而新北這艘穩定向能源轉型目標行駛的船，幾年前就由時任市長、副市長的朱立倫及葉惠青擔任舵手共同指揮，有效整合府內各局處資源，更重要的是，新北市成立了專責單位擔任能源幕僚，使規劃出的政策可行性大大提升。過去以來，能源業務直屬中央政府，地方單位全無經驗，在治理上無論是政策規畫或人力資源，面臨的是全面且嶄新的挑戰。地方有了權力之後，能源政策卻往往因為無法銜接中央業務，使得良善的計畫難以執行，或呈現多頭馬車的狀態。「沒有常態性的組織，沒有經常性預算、人力，在治理上是困難的」，葉惠青強調。他早在臺南市任職經濟發展局局長時，就看到了這個問題，「在能源管理上，地方政府不再是消

1「全臺縣市節能政策治理評比」由能源轉型推動聯盟評審，能源轉型推動聯盟由多個民間團體組成，包含：綠色公民行動聯盟、地球公民基金會、臺灣環境保護聯盟、媽媽監督核電聯盟（臺中、臺南）等。

2 莊秀雲股長於二〇一九年五月起調任經濟部能源局綜合企劃組。

極管理，而是朝向愈來愈積極地發展，要開始積極發展氣候無悔政策（no-regrets policy）[3]！」因此葉惠青在臺南市經濟發展局任內成立了能源科，專管能源業務。到新北市就任後，他意識到新北市在能源發展上，面臨更專業的核電廠安全問題，在能源管轄上應更著重於綠色產業的發展，因此於二〇一四年，重新調整新北市經濟發展局的業務管轄，將過去著重於行政管理的公用事業科轉變為主動統籌與規劃能源政策的綠色產業科[4]（簡稱綠產科），積極發展無悔的綠色能源政策。

綠產科的成立，無疑翻轉了過去地方政府被動的產業輔導角色，得以將人才、經費等治理量能集中，使政策規畫更具整體性，讓新北市在節能業務上不斷打出全壘打。在培力上，專責組織的成立使新北市能源政策更具有延續性，也可以持續利用既有資源網絡延伸創新策略，當然，初始進入綠產科的公務人員不會每個人都是能源專業背景，葉惠青強調，「能源是跨領域專業，無論管理、經濟、化工、電機、電子等專業都可能成為能源規劃行動者，

二〇一四年成立的新北市綠色產業科，擔負主動統籌與規劃能源政策的重責。（圖片來源：新北市政府）

尤其是涉及在政策層面是可以加強訓練的。」因此他特別重視公務人員進入職場後的再訓練，而有了專責組織、人員及經費相互揉捻的新北市，也為綠能及節能策略的運行與擴散打下根基。

打破它！突破跨局處的本位主義

如同前面所述，因為能源問題涉及領域廣泛，牽動環境、建築、產業、教育、工務工程等部門，需要多元多方政策建議的串連。新北市政府各部門如何拋去本位主義及專業偏執的包袱，跨越鴻溝整合各局處的業務呢？對此，新北市二〇一五年成立了「新北市智慧節電城市推動委員會」，將平行局處溝通拉至正式檯面上，其中更跳脫了政策設計過往僅由政府部門參與的模式，以委員會平臺召集外部民間成員，讓公民及NGO團體直接參與討論。二〇一五年時本平臺即加入了專家委員會及全國首創的公民委員會。專家委員會邀集了NGO團體、產業代表、專家學者及市府各機關首長，討論新北能源

3 無悔政策：氣候變遷風險是不可預期、未知的，為了防範未然跟秉持預防原則，我們還是要做出因應的措施及政策，換句話說，即使地球最後不致暖化，我們選擇做了減緩策略還是有意義、做了也不會後悔的，因為無論如何這個策略都是對環境、後代是好的。

4 綠色產業科主要業務執掌為綠能產業發展、能源供應事業登記與管理、產業節能輔導、再生能源推廣及電信與其他能源業務之協調與推動等事項。

政策；而公民委員會則由家庭部門的代表「里長」、教育的代表「老師與學生」、人民團體的代表「NGO」、企業及推動參與式預算的監督代表組成，提高新北市中不同群體及行動者於城市能源轉型的推力及驅動力。公務員因為有了局處溝通管道及民間的參與，靈活運用各界協作，開啟了更活潑的政策研擬，減少行政的彈性疲乏。

但跨領域溝通在官僚體系談何容易？同單位內彼此有各自的專業，更何況跨局處的合作？尤其在針對節能這樣看似小的議題上，是怎麼讓各局處打破藩籬互相配合？原因之一在於「新北市智慧節電城市推動委員會」是個「有層級」的跨局處委員會，「這個平臺會議，由副市長親自主持，定期每季召開會議，也召集了市府內外的委員，改善過

新北市智慧節電城市推動委員會結構圖

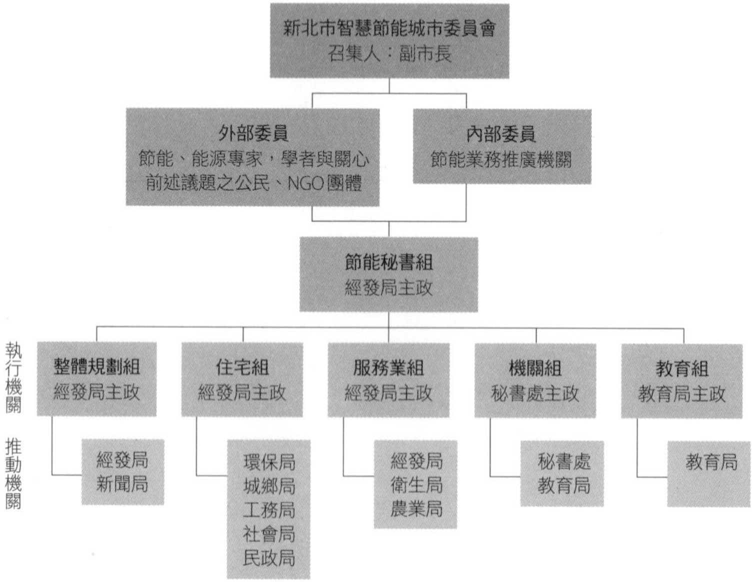

（資料來源：新北市政府；重製：陳喬琪）

去大家只站在自己意見上、少了溝通管道的缺點」，綠產科莊秀雲表示，因為有副市長親自擔任委員會召集人，拉高了委員會層級，使溝通整合更有效率，而綠產科就擔任委員會的幕僚及統籌，利用會議檢討新北市各季用電趨勢及情形，並針對各部門用電狀況調整節電策略。

其二，在節能議題的討論及政策設計上，「局處間是平等的」，葉惠青強調，「委員會並非綠產科 one way 的單向設計，而是由綠產科設計目標及提供相關數據背景，讓各局處設計自己可行的政策以共同達成目的」，因此委員會能成功協調整合各局處情形，也能瞭解各局處目前遭遇困難，使治理量能集中並放大。同時葉惠青更點出，「當時在新北市任職時，可以感受到新北市這個城市的創新能力是夠強的，每天都有新點子，所以凝聚力高、士氣也高！」當各局處公務人員不被守舊的官僚體制困住時，凝聚力及士氣就能夠爆發，抹去各局處的專業偏執，為同一政策目標努力。

年輕公務員的轉型動能

「五年、十年以後，我想像的是新北市民普遍的節電及能源意識都很高，把節電當做是一件很光榮的事情在做，且太陽能板能夠普及裝設在每個屋頂上。」

——新北市綠色產業科莊秀雲股長

公務員總是被說不夠積極、思想僵化，倒不是抱怨公務員閒散沒事，而是印象中的基層公務人員總是需背負沈重的行政枷鎖，不斷面對長官交付的作業、重複著辦理委外團隊庶務工作，在硬梆梆的體制中失去突破的勇氣。面對氣候變遷、綠能、智慧節電這樣嶄新的議題，基層公務人員要以什麼態度、要擁有什麼特質，才能夠辦好相關的業務呢？第一次遇到莊秀雲，是在一場節能研討會上，在成串冰冷的能源數據說明後，聽到充滿朝氣的聲音介紹新北市節能及綠能業務，讓人印象深刻。「每個政策都應該要有靈魂！」莊秀雲表示，「我覺得不管做什麼事都要想像未來希望的狀態，才會很積極、很用心地看待並完成。當能源政策有靈魂，我們才

新北市的綠產相關政策由葉惠青任職於新北市期間規劃執行。本圖持麥克風主持市民能源對話會議者，即是當時的葉副市長。（圖片來源：新北市政府）

會觀察跟感受，知道怎麼往前走，跳脫跟以前不一樣的狀態。」當公務體制內，出現了求突破、求創新的革新動力，在固有的組織裡產生衝擊及改變，像莊秀雲這樣的年輕公務員絕對是地方能源轉型的重要關鍵，她是如何克服困境，如何在體制及創新間找到平衡點的？面對新的議題，她又是如何內化、串連相關社會問題，從能源生手轉變成新北市能源治理的重要關鍵推手？

莊秀雲自二〇一二年進入公部門已超過六年，這段期間內，一直承辦新北市綠色產業科的節能業務，「因為我是經濟系背景，最初承辦能源業務時，我會覺得這個業務困難、有專業術語，也覺得好多東西好制式，且很多很傳統、很舊式的輔導作為」，莊秀雲笑了笑說，「所以在推動節電政策過程中，不能太過於保守，必須要更開放地去做新的挑戰，讓政策是好玩、親民的。」莊秀雲並表示，雖然在人才上，地方政府面臨基層公務人員的流動問題，但這也是個優勢，因為這樣，綠產科有許多「神隊友」，同仁年齡層平均較低，相對可塑性高，也有很多想法，雖然在專業技術上沒那麼瞭解，卻不會因為

經濟發展局綠色產業科莊秀雲股長是承上啟下，推動綠能的關鍵者。（攝影：陳喬琪）

固有知識被局限，反而可以有更多創意及想法，讓能源政策開始注入靈魂。

具有靈魂的政策設計

但如何讓能源被民眾認為是好玩的，讓節電不是政令宣導而是一種生活態度？莊秀雲回答，「雖然節能一直存在於日常生活中，但有許多技術或政策是過去沒有做過的，政府部門需要多嘗試新的挑戰，包含新的智慧節電技術、推動民眾及商家的能源參與式預算、能源知識的教育及溝通等，應該要能夠長時間跟民眾有連結。」綠產科二〇一五年在中央智慧節電計畫補助下，規劃了嶄新的能源政策「電癮節」，套用電影節元素，將節電與「節電癮」做結合，在市府跨部門的合作下，設計了以培育志工媽媽輔導鄰里節電為主的「媽省里工」政策，也有從小學生節電觀念下手的「節電家庭聯絡簿」等在地策略，串連了地方人脈網絡，動員在地民眾，使更多人參與新北市的節能減碳活動。另外針對都市的熱島效應，也與城鄉發展局合作，研擬降低熱島效應長期目標，建立節能智慧城市的行動策略。除此之外，民眾還能自行運用新北電癮節官方網站查詢即時用電資訊，清楚掌握在地的能源脈絡。

為讓節電更貼近民眾生活、更積極地行銷電癮節政策，莊秀雲與團隊特別成立了臉書粉絲團專頁——新北電癮節，將能源專業用語結合鄉民用語或時下熱門議題，並與圖文作家合作，讓節電更有趣、成為生活無形的一部分，莊秀雲強調，「節電應該要走入生活、才能改變大家的行為，而現在大家的生活很多都在網路上，所以當時想到臉書是很好發揮的平臺，透過臉書成為網友的好朋友，可以慢慢將節電深入到生活裡。」除此之外，電癮節臉書著重與民眾的互動性，除定期分享節能活動、政策及常識，也辦理抽獎等活動，以小小的激勵促進後續效益。二〇一五年新北市的電癮節能源政策，開創了許多創新舉措，奠定新北市能源轉型的基礎，也讓其中許多方案成為其他縣市學習仿效的對象。

地方創生：結合人、地方特色和產業

「但最好玩的政策不是只在臉書行銷，而是政策設計的過程」，莊秀雲話鋒一轉，過往節能政策都是找專業技師，經發局的角色主要在輔導產業節能，太過局限於督導業者的設備汰換策略，這樣一來，總會有政策疲乏的一天，莊秀雲體認到，「能源政策最重要的角色一定不是公部門，而是民眾。」說到底，市民願不願意參與能源轉型，才是讓城市動起來的最大關鍵，而能源與經濟是無法分開談的。因此二〇一五年起，新北市綠產科從社區出發，將節能政策逐步深化至不同群體，由社區節電參與式預算、服務業參與式預算開始，最後延伸出節能好店計畫，讓新北市的節能政策，不是只停留在獎勵補貼，還創造出全民參與、與不同行動者間的政策設計激盪。當時綠產科設計由服務業者及公會召集會員，自行討論規劃可以節電並且跟消費者有所連結的節電方案，例如加油站公會推出省電有面子（面紙），只要拿出較去年同期節電六度以上的電費單，到新北市任何加油站，就可以換一串衛生紙，「這個發想概念有趣，甚至後來有民眾用line瘋傳訊息，連記者都來詢問是否全臺加油站都可以換！另外還有鍋貼業者推出了節電吃鍋貼的活動，我們一開始都沒想到民眾會有這麼大的反應，活動期間我們收到很多人民陳情（沒換到鍋貼），連鍋貼業者都需要發布聲明稿。」二〇一七年的服務業參與式預算節電政策設計，透過節電專家、公會及連鎖服務業者間的腦力激盪，落實了政策由下而上的設計，增進業者及民眾的參與度及認同感，有效地提升新北市市民及產業的節電意識。

在每年逐步擴大的政策設計中，莊秀雲意識到社區

新北電癮節臉書粉絲專頁（圖片來源：新北市政府）

民眾對新北市政府的政策支持深刻影響她，民眾熱情的回饋讓她在設計能源政策時，有更多更具體、貼近生活的想法，也讓推動節電政策時不僅只是節電，還創造其他意想不到的意義，像二〇一七年的新住民家庭聯合野餐會「相約節電，姊妹來電」，「讓許多新住民姐妹帶著自己家人走出家門、認識節電，也讓她們有機會可以勇於表達想法及意見，不僅同時幫家裡省電，更賦予了這個活動深刻的情感連結，讓活動不只是形式上的省電，還有更多的價值跟意義存在。這讓我覺得很感動、可以繼續努力執行。」新北市成功地連結地方能源與地方生活，以節能、產業為中心，使節能意識凝聚，也活化了地方民眾及場域。

服務業參與式預算競賽之「省電有面子，節電送面紙」，以及「節電吃鍋貼」等有趣活動。（圖片來源：新北市政府）

能源轉型的草根力量：更細緻的在地化

成功的地方能源轉型要重視民眾參與及庶民智慧，葉惠青強調，「因為能源就是生活的一部分，所以要把地方節電的草根民主意識挖出來！」新北市在智慧節電設計上，希望以參與式預算、公民論壇、能源對話來激發最草根的節電民主意識，讓節電由下而上，形成一個生活習慣。莊秀雲表示，「在辦理參與式預算後，我們發現庶民的智慧對於城市發展的重要。城市的政策規畫需要有市民一起想像新北市未來會是什麼樣子，才能夠研擬更實際、更貼近民眾的能源政策。」為此，綠產科在二〇一七年大膽地做了先行嘗試，設計三場邀集新北市市民討論政策的公民能源對話，讓新北市更邁向能源民主目標。莊秀雲說，當初設計的公民能源對話需市民完整參與三天的活動，先讓民眾瞭解新北市的能源背景、能源相關技術發展及目前政策推動瓶頸等，再讓民眾大量投入討論，因此在辦理前原本很擔心，「本來以為市民沒有要一起討論政策，結果報名人數卻意外地多！當時近兩百位市民報名。為提升討論品質，最後以抽樣選出五十位民眾。」莊秀雲開心地分享，「在討論過程大家很融入，連續兩天都沒有民眾缺席，遇到不熟悉的議題，民眾還會以手機搜尋或熱心分享自己的經驗。當不同聲音出現時，他們會彼此傾聽並延伸更多討論，經過會議後，我們發現民眾對能源這塊有很多的想像，而且很願意貢獻一己之力參與。」這次的對話，讓新北市綠產科發現，每個地方因不一樣的社會經濟狀況，能源型態會有所不同，因此許多能源政策需要更細緻的貼近每個角落，才能夠真正發現問題並對症下藥。

公務員與民眾的羈絆與學習

因應這樣的脈絡，二〇一八年綠產科規劃了區域能源計畫，與蘆荻社區大學合作（蘆荻社大故事，參見第三章），培力民眾成為主動行動者，「我想要讓能源政策規畫不再只是對話，希望把民眾變成培力過程中共同的推動夥伴，讓民眾瞭解自己居住地區的能源特性、再生能源天然優勢及能源消費狀況。但在培力過程中，我們發現其實很多民眾都沒有在看電費單，因此我們的第一步就是讓民眾看懂電費單，再由民眾去教鄰居看懂電費單，進而學習家庭用電及節電資訊。」有了這樣的經驗，莊秀雲能夠從民眾經驗、知識累積過程中，再獲得更多回饋，進而針對不同區域設計因應的對策。

從區域能源計畫當中，綠產科認知到新北市更細膩的特性，如違建多，尤其三蘆地區屋齡偏高、宮廟多且設置的樓層不一，這些都導致公寓用電落差大。因此在溝通過程及政策設計時，會特別將節電與再生能源、公民電廠議題帶入，讓民眾更具體瞭解自身可以掌握的能源權力在哪些方面。莊秀雲說，「做了這個計畫後，發現最大的價值在於讓新北市民成為推動的夥伴，不只是政策的接受者！」當政策需落實地方時，經常與當地情形產生極大的落差，莊秀雲身為第一線的公務員，在僵化的政府體制中，找到重新創造政策價值的施力點。例如在社區經驗中，藉由民眾蒐集在地的能源資訊，擾動平常不會觸及到的民眾，使政策推廣更容易被接受，也在政策研擬前不斷修正最適合當地的實施重點，讓公務員與民眾間的羈絆減少，並且互相學習，深化彼此關係。

• 瓶頸與挫折：績效、錢與資訊

KPI：靈魂的抹煞者

當然，在數字治國的公務體制中，長官都希望能夠看到量化的目標，有了可以量化的指標績效才能對上交代、才能與地方民意代表在議會上溝通。但數字並無法代表每個政策執行時的價值及意義。莊秀雲認為自己執行過的案子中，「有很多是很難量化的感動，但講起在質化的成果，很多長官都聽不進去，如果沒有參與過，很多時候是不知道這個政策的價值跟意義的。」例如上述提到的二〇一八年區域能源計畫，需要花很多時間深入最在地的社區，

公民能源對話得到市民熱烈參與，也讓市府理解到庶民智慧的重要。（圖片來源：新北市政府）

若以既有制度來評斷培力民眾這件事，是不會有量化數據的。當議員需要看到實際指標以做為政策支持考量時，如果還想要做有靈魂、有溫度的節能政策，需要想辦法尋求平衡，花更多心力另外設計政策亮點，同時滿足公務體系的績效要求，也能執行自己想要推動的政策，讓創新的政策靈魂及計畫價值不至於被守舊僵化的數字遊戲抹煞。

葉惠青也表示，過去面對有議員質疑節能政策效益時，需花時間多溝通，想辦法讓議員瞭解政策核心，「有時候議員並不是想否定政策，而是對政策的操作手法有不同想法而提出疑問，不會只因為看不到量化指標而全盤否定政策價值。」例如當初新北市節電認同券政策初期推動時，議員認為與其給民眾獎勵消費，不如將錢花在提高校園照明效率，因此當時就將節電認同券獎勵著重於節能家電的補助，校園照明效率則以能源技術服務業（ESCO）方式執行，同時滿足了地方政府本身想要推動的政策，也滿足了議員的想法。

中央可以支持地方多久，自籌款？自愁款？

新北市綠產科近年來之所以能夠順利發展綠能產業、舉辦民眾參與節能活動或設備汰換補助等，是因為中央政府二〇一五年開始對於地方政府給予大量經費支持。莊秀雲提到，「對地方政府而言，少了中央政府補助，自籌款大多只能用於補助設備的汰換，在其他能源政策的推動上是無法持續滾動的。」因此若未來中央對於節能或其他能源的政策轉向，地方政府就得尋求其他財源。但新北市相較於其他縣市，有更多的能源廠商，如果能夠看準能源存在許多商業模式，也並非僅能仰賴中央，葉惠青就在綠產科成立之際，也成立了「新北市綠色能源產業聯盟」，藉由聯盟來穩定新北市的綠能產業發展，整合在地資源，提升地方綠色能源產業競爭力，並藉此尋求新北能源政策能夠扣合產業的發展，讓企業及相關產業能成為能源轉型的夥伴，使綠產科能夠在執行許多相關政策時，以很少的預算創造更大效益。二〇一四年時，新北市以「民間融資提案制度ＰＦＩ（Private Finance Initiative）」[5]執行節能路燈汰換計畫，以民間企業參與公共建設服務方式，共汰換十八萬盞水銀燈及高耗能路燈，大幅降低了汰換設備時可能的風險損失，也有效減輕財政負擔。這次合作成功地強化地方政府與企業的夥伴關係，讓新北市每年約減少九萬六千公噸的碳排放、約節省一億八千五百萬度用電量。葉惠青一再強調，「沒有錢還是有沒有錢的做法！能源有很多商業模式，即使沒有錢還是可以想辦法做，但有組織、有經費、有專業人力、有法令可以讓我們做得更好！」

資訊紛飛中的資訊不開放

工欲善其事，必先利其器，在現今社會倡議資料公開的情況下，公部門利用資料及數據可以讓政策設計更能被具體落實，尤其在能源或社會轉型關鍵階段，更需要完整的資訊以建構未來規畫。可惜的是，目前用電資訊都掌握於台電手中，地方政府研擬能源政策需要索取檔案時，經常遇到個資問題，台電無法提供相關資料。「地方政府身為第一線政策規劃者，若僅能得到不同用戶的用電趨勢而非更精確的用電結構，就無法更細緻、更準確地設計政策，」莊秀雲苦惱表示，「尤其像新北市多達十七萬的中小型商家，數量這麼龐大我要怎麼找到優先處理對象？」少了資訊，就很難處理很多事情，同樣的，環保局在處理住宅節能議題時，也遇到了這樣的困難，在政策規畫藍圖中，少了關鍵資訊，就有如少了一塊拼圖，無法勾勒完整地方能源藍圖。

• 能源轉型＝城市轉型

能源轉型？做就對了！

城市的能源轉型正在國際上發生，臺灣地方政府在全球化及全球暖化的雙重風險下，勢必得重新思考在地能源脈絡及治理。城市既為能源的潛在生產者也為消費者，地方政府必須脫離過去消極管理的能源治理，跳脫固有體制，提出創新積極的綠能發展管

5 PFI制度為政府與民間企業簽訂長期契約，由民間企業投資公共設施資產，而政府在設施營運期間向該企業購買約定品質之公共服務。

二〇一四年新北市透過民間融資提案制度PFI所執行的節能路燈汰換計畫，共汰換十八萬盞水銀燈及高耗能路燈，每年節省的用電量相當可觀。汰換前（上）、汰換後（下）。（圖片來源：新北市政府）

理。新北市在能源治理議題上，除行政體制有個強力領導及願意拋開舊式思維的基層公務人員外，還有具有向心力的跨領域組織，讓新北市能源治理能夠不斷進化、自我成長，透過不斷的碰撞與激盪，讓城市的治理思維創新。葉惠青在訪談最後強調：「地方能源轉型怎麼辦到？做，就對了！一個政策的成敗，執行占了九成，比什麼都重要，組織、專業人力、法令、錢只是輔助讓政策執行力更高。」莊秀雲也再次強調，長官的支持對地方能源治理是最重要的，如果新北市缺少了大家長們對能源治理的支持及信任，如果沒有熟悉能源政策的長官，很多政策在規劃階段就可能無法順利溝通，跨局處的合作也將變得沒有章法，最終將慢慢消磨自己及其他年輕公務員願意突破、革新的熱忱。新北市一直將能源轉型視為長期重要政策，已草擬「新北市能源轉型自治條例」，希望可以藉由更完整法令規章以長期性、持續性地滾動、推動能源政策，也會將能源轉型最重要的民眾參與放入自治條例之中，使其更法制化、更有依據。

提升能源意識，市府與庶民一起轉型

最後，葉惠青認為，想要進一步讓臺灣其他縣市像新北市這樣，屢屢創造新的能源政策，需要中央政府在技術面上更多的協助。如前述提到的，地方基層承辦的能源知識及專業是可以培力的，除此之外，中南部地方政府在初始地方能源業務辦理上，相對北部而言是缺乏資源的，中央政府在這方面可以投入更多資源，讓無論基層公務人員到地方民眾，都能夠受到能源訓練及學習能源知識，以加速能源的地方治理。

雖然在地居民、產業或NGO等，在社會體制裡比起地方政府來得有彈性、有推動改變的動力、促成轉型的量能更強，但能夠改變地方資源及政策框架的，還是地方政府。因此地方政府除運用府際關係及跨領域管理來串連網絡，成為能源轉型的最主要行動者外，更應該擔任在地民眾、產業等之諮詢及教育者，藉由與在地企業及社會的合作，激發能源轉型草根意識，使能源轉型不只是能源治理的轉型，還可以帶動整體城市的轉型，使社會在面對氣候變遷時更具韌性。

2 困境中的曙光：屏東地區能源轉型策略

梁曉昀

匆忙趕上一天僅有少數幾班到林邊的火車，逃離城市的紛擾，暫時不必再被電腦輻射霸凌，享受著窗外的美好景色。車行緩緩，終於踏上臺灣南端陽光之城，屏東林邊鄉。此刻映入眼簾的除了熱帶植物香蕉、蓮霧、檳榔樹等，偶爾可見太陽能光電板佇立田野之中，強烈日照下的屏東與以往不一樣了，很難想像每回新聞報導中，林邊總是以在颱風或暴雨過境後的淹水畫面，頻頻登上版面。家戶築起防水閘門，泡在爛泥裡的街道與車子……這些場景，多是外地人對林邊的刻板印象。但災害過後，又有幾人記得並願意付諸行動解決長期淹水的問題呢？

臺灣因地理位置關係，夏季常受颱風侵襲，二〇〇九年的莫拉克颱風，重創屏東。十年過去，屏東縣在重創過後，是如何在全球暖化與極端氣候事件的影響下，走出其困境並勇於面對未來？而地層嚴重下陷的地區與太陽能光電板又有什麼直接的關係？從臺北到屏東，從城市到鄉村，不同的環境之下，能源使用型態與能源規畫有什麼不同？鄉村型縣市的地方能源規畫，能帶給臺灣其他縣市什麼樣的啟示？

• 多水林邊，從傳統農漁業轉型為光電之鄉

屏東林邊一向以「蓮霧之鄉」的美名著稱，近年來，卻有許多太陽能光電板廠商進駐，兩種截然不同的產業，讓人很難去聯想這之間的關聯性，而這一切改變得從林邊的產業作物開始談起。

由於林邊鄉位處屏東平原，該區為林邊溪及其水系支流沖積而成，全鄉地勢平坦，由東北向西南遞減，坡度不及千分之一，因此水流較緩、不利排水，且該區境內約有三分之一的土地高度低於海平面，嚴重影響著農作物成長及地方發展。在光復初期之農產品多以稻米為大宗，並以第一級產業農業為主，種植二期水稻及其

屏東林邊是地層嚴重下陷的地區，近年來轉型發展太陽能光電。（攝影：許震唐）

他農作物如：香蕉、甘蔗、芒果、玉米、蔬菜等農作。由於民國五〇年代香蕉外銷到日本的利潤高，農民獲利不少，賺取許多外匯也帶動了農村繁榮，掀起一波種植香蕉的熱潮，甚至民國五十二至六十二年期間，香蕉為臺灣主要外匯來源，可謂香蕉外交的巔峰時期。但伴隨著菲律賓香蕉傾銷日本，及臺灣香蕉盤商舞弊案件，導致香蕉價格一落千丈，臺蕉風光不再，使得農民得另尋作物開闢市場新商機。

到了民國六〇年代，臺灣商業化鰻魚（日本鰻）崛起，並有技術可成功將活鰻外銷到日本，雖然養鰻事業投入成本高，但帶來的利潤豐厚、利益誘人，有許多蕉農將農地轉變蓋魚塭，養殖鰻魚的人口趨之若鶩，鰻魚也為臺灣賺取了大量外匯，繁榮了農、漁村經濟。當時臺灣養鰻事業在最高峰時期年產值高達五億六千萬美元，即占當時日本市場供應量一半以上，也因此有著「鰻魚王國」的稱號。然而，看似輝煌的前景仍是有起有落，養鰻事業伴隨著全球經濟不景氣影響，以及鰻苗供應量不足與中國投入此市場競爭，導致業者養殖意願降低，年產量逐年下降。此外，經濟繁榮的背後也是得付出許多代價，尤其是環境成本，由於鰻魚屬於高密度養殖漁業，為維護水質常需大量抽取地下水，據報導指出，其需水量每年每公頃約三十三至三十五萬公噸，在養殖漁業中高居首位，因此被視為造成林邊鄉地層下陷嚴重的原因之一。

此時，再度面臨產業轉型的漁民們，由於國內草蝦苗人工培育成功，且草蝦相較其他蝦種來說，對於溫度及適應鹹度的範圍較廣、成本較低，各方面條件也較適合已受些許環境破壞的魚塭地，因此以鹹水飼養草蝦，於民國七〇年代初期蓬勃發展，且成功外銷。許多原先的養鰻池變為草蝦池，集約式養殖型態也逐漸成形，林邊鄉家戶養殖魚塭地鱗次櫛比之盛況，為日後林邊印象定型。雖然養殖草蝦也曾為臺灣賺來不少外匯，但好景不常，在一九八七年年底到一九八八年期間，草蝦發生病變，病情迅速傳遍全臺灣養殖業，造成不少衝擊，產量一夕間暴落，許多業者不得已收攤或是出走國外，而臺灣蝦類養殖產業長期習慣以廉價的能源與珍貴水土資源換取短期經濟效益，卻也失去了產業永續發展空間，使該產業賠上慘痛的代價。

長期超抽地下水速度遠不及自然地下含水層的補注速度，原先地勢就較為低平的屏東林邊地區，有許多地方海水入侵，出現水質惡化、地層下陷嚴重、土壤鹽化、屋子低於地平線等特殊現象，一九七二至二〇一二年，這四十年間地層下陷了三．四一公尺，形成林邊的特殊奇景。雖然近幾年來屏東林邊地區仍可靠蓮霧、檳榔、椰子等高莖植物維生，特別是「黑珍珠」蓮霧，林邊、枋寮沿海地區因為土質特性及其鹽分含量使許多漁民也改種起蓮霧；但土地已不利耕種，更沒有多餘的水資源給予發展漁業，成為地方居民與政府須面對的嚴重問題。過去部分沿海居民仰賴漁業維生，靠著蓮霧的栽種與養殖漁業一度將林邊人推向富庶，但無奈再豐饒的地力仍不敵大自然的反撲，其特殊的地理位置，與極低的海拔高度，使許多低窪地區不得不面臨每逢大雨必淹的情形，嚴重影響當地居民的生計與地方發展。

•曹縣長一念，莫拉克災害成為轉機

二〇〇九年八月八日，中度颱風莫拉克重創臺灣中南部，外圍環流及引進的西南氣流長時間留滯帶來強降雨，上游傾洩而下的洪流挾帶大量土石，上游入流通量大於下游出流通量，導致林邊溪河道淤積，加上出海口高潮未迴水，且漂流木阻塞，林邊溪水位高漲，兩岸堤防溢堤與潰堤。此外，林邊地區因地層下陷嚴重，排水系統原先就難以消化颱風所帶來的集中且強大的雨量，需靠防水閘門、抽水站及時反應，然多數的電信機房與發電設施也遭洪水淹沒，難以倖免，發電設施無法發揮作用將水抽出，對外通訊也近乎失聯，某些低窪地區淹水多達四十五天，部分居民們過著沒水沒電的生活長達一個半月，所幸無人傷亡。一個中颱的威力使得當時的林邊鄉有許多區域淹水深度達小腿肚，低窪地區淹水高度更達兩層樓高，六千多戶泡在水中、近萬人受困，被認為是臺灣島嶼百年來首見的大水災，更是讓許多人難忘的父親節。

對居民來說那是不堪回首的過往，多數時間都在等待大水退去與清理淤泥，更不願接受自己的家鄉成為氣候變遷下的犧牲者。高度仰賴電力的現代人很難去想像沒有穩定

二〇〇九年八月八日莫拉克颱風重創屏東林邊，彷如戰爭過境。（攝影：柯金源）

供給水電的日子如何度過，更難去體會農、漁民們辛苦了大半輩子的心血，轉眼間只剩下退不去的積水與淤泥的心情，損失的不僅是金錢上的數字，更是未來養家糊口的飯碗，難以估計的損失金額，也是造成許多人口外移的主要推力，這樣的災害浩劫，重創了林邊鄉的環境、土地，與許許多多在地人的心。

看在當時擔任縣長的曹啟鴻眼裡，八八風災幾乎是戰爭狀態，「自來水管被沖毀、發電機等設備被全面覆蓋無法發揮作用，更不可能啟動抽水設施，低窪地區一片汪洋，蓮霧園、魚塭等全部淹沒，一個半月沒水沒電的生活，這可以說幾乎是戰爭狀態啊！」曹啟鴻是屏東地區大家口中的曹老師，除了是屏東林邊在地人，也曾任教於林邊國中，對林邊鄉有著濃厚的情感。過去無論是在擔任省議員或立法委員時期，即很重視並致力於環境保護與水資源保育的運動，與許多環保組織皆有所接觸。由於他對環境變遷影響有共鳴與體悟，在參訪過德國及日本的公民電廠等案例之後，認為臺灣這寶島有許多自然資源未被善加利用，因此一直對再生能源有很大的興趣，也積極投入研究農業廢棄物再生。

二〇〇九年立法院通過《再生能源發展條例》，由當時的行政院院長劉兆玄宣布二〇〇九年為再生能源啟動元年，但即便法案通過也不代表臺灣邁向新的里程碑，因為許多行政單位並未接觸過再生能源，更不知從何做起，加上恰巧同年遇上八八風災，

八八風災後，時任縣長的曹啟鴻將危機化為轉機，發展綠能。
（圖片來源：wikimedia By 國會無雙）

自然環境的影響比過往更加嚴峻，再生能源舉步艱難。在原先地理環境較為脆弱的屏東地區，人們強烈感受到災害帶來的影響，莫拉克風災僅是警示中的一部分而已，未來可能要面對更多這樣的問題。身為地方首長的曹啟鴻，在災害中看到一絲新希望，更深知災難是迫使我們加速面對問題、解決問題的時候，「機會來了！不立即行動，更待何時？」

許多地區在原先的災後重建計畫中，多以復原原先的生活與產業為主，但屏東縣府採取更積極的做法，希望能減緩問題的根本因素——地層下陷。曹啟鴻從長達一個半月沒水沒電的困境中，領悟到兩件事情：首先，一定要分散電力供應來源，盡可能降低對中央大電網的依賴，唯有分散電力供應的方式，才得以在遇到突發狀況時有其他管道即時提供電力需求，以因應未來面對更多更嚴重的氣候變遷災害，尤其屏東地區每每在水患時首當其衝，一定得立刻有所作為。其次，原先的大量養殖漁業為一耗水耗電之產業，超抽地下水不僅造成地層下陷嚴重，對於未來傳統產業永續也大受影響，且影響的不僅是經濟層面，更間接造成社會問題，如：人口外流嚴重、地方發展受限、產業被迫轉型等。這些問題使曹啟鴻得到啟發，從屏東受害者的角度思考，並以國土復育做為出發點，將原先的「耗水耗電」產業轉型成「養水種電」之理念，促成在地產業轉型掀開新的一頁，也為區域性能源轉型開出第一槍。

•水能覆舟，亦能載舟，養水還可以種電？

地層下陷正是林邊最大且必要解決之問題，因此曹啟鴻針對嚴重的地層下陷問題提出五大概念：首先是「山區禁伐林獎助計畫」，與地球公民基金會李根政老師合作，共同呼籲請山上原住民朋友與居住於水源附近居民不再砍伐樹木，一方面水土保持會受影響，二方面水資源於上游就被攔截，將導致下游無法做好涵養水分，因此希望藉此計畫做好水土保持，避免造成惡性循環。其次，打造國內第一座地下水補注湖——大潮州人工湖，同時兼具治水、養水及觀光效益的建設。第三，建造人工溼地，例如：透過光采溼地防洪滯洪功能，可以滯留瞬間雨量，避免洪水造成田園傷害；而乾旱期可以將蓄容的水量釋出，供給部分灌溉使用，也提供補水與淨化水質的功能，將養殖業所排放含高氨氮之廢水，利用溼地之土壤及各種水草植物吸附、過濾、淨化，並可回收供養殖業再利用；溼地內各種水草植物及魚、貝、蝦等在此繁衍，更得以構成豐富之生態系統，具有保持生物多樣性功能。第四、興建海水供應站促成穩定海水供應，讓周邊魚塭使用，避免抽取地下水養殖，造成惡性循環。最後，為防止沿海居民繼續超抽地下水，若產業不轉型，這樣的惡性循環只會持續下去，因此開始鼓勵產業轉型，但要如何推動產業轉型又必須有誘因以維持生計，是非常大的挑戰。以上五項，都是為了涵「養」地下「水」，使其水分進入地表，達到做好水土保持基本工作，才有益於後續土地復育與環境永續。

既然要做養水，如何使休耕的地力有二次利用的機會，以及「耗電」要如何轉型成「養電」又是另一項挑戰。所幸受大自然的眷顧，屏東縣地理位置是全臺灣日照量最充足的地方，根據工研院二〇〇九年太陽光電中心所設置的太陽發電系統回報，其日平均發電量為3.3kWh/kWp，初步判定屏東適合發展太陽光電，因此縣府也積極投入，在推動計畫初期以曹啟鴻為首，與府內機要祕書、研考處、城鄉發展處、農業處、環保局、地政處等幾名跨局處核心幕僚，組成人數不及十人的「綠能推動小組」，透過配合經濟部公告之嚴重

光采溼地是屏東重要的養水種電示範場域（攝影：許震唐）

地層下陷地區，與行政院所核定「以國土保育為先之區域重建綱要計畫」災區重建範圍，並考量台電電網併聯與太陽光電產業進駐所需土地之條件等因素，縣府大力推動太陽能光電發電設施引入，經篩選可施作土地，擇定屏東縣林邊鄉、佳冬鄉沿海地區進行第一階段試辦計畫，以近四十四公頃的農園與魚塭地投入養水種電計畫，共計近二十四萬百萬瓦（MW）的太陽光電裝置容量。

該計畫全名為「屏東縣政府嚴重地層下陷區與莫拉克風災受創土地設置太陽光電發電系統專案」，由地方政府先構想提案，再向中央請求支持，這樣的大工程難能可貴之處在於，「養水種電」已不僅是件「計畫」，而是地方政府引領創新的新格局，突破上對下的權力限制。面對無前例可循的狀態，曹啟鴻串連各方人脈投入，行政方面，除透過縣府協調中央各部會支持與解決法律層面相關之阻礙外，更需多次與台電方面溝通協調，將發電併入台電電力饋線中，台電再依照《再生能源發展條例》與經濟部能源局公告之躉購費率，保證收購之電力；而光電業者依發電所得，也必須提撥一定比例給予出租土地之農、漁民。

縣府做為業者與地主之間的媒合橋梁，徵求許多不利耕作地與廢棄魚塭，依不同類型之土地媒合不同發電方式。但新計畫的產出也並非如此順利，除了要解決各部會間與廠商業者的疑慮與問題外，對一般民眾也需要透過大量的溝通，讓大家瞭解太陽光電進駐的意義與原因。對於太陽能板是否造成汙染及其疑慮等，曹啟鴻都不厭其煩地在屏東各地區舉辦多場說明會，他表示，再少的人都無所謂，哪怕只有一、兩位民眾有興趣，他也願意撥空遊說，他有十足的信心足以說服大家，為的就是希望養水種電能成功進行，這不僅是給予土地復育養水的機會，又可為那些不利耕作的區域帶來產業轉型，穩定居民的經濟收入，也另類地為臺灣能源轉型做努力。

• 光采溼地重要推手：屏東縣林仔邊自然文史保育協會

一身輕便服裝從診所趕過來接受訪談的屏東縣林仔邊自然文史保育協會（以下簡稱林仔邊協會）陳錦超理事長，從小到大生長在林邊，雖然本業是於林邊開立診所的牙醫，但始終心繫要如何為自己家鄉付出並為國土復育而努力。為了我們的專訪，他特地將門診時間排開，熱心與我們分享許多推動的心路歷程。時值二〇一八年底選舉前夕，一句：「真的很多人對綠能還是不懂，許多以訛傳訛的言論，觀念要把它導正回來真的好難！」是他的開場白，道出的是整個推動過程的辛苦與無奈。

談起當時八八水災之經驗，陳錦超表示，當時淹水情況使得診所許多執業器材損壞，除了電力久久無法恢復以外，沒有穩定的供水也使他們無法好好整頓家園，但他認為災害過後還是得相信彩虹會出現，「就整個大自然演化的尺度來看，屏東沖積扇平原是幾百萬年來歷經無數次的雨水沖積、颱風侵襲與地震等天然因素影響所形成，是大自然自己的演進過程，並非什麼大災難，但由於人們在該地區已住居許久，人類的思維被放入且放大去檢視，就會覺得這是大災難。當然並非要完全排除人為因素去探討，只是有了這次較為嚴重災害的影響，使更多人意識到環境變遷的影響力，災難之後必有祝福，深切反省並付諸行動，『改變』才是最重要的關鍵。」陳錦超正向地訴說著這段回憶。

•一個有願景的縣長遇上一群敢做夢的人

屏東地區要創造新的產業模式，積極推動養水種電計畫，僅與地方部分居民與光電業者進行合作，對推動綠電來說還是不夠，「光采溼地智慧微型電網示範區」就在這樣的時空背景下誕生。所謂智慧微型電網之系統實作場域，其執行目的總共有四：第一，展現利用多種再生能源之智慧微型電網，及研究其智慧型應用和管理之可行性。第二，在正常情況下可供應區域負載，降低長距離輸電所導致之損耗；在緊急事件發生時仍可供電於緊急用電設備使用。第三，研究並建立示範模式，展現微型電網可在區域內自主管理發電、儲能、負載與併接。第四，建置微型電網示範區，以加強潔淨能源的發展和教育宣導平臺，為日後接入更多再生能源和推動微型電網的發展預做準備。

光采溼地被賦予了重要的任務，除了做為智慧電網示範場域外，更需同時兼顧環境教育之目的。以國土復育下低碳整合性思維，雙方合作展開「新社區營造」行動，是首次透過公私協力合作發展的社區型微型電網示範區，被定調為資源由上而下導入，運作由下而上進行。結果這個計畫過去曾於二〇一三年第二屆APEC能源智慧評選競賽中，贏得智慧電網類銀質獎，而陳錦超個人更榮獲第六屆國家環境教育獎全國個人組第一名的殊榮，但諸多榮譽並非一蹴可及，建立過程中仍面臨許多困境與挑戰。

首先，光是由縣府團隊進行尋人租地行動，尋找不利耕作地，就花費長達半年時間進行遊說並詢問地主意願。協會的角色是進行媒合，並透過協會自身積極募款與籌備經費，向原地主承租下林邊火車站後方七・二公頃左右的廢耕地，將原先泥濘不堪且雜草叢生的荒地，打造成為一個結合綠能的新型態生態園區，即「林邊光采溼地」。而光采溼地智慧微型電網營運由ＩＢＭ公司、行政院原子能委員會核能研究所、大同公司合作，縣政府團隊協助輔導，長期投注心力關懷林邊鄉社區總體營造的林仔邊協會協助維運，園區內所

屏東縣林仔邊自然文史保育協會陳錦超理事長
（攝影：梁凱芸）

有動力來源均以再生能源為主，成為全臺灣第一座位於社區運作的智慧微型電網系統，透過智慧電網負載與分散式能源及儲能裝置設備，組成遠端監控系統，以實現自我保護、控管孤島運轉七十二小時的小型電力系統。相較於一般太陽能建置，發電僅能純售電給台電之情況，智慧微型電網可自發自用外，更可透過電池智慧儲能，因此即便電力公司遇到狀況無法供電時，可有效率地調度負載端電力使用，以達到百分之百再生能源與能源自主願景。

其次，示範區供電來源為80kW太陽光電系統、10kW風力發電，並配置60kW生質柴油發電機做備用電源，亦設有氫燃料電池裝置將多餘電力做轉換。智慧能源中心建置150kW大型儲能電池，

光采溼地高腳式養水種電裝置（攝影：梁凱芸）

名詞解釋

何謂智慧電網？

一般的電網為有限的單向傳輸，即電力從發電廠輸送至消費者；而智慧電網（Smart Grid）將數位技術應用在輸配電力，導入雙向交換機制，使電網可在配電網先進行區域內的交換，若有剩餘或不足電力則在區域間進行交換，電力潮流方向不再固定，由特高壓流向高、低壓，因此智慧型電網的分散式控制流程係由下而上進行調度與控制，有別於傳統電網集中式控制。此外，智慧電網除了可以導入再生能源併網發電外，可透過自動化與資訊化結合智慧電表，即時檢視、診斷及進行修復，大幅提高用電效率及抑制尖峰負載，使能源效率達到最佳狀態。

配合核能所與大同公司共同建置資訊系統，完成孤島供電設計。園區內負載並不算太高，且為保護儲能電池，太陽光電系統有分緊急情況與一般情況，依該智慧微型電網監測系統統計資料，園區再生能源實際平均發電量約為一年23969kW，減碳效益約十五噸。但在建置與使用過程中，時常遇到跳電或停電的情況，由於一個非營利組織在人力與資源有限的情況下，沒有辦法及時判斷是哪些線路出問題，仍有賴專業知識協助，因此整套系統從狀況不斷到漸漸穩定，也花了兩年多的時間。

• 綠能推動可以三生共存：生態、生產、生活

光采溼地除了是微型智慧電網示範區以外，更強調如何透過生態與綠能的結合來推廣環境教育，因此環境教育層面協會肩負起較多責任，透過與屏東縣政府綠能推動小組的協力合作，積極打造光采溼地。一開始光采溼地並不以保育為考量，而是以滯洪、水淨化與涵養地下水為初衷，並以自然養殖來設計，不僅要考慮到水流、陽光方位，也要盡可能構成自然生態中植物與生物的生存要件。

陳錦超表示，為林邊鄉環境問題奔走多年，得出了一個心得，區域綠能推動可以是三生共存的概念，即「生態、生產、生活」。生態，以涵養地下水分為主要思考，給予土地充裕的時間復育，並在最低度干擾環境的狀態下進行。

在光采溼地園區內，透過潮差引進海水，與利用魚塭排出來的廢水，透過溼地的生態做天然過濾與淨化，以在地原生蘆竹、海雀稗與紅樹林這類莖節具有通氣組織之水生植物，形成造陸攔沙的效果，打造陸域生態；而太陽能板下方規劃出自然生態養殖區域，透過放養蝦苗攪動底泥釋放出沼氣，再放養水針仔等廣鹽性高的魚種，來平衡水域中貽貝類與藻類，建立起富含有機物質的自然食物鏈與生態圈。幾年下來，透過動物性及植物性水淨化，可見紅樹林林立，白冠雞、小水鴨與鳳頭潛鴨前來造訪，候鳥也落地棲息，為整個生態物種帶來多樣性，回復到如陳錦超小時候林邊溪該有的面貌。

其次是生產，善加利用屏東優勢的日照時數，於不利耕作土地或空閒土地上方建造高架式或浮動太陽能板，以及氫能發電、小風機與小水力等綠能發電方式，創造最大的發電效能，使社區甚至地方得以自給自足。雖然目前仍有許多技術性與整合方面的問題待解決，且光采溼地的案例未可言成功，但未來若有其他地方要執行區域性的發電系統以及電網建立，或可參考光采溼地或是本書公民電廠案例，瞭解其窒礙難行與可突破之處。生產除了電力部分，太陽能板底下之土地或魚塭，更可能有被二度利用的機會。當時，曹啟鴻曾多次召開會議邀請不同領域的農委專家、漁業專家學者一同參訪光采溼地，並找出適合耐陰的農作物，使土地產值擁有最大的效

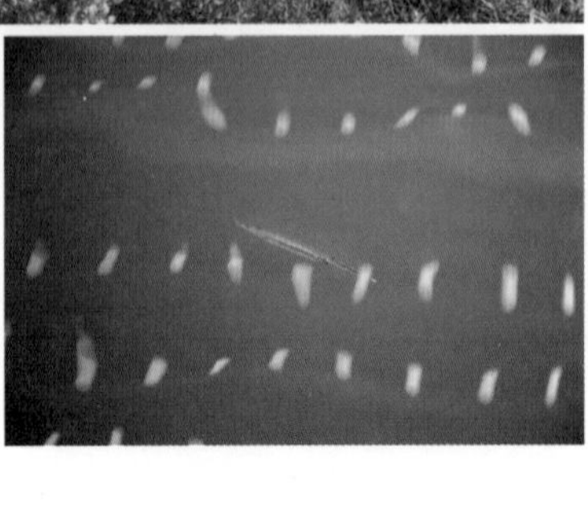

上｜光采溼地水生植物豐多
（攝影：許震唐）

右｜光采溼地有各種魚蝦貝類
（攝影：梁凱芸）

能，又或是適合養殖哪些水產。光采溼地園區中可見高架型太陽能棚架下種植許多適合半日照的植物蔬果，更可見飼養牲畜的牛棚及雞舍，讓土地利用發揮最大產值與效能。

最後是生活，除了在生態友善的環境下從事生產外，陳錦超認為這更是生活的一部分，透過與居民間的互動或是外來的觀光客等，帶領不同年齡層的朋友認識生態、認識

上｜太陽能板底下種植耐陰植物等蔬菜（攝影：梁凱芸）

下｜太陽能板下畜牧（攝影：梁凱芸）

綠能，這是工作室的重要使命，協會官網中有著一段文字：「如果現在我們努力，為國土復育盡力，從落實環境教育看顧家鄉土地，未來我們不會後悔。」斗大的字眼與堅定的語氣，是一群熱血的地方文史工作者對家鄉滿滿的關懷。為讓環境與綠能教育向下扎根，協會不定期舉辦各種培力活動與工作坊，讓許多民眾可以更進一步瞭解生態環境與發展綠能的必要性。這樣子的教育場合，一來可以順利推廣綠能，更可以增進社區間的凝聚力與互動關係。陳錦超認為，一旦有參與的經驗與瞭解後，阻擋或反對綠能推動的力量就會隨之降低。林仔邊協會辦公室擔負了這個重任，除了得以成為居民週末聚會場所，也是許多在地學生或外地學研團體戶外教學的好去處。而陳錦超也認為美學應當融入在生活的各個角落，因此當初在設計光采溼地時，找來了景觀設計專家，考量環境生態去做規劃，亦有在地藝術家就在地環境議題，創作深含藝術與環境省思的公共藝術作品，並與許多國外學者交流分享經驗，才得以打造出今日的光采溼地。

協會從一九九七年成立這一路走來，遇到的風風雨雨很多，從一開始基本的掃街、淨灘到開始創立社團，及蒐集林邊的史料文物等，當協會更深入瞭解自己的家鄉之後，才發現它有太多美麗的地方等待被看見。雖然至今仍有許多整合上的問題待解決與突破，有許多課題得面對，但著手執行才是改變的開始，未來會希望讓更多人看到林邊的不一樣，也期望透過光采溼地示範區的建立，讓更多人理解綠能的重要性與可行性。陳錦超笑說：「要不是一個有願景的縣長遇上一群也敢做夢的人，這一切不會發生。」而他也大方分享未來若打造類似的區域運作，身為一個在地的協會可扮演之角色有四個方向：第一，跟進駐的光電系統業者溝通，盡可能利用不利耕作地的土地資源，業者也得做出妥協，為社會責任盡一份心力，為環境付出。二，一定要委託學術單位，於施作前調查水文、環境甚至候鳥棲息地，經仔細評估後才得以建設。三，類似林邊廚房的概念，於光電板下讓土地有二次利用的機會，並協助在地小農經營出自己地方的特色。四，景觀設計是另類的亮點，有很大的加分作用，一方面帶動觀光，同時也可照顧到地方環境。一個計畫的延續，需要經多方討論後建制，才得以達到多贏的局面。非政府組織需做為民眾與政府間的溝通橋梁，而非僅做監督政府或抗議之角色，若政府政策是值得鼓勵與投入的，就該支持，並使它發光發熱。

• 光采背後的陰影？

近十年來屏東縣政府因應氣候變遷在能源上做出了不少成績，養水種電所帶來的成果全國有目共睹，其太陽能裝置容量於全國來看，二〇一二年穩居冠軍，後來不斷有穩定成長，亦持續開發新的再生能源，結合第一、二級產業的廢棄物利用。然而，近來因地方租金問題被部分開發商利用，連帶使原先不利耕作地價值隨之翻漲，進而影響地主出租土地的意願；此外，亦受大環境一些不利因素影響，如地方政治派系、公投後的價值判斷與社會輿論壓力等，綠能產業發展受到打擊，無論是對曹啟鴻或協會來說，都是極大的挫折。

其實，臺灣並不欠缺更多新穎的示範區，而是如何讓一個好的示範區持續營運下去且有效利用，這也是臺灣在執行許多計畫面臨到的問題。因此整理出以下建議。首先，在設計區域性智慧微型電網時，基本上仍仰賴中央或地方政府主導，才得以進行最重要的跨部會整合，其牽涉到的問題層面甚廣，尤其高占比的再生能源併網需協調經濟部能源局、台電等，於法規層面得先打破先例，針對可能面臨的大數據資料分析下的資訊安全、技術法規整併，與評估制度的建立進行整合，場址選擇則以公有用地為主，避免日後土地糾紛影響後續電纜連接問題。當然該區域是否有穩定的再生能源供給，也是考量的重要因素之一，為此，一個計畫的營運不該以三、五年期為單位，必須穩定投入資金、以長期且永續的政策營運做為目標。

來訪遊客動手做比薩（攝影：梁凱芸）

地方能源治理的成敗，有賴地方政府的決心與毅力，以及執政者當時的政策導向，其是否願意花心思整頓跨部會的合作，及有效率地橫向溝通，都直接影響後續雙向與民間的合作。有了政府單位做為先鋒者打破法規與制度的框架，後續營運可納入業者與民間之角色協力營運。政府透過開放平臺使不同再生能源業者進行媒合，因再生能源進入仍仰賴技術層面的管理與運轉機制，需要研究單位一同協助並整合不同能源來源與操作配電，且亟需專業人才掌管中控系統，這是一大工程。而民間單位或非政府組織則可負責後續園區營運並做低度管理，以過去光采溼地來說，每回颱風來臨或遇豪大雨時，協會工作人員總是膽戰心驚地緊守園區內太陽光電板是否會飛走，有沒有緊鎖好相關設施，而一旦設備臨時損壞亦需即時修復，這些有相當大的部分必須仰賴電力專業維修人員處理，得由業者協助。因此，政府、業者與民間之角色，應以技術專業程度進行協力分工。

此外，現階段雖然多數資源過度集中於北部地區，但再生能源發展因仰賴氣候與地理要件，反而可藉此分散資源過度集中問題，將產業技術拉至中南部地區，一來可培養在地人才協助營運、創造就業機會，更可將資源與技術轉移重心；而結構上有了政府的主導，並透過公私協力合作後，一旦有了既定的營運模式，政府就可試著抽離其角色，促使民間營運轉型，例如協助民間團體轉型成立社會企業，一方面仍得維持原先基本的教育宣導層面，一方面將其運作納入經商之思維，使其平臺更規模化，將更多區域住戶一起納入併網。最後，還可有效擴大其作用，將轉化成民營之經營模式，複製到其他區域，甚至成為能源外交的一種手段。

而綠能產業的發展，仍可圍繞像光采溼地之案例，以生態、生產、生活三生共存為基礎，如在太陽光電棚下地種植與養殖，搭配青年農夫返鄉政策，透過媒合平臺讓青農與系統業者合作，使土地有被二次利用的機會。

二〇一九年四月林邊光采溼地因租約到期與土地糾紛問題，不得不面臨部分區域移轉，合作模式也有所調整，但仍有許多在地關懷家鄉的人們與業者決心繼續打造光采2.0，調整腳步漸漸轉型以社會企業之模式進行，未來除針對既有的再生能源與環境教育內容外，更以達成區域治水需求為優先考量，並結合環境景觀、人文教育、防災需求等更多元面向，持續為氣候變遷做調適。只是在民間團體或NGO的人力與資金資源有限的情況下，所及的範圍也有限，若缺少政策或其他資源支持，恐怕澆熄的是對家鄉的熱情與關懷。從屏東縣養水種電與建立智慧微型電網示範區來說，已為臺灣能源轉型打破了法源上的諸多限制，一點一滴累積成今天的樣貌，其努力成果有目共睹。因此這樣的模式應當持續修正與協調，並於其中找到平衡點，以做為未來各區域甚至國家型計畫中的重要參考。

關鍵問題

各縣市能源管理單位？

過去地方政府毋須執行能源業務，因此各縣市政府在國家能源轉型規劃發展途徑上進度不一，成立能源專責單位處理綠能或節能的地方政府占少數，多數還是將能源業務放入環保局、公用事業或經濟發展等類別處室處理。目前有常設單位共三縣市：新北市產業發展局綠色產業科、臺南市經濟發展局能源科及彰化縣經濟暨綠能發展處綠能推動科及能源開發科。此外，成立綠能或節能推動的行政專案辦公室有四個縣市，分別為桃園市綠能專案推動辦公室、嘉義市綠能推動專案辦公室、雲林縣綠能推動專案辦公室及屏東縣綠能推動辦公室。

地方能源管理經費？

為解決各縣市推動能源治理時的財務困窘，經濟部能源局於2012年開始補助地方政府研擬並執行節能政策，如2012~2014年夏月節電期間縣市節能示範競賽補助、2015~2016年智慧節電計畫、2016~2017年夏月節電期間縣市節能示範競賽補助，以競賽方式，讓縣市研擬相關政策，獲獎縣市可申請補助金。2017~2020年能源局更增加能源治理補助金，以三年73億2,600萬元的「新節電運動—縣市共推住商節電」，鼓勵地方政府研擬並執行節電稽查輔導、在地能源使用情形研究、專責組織與培訓人力建置、節電志工組織合作、公民參與、節約能源教育與推廣等地方能源治理能力，建構與節電氛圍型塑之工作。

評析

市民就是能源：地方能源治理的政策方向

李翰林

為了擺脫核能、並降低對化石能源的依賴，蔡英文政府上任後，開始推動臺灣的能源轉型，希望減少燃煤發電，促進再生能源發展，並用前瞻的管理技術與節能措施，以降低用電需求。為了凝聚各界對於能源轉型的共識及鼓勵社會參與，自二〇一七年開始，行政院開啟了「能源轉型白皮書」的撰寫工程，希望透過透明開放的參與程序，凝聚政府跨部會、跨地方與民間共同協力、充分討論，讓推動能源轉型的政策方案更為周延妥善。

如同導言裡提到的，由於過去政府權責分工與能源型態的緣故，各縣市政府與地方社群對於能源事務都相當陌生，但從國際經驗來看，地方政府與在地社群卻又是能源轉型中不可或缺的關鍵因素。因此，除了節電與再生能源方案外，白皮書中特別設計了「全方位協助地方能源治理」重點推動方案，希望從各個面向協助地方政府與在地公民社會定位自身在轉型中的角色，同時培養能源治理所需要的人才，建構分析資訊及發展地方治理策略的能力，透過多管齊下的計畫推動，解決地方能源治理的困境。

首先，是資訊面與法規面的建構整合，協助地方擬定策略。先瞭解在地的情況與問題，才有辦法對症下藥來開展工作。重點方案整合了相關資訊，開發出地方能源評估專用軟體網站：「地方電力智慧分析工具」，希望讓地方政府能掌握在地整體能源供需資料及圖資，並利用系統模擬工具，來推估節能潛力與使用趨勢。同時，也會編纂一本全觀、有系統的「地方能源策略規劃指引」手冊，讓地方政府的承辦局處能掌握全貌、快速上手。手冊的內容，包含國內外案例經驗整理，再加上地方能源治理的建議執行步驟和工具箱，使地方承辦局處能按圖索驥，一步一步地操作，發展出符合在地條件的能源願景藍圖及行動方案。另一方面，還會同步盤點檢討各層級的能源法規，梳理現今法令之間是否有重疊或衝突之處，釐清地方政府在能源治理中的角色責任。最後，則是按照各地需求特性，研擬能源知識課程學習地圖，透過相關課程或工作坊，同步培育地方公務員與在地的NGO、社大等轉型協力團體，培養在地的能源治理人才及建構轉型支持網絡。

縱使有上述措施，但各縣市的屬性條件差距甚大，面對的問題與困境也大大不同。像是前述案例裡的新北市與屏東縣，兩地的資源、產業與環境就有相當差異，策略方向很難直接參照。因此，較好的做法，是把各地方政府按照屬性分類，然後在各類型中都尋找、培養一個典範案例，再借用其經驗做為同類型縣市的效法對象。能源局於是推動了「地方試點計畫」，召募有治理企圖心的縣市來投件參與評選。

縣市先以「住商、工業」加上「都市、非都市」兩項構面，區分為四大類，另外加上不屬於前四類的「農業非都市」，再透過專家評選，在五項類別中各找出一個試點縣市。第一波先選「新北市（住商都市）」及「桃園市（工業都市）」，第二波計畫，則會選取其他尚未選到的三個類別。下一步，中央會投入資源籌組專家團隊，輔導試點縣市來「直接實際操作」地方能源策略規劃指引手冊，再利用試點經驗回頭修正手冊內容，並且同步建構「地方能源治理分享平臺」，透過地方與中央能源相關之各層級人員經驗交流與學習，促進區域協力合作，把經驗成果分享給其他縣市。

•行動者案例的共通點

從新北市與屏東光采溼地兩個案例中，我們可以歸納出以下地方能源治理成功的共同條件，並且可與前述的「全方位協助地方能源治理」重點方案所要解決的問題，相互呼應。首先，不論你所居住的地區是在大都市、農村，亦或是工業城市，都可以按照當地特性，找到與在地的生活、生產及生態相互結合的地方能源治理策略。像案例中所提到的新北市，是人口眾多，以住宅、商業及工業為主的高度耗電大都市。以二〇一八年來看，新北市的整體售電量是二〇五・二億度，占全國的九・一％，其中住宅與商業用電就占一四三・三億度（六九・八％）。因此，在能源轉型中的定位就以「節能為主、創能為輔」，用「減少能源消耗」及「增加能源自給自足的比率」為目標；另一個案例是土地廣闊、人口較少、以農業為主的屏東縣。二〇一八年屏東縣使用的電力，只有四五・三億度，占全國的二・一％。因此，屏東就可以結合在地農業生產特性，以「創能」為主要定位，藉著再生能源發展來解決環境問題、增加農民收入。如同光采溼地一樣，將再生能源裝設於地層下陷和土壤汙染的地區，利用長期穩定電費收益，來增加經濟誘因。即使土地休養生息，地方民眾也不會遭遇生活困難。另一個創能方式，是鼓勵養豬農民廣泛裝設沼氣發電設備。屏東的養豬場一八〇〇家為全國最多，養豬頭數一二五萬，僅次於雲林。沼氣發電既能集中處理豬糞尿、解決河川汙染的問題，又可以發電增加豬農的收益，是非常適合屏東的做法。因此，在前述的試點計畫中，就是希望能像新北市與屏東縣一樣，為全臺灣五種類型的縣市找到定位，發展出可以相互學習依循的治理策略模型。

其次，由於地方政府在城市能源轉型中角色非常重要，不但是策略開創者、不同資源的連結者，更是多元意見的整合者，因此地方首長有沒有能源轉型的遠見及視野，願不願意傾全力支持，是轉型政策不可或缺的成功關鍵。除了首長支持，還需要有能力的文官體系來承接相關業務。所以，地方政府很需要成立專責單位來負責能源相關事務。過去能源事務為中央機關主管，地方政府對能源領域既陌生也缺乏相關人才。隨著能源轉型進程，地方政府也慢慢開始培育累積相關領域的人才。像案例中，新北市的葉惠青副市長就在經濟發展局下成立了綠色產業科，做為能源轉型的幕僚機關，協助整合各單位以及串連公民團體，發揮非常重要的角色；屏東養水種電案例中，也可以看到曹啟鴻縣長為推展政策，成立了一個跨局處的綠能推動小組，負責擔任政策的主要平臺，做為地主、業者與台電之間的橋梁。這都呼應了前述「全方位協助地方能源治理」重點方案裡所提到的「培養地方能源治理人才」以及「建構在地支持網絡」的重要性。

最後，轉型最重要的角色就是「市民」。不管是節能或是發展再生能源，都可以和日常生活密切結合、讓市民大眾有感。若要建構在地的支持網絡，唯有把地方上的各行各業以及社區都同時拉進來參與，這條城市轉型的漫漫長路，才有辦法持續走下去。所以重點就在於，如何吸引這些不同領域的行動者加入，讓他們都願意來瞭解城市能源使用情況，參與未來願景及方向的討論，並且願意付出自己的心力加入行動。放眼國際，荷蘭烏特列支的「碳中和」（carbon neutral）城市能源計畫與韓國首爾的「減少一座核電廠」計畫，都曾經成功運用不同形式的公共對話，來協助城市能源轉型。

二〇一五年，荷蘭烏特列支市政府為了制訂出讓城市在二〇三〇年前轉型為「碳中和」的能源計畫，運用審議民主的會議程序，邀請了一百六十五位市民花了三個週六、畫了六三〇張海報、吃了一七八九份三明治和一八三四杯咖啡，最後成功完成了計畫；首爾則是拒絕過去「讓公務員悶著頭做決策」的政策模式，納入了宗教界、學界、商界、媒體以及非營利組織等不同領域的社會各界代表，成立了執行委員會。成員們在執行委員會上相互辯論，才共同找出具體可行的行動方式，成功提前完成計畫目標。在「減少一座核電廠」的第二階段計畫，首爾更是喊出了「市民就是能源（The people are our energy）」的口號，邀請市民一起，共同打造能源自給自足的城市。

在前面兩個臺灣案例中，我們也可以看到類似的做法。屏東縣選擇以到處舉辦說明會的形式，讓居民知道養水種電的方案將會如何運作；新北市則是舉辦能源對話及參與式預算，邀請地方上的各行業、新住民社群和社區大學等，共同來思考自己的角色位置，以及能為整體能源目標做出何種貢獻。國際與臺灣經驗相互呼應，顯示若要達成城市能源轉型，「公民參與及公共對話」絕對是勢在必行的唯一路徑。邀請社會各界來共同擘劃城市能源轉型願景，思考怎麼共同達成目標，這個共同努力的過程，也是增加城市向心力與認同感的好機會。

• 未來要解決能源、產業與生態環境的問題

隨著中央政府每年推進的節能計畫，這幾年地方政府逐漸累積了推動住宅與商業節能的經驗。地方人才與地方政府能源能力的培養，也應該會隨著前述「全方位協助地方能源治理」重點推動方案的執行，而有所進步。

但相對於住商節電與再生能源發展漸上軌道，工業節能進展則相對緩慢。臺灣的整體工業用電需求仍穩定上升，以二〇一八年的資料來看，工業用電占比高達五四．四％，對於整體供電造成龐大壓力。受限於大用戶用電資料掌握在台電手上不易取得，以及許多大型工業區與科學園區的主管權責，是中央政府的經濟部或科技部，故地方能著力的空間其實極為有限。但工業部門使用大量能源的副作用，卻是直接影響了當地的空氣與環境品質，這也反映在近來雲林台塑六輕爆炸、高雄的興達電廠更新擴建、中鋼煉焦爐更新等等環境衝突事件之上。如何能強化地方政府與鄰近社區角色，與中央協力來共同解決能源與環境間的衝突，仍待突破。

另外一個大問題，則是與再生能源開發有關。太陽光電可分為屋頂型與地面型兩大類，屋頂型是使用既有建築物的屋頂，雖然單一案場發電量小，但是較無爭議，容易為民眾所接受，過去兩年屋頂型推動快速，占比約為八三％；地面型光電發電量大，需要使用大面積土地，由於變更土地使用方式，會改變大面積的地景與影響在地生活方式，加上臺灣社會對於再生能源仍不太熟悉，所以易引起地方反彈。

隨著政府推展大規模地面型太陽光電計畫，所帶來的衝突也愈來愈多，衝突類型主要可以分為兩大類：一、設置區位的問題：地面型光電的設置位置，會不會對農業生產與環境生態產生重大衝擊？二、設置方式的問題：即使選擇了影響較小的區位，工程的設計與光電板的架設會不會破壞生態？在工程設計上可不可能盡量迴避影響、縮小範圍、減輕破壞？

首先，在區位問題方面，因社會大眾過去對於何種用地與區位可以設置太陽光電並不清楚，且地面型光電的政策機制設計遠遠落後商業運作，導致坊間有許多土地仲介四處尋找農民簽訂意向書預先插旗。這使得民眾誤認為政府為了廢核要破壞良田與生態優良地區拿來種電，無端增加能源轉型的阻力。

因此，區位問題解決的方式，是中央主管機關應該要設法整合並疊和地面型光電的各種相關圖資，建置地面型光電區位資料庫，並上網公告，使社會明確知道何處可合法申設光電及申設通過的可能性。資料庫的內容，包含能源局的饋線資訊，農委會的地層下陷區與不利耕作區及各類型生態敏感區，再加上特生中心與各地保育團體歷年調查或觀察得到的保育類動物分布資訊等。一方面，可以協助廠商與民眾確認何處可以依法設置地面型光電；另一方面，廠商也會瞭解有些地方雖然是合法區位，但若申設可能會遇到生態問題，所以必須提出生態因應對策去迴避、縮小、減輕或補償，故未來設置成本會提高、審查期程也會較長。透過資料庫提供資訊，來產生「推力」引導地面型光電至爭議較小區域，既減少廠商的不確定性和成本，也能提高民眾信任及減少社會衝突。目前行政院已經要求經濟部能源局，研擬再生能源官方網站整合上述資訊，以增進社會理解。

像是前面案例中所提到的屏東縣林邊鄉光采溼地，就是位處於嚴重地層下陷區。在八八風災之後，縣府為了抑止養殖業大量抽地下水造成地層持續下陷的困境，發展出了養水種電的模式。在地勢低窪的地方蓄水並裝設太陽能板，既能涵養水源，種電收入也能成為農民的重要收入，使他們的經濟不會因為停止養殖而陷入困境，因此得到地方的廣泛支持與社會好評。

另一方面，關於設置方式的問題，則可以借鏡過去公共工程發展「生態檢核」的經驗來解決。地面型光電的設置，很類似野溪治水工程，都是施作於過去較未利用、比較沒有受人為干擾破壞、生態良好的地區。近來產生重大爭議的個案，如布袋鹽田、七股魚電共生、桃園埤塘及知本溼地等，衝突皆是起因於計畫核定及工程規劃設計等階段未能考量當地生態所引發。

過去各類小型公共工程（如野溪治水工程），由於工程設計欠缺生態考量，且規模又未達環評標準而未有資訊公開與公民參與機制，導致各地環境爭議與地方抗爭事件頻傳，因此，公共工程委員會於二〇一七年頒布了「公共工程生態檢核機制」，要求除特定緊急工程外，中央政府各機關執行新建工程時，需辦理生態檢核作業，藉以減輕公共工程對生態環境造成的負面影響，並兼顧生態保育、公民參與及資訊公開之原則。此機制以工程生命週期的各階段來設計，分為工程計畫核定、規劃、設計、施工與維護管理等作業階段，清楚標明每個工程階段應進行的「生態專業人員參與、生態資料收集調查、生態保育對策、資訊公開及公民參與」項目。此機制施行後，近來較少聽聞此類工程再發生如過去一般的重大爭議。

但目前能源局所頒布的「設置地面型太陽光電設施景觀及生態環境審定原則」，對於區位問題僅提到「宜優先選定非屬第一級環境敏感地區」，並未考量設置地區是否有保育類物種及當地與周遭生態系的關係及影響。其次，此原則側重於景觀綠化，並未說明清楚如何調查收集生態資料，如何進行「生態檢定」且由誰審查，以及在設置的各階段要如何執行「迴避、縮小、減輕、補償」等四項生態保育策略以減少環境衝擊。

在資訊不透明且無法表達意見的狀況下，無法以制度設計來解決社會的疑惑。社會無法瞭解光電專區劃設與個案籌備的進度情況，才會謠言四起、人云亦云，對於光電設施充滿不信任感。回頭來看，為求行政程序簡便，而欠缺完善評估、資訊透明及公民參與的過去做法，反而才是再生能源發展的最大阻力。日前行政院已經要求經濟部參考「公共工程生態檢核機制」來檢討修正「設置地面型太陽光電設施景觀及生態環境審定原則」。必須考量光電設置生命週期的整體環境影響，並邀集相關部會與公民團體共同討論，思考如何把「生態保育、資訊公開與公民參與」原則，真正落實在各類地面型太陽光電的生態檢定中；而做為野生動物保育主管機關的農委會，則應考量養殖漁業周圍溼地生態系的特性，修正「行政院農業委員會養殖漁業經營結合綠能設施專案計畫審查作業要點」及「陸上魚塭設置綠能設施注意事項」，才能創造漁業生產、野生動物保育及綠能發展三贏的未來。此外，在中央的專區審查與地方的個案審查程序中，必須納入資訊公開與公民參與機制。

回到地方能源治理的層次，由於地方政府握有地面型光電專區劃設、個案准駁與土地使用方式變更的審核權限，所以地方政府的相關會議，其實是解決具體衝突爭議的關鍵場所。像是近日光采溼地遇到地主收回土地的問題，就需要屏東縣政府協調與協助林仔邊協會度過危機。而在坊間報章雜誌中，常看到社區民眾對太陽光電有許多似是而非的誤解與質疑，包括太陽能板有沒有毒？施工對環境有什麼影響？營運時會不會使用化學藥劑清洗而產生汙染？太陽光電板廢棄後會不會亂丟而無法回收？等等。現今缺乏資訊公開機制與制度化的溝通平臺下，無法充分掌握可能的在地影響及經濟衝擊，才導致養殖業者、農民等利害關係人恐慌。所以後續建議各縣市政府，不論是光電專區劃設或是個案審查，都要建立清楚明白的資訊公開及專業審查機制，並且因地制宜，收集在地的生態環境資訊，協調各方利害關係人，設計出適合當地的審查原則，解決居民的擔憂與質疑，才能避免社會的流言與誤解不斷擴大，創造生產、生活、生態的三贏局面。

地方能源轉型就是在地社會轉型，成敗關鍵在於如何改變在地居民與能源之間的關係。轉型是要讓大家更瞭解能源，從想用多少就用多少的消費者，轉換為能源的生產者與節約者，進而體認到自己的公民責任。這條轉型的漫漫長路不會幾年間就馬上實現，路上還會不斷遭遇許多困難，因此，很需要政府、企業和社會共同對話與學習，才能為臺灣找到永續之路。

終章

臺灣的能源政策想像

張國暉、周桂田

本書在一開始的序章說明了臺灣能源發展情勢，並在第二章至第五章解析空氣汙染等四個迫切且立即可著手改變的議題，最後將進一步推展究竟國際間（特別是歐洲國家及國際相關能源組織）怎麼討論能源轉型，它的起源、意涵、策略及挑戰有哪些？而這些國際的發展歷程又可為我們提供什麼參考？更重要的是，能為我們未來能源轉型提供哪些想像資源？基本上，這幾個問題是最終章分析的重點。

其實，在能源轉型的討論愈加重要之前，當代歐美日先進國家的最主要煩惱之一，就是氣候變遷。為了減緩氣候變遷帶來的種種衝擊，全球不論先進與否的國家，普認推動能源轉型是不可避免且效果最佳的方式，國內各界也多所認同，不僅常見報章媒體，若家中有正在念中學的青少年，還可能響應遠在瑞典的小女孩所進行的週五罷課運動，親身向握有權力及資源的大人抗議不認真減緩氣候變遷，將讓他們的未來受損。[1]青少年在全球各地的共同發聲看似起不了什麼作用，但卻象徵著氣候的問題已經蔓延為世代正義的問題。總之，氣候變遷離你我並不遠，尤有甚者，若再進一步說它是當前人類社會最大焦慮，應不為過。

有關氣候變遷的主因，多已公認由人類活動所帶來的溫室氣體（greenhouse gas, GHG）

1 瑞典少女格雷塔．桑柏格（Greta Thunberg）於二〇一八年八月發起「Fridays For Future」罷課行動，抗議大人們把暖化的負擔丟給小孩。之後各地皆有支持者響應她的倡議行動。

排放累積（以下簡稱碳排）所造成[2]，使得長期及大範圍的氣候溫度升高，進而導致種種劇烈天氣變化，如強颱、強降水、嚴重乾旱、夏季高溫等極端天候不尋常增加，不只帶給人類社會本身災害，也使生態環境面臨更多更大的自然災害。因此，為了減少碳排，目前許多國家（特別是歐美先進國家）均以降低對化石燃料的依賴當作最重要的能源政策目標。然而，現今人類社會可說是由燃燒煤、石油及天然氣等所支撐，早成為經濟、產業、交通、生活等種種必須且日常活動的基礎及結構，要做轉變相當不易，化石燃料在我們臺灣所扮演的角色更是吃重。

以簡單數據來看，在產業方面，臺灣在二〇一八年的石化業產值據經濟部稱占總體製造業四分之一，從業人數達四十萬（不過，在此提醒需注意依計算方式不同而有不同說法，其中官方說法頗受質疑）。在能源方面，首先，二〇一八年所進口的化石燃料即占全國總能源供給的九三％，我們歷年進口能源依存度均接近九八％；其次，燃燒化石燃料來發電的比例達八四％；第三，交通工具的動力來源有近九九％來自石油。在碳排方面，我們在二〇一六年時排放總量位居全球第二十一名（人均年碳排量一〇．九八公噸，全球第十九名），這些碳排中有近九四％來自能源燃燒。

基本上，化石燃料可說是能源轉型的公敵，若我們能對之大幅減少消費，不只可減緩氣候變遷衝擊，還可一石多鳥。例如，國際能源總署（International Energy Agency, IEA）

在對G20國家能源政策進行建議時[3]，就指出因國情脈絡不同，使能源轉型的意涵還擴及促進國家經濟發展、改善空氣品質、為了能源安全而減少進口依賴並確保能源來源等的效果。以臺灣目前開發程度考量，其實自應做為我們未來國家發展的目標。

• 能源的系統性轉型

轉型終極願景是世代安心的潔淨大地

一般來說，當前世界主要國家有三個能源願景：降低碳排、保障能源安全、提供可負擔的能源服務。以前兩者來說，也常見用低碳社會轉型（low-carbon society transition）或永續轉型（sustainability transition）的說法來涵蓋所謂能源轉型的意義。不過，必須注意的是，這兩者仍各有不同的關懷重心及實踐方式，例如前者延伸到關注循環經濟，後者則範圍更大且包含水資源運用等。不過總的來說，能源系統同是這兩種轉型意涵缺一不可

2 GHG中的其他溫室氣體如甲烷（CH_4）及氧化亞氮（N_2O）等，可依其將造成的不同暖化程度而分別轉換計算相當於二氧化碳的排放量，使GHG總量得以用二氧化碳做為同一單位計算出所謂碳排當量（CO_2 equivalent, CO_2e）。本文所指碳排均指碳排當量。

3 G20國家除了美、英、法、德、日的七國集團成員外，也有所謂巴西、俄羅斯、中國等五個金磚五國，並包含重要經濟體如韓國、土耳其、澳洲等七國。

的核心，三者關係如圖1所示，它們的終極願景可說都是追求世代安心的潔淨大地，並且因此有更繁榮的經濟與更公平的社會。

能源系統的轉變

若再進一步解析何謂能源系統及其改變，則可較仔細分成三個子系統來說明，包括：能源供給來源、新技術、關鍵驅動者／物（prime movers）。基本上，這三者都有關鍵作用，若要追求轉型，就不能只鎖定某一個，否則事倍功半。過往能源系統的轉型多著重在如何開發多元能源供給，例如天然氣、生質能或各種再生能源等，而新技術也常單指如何更大規模及用更廉價方式開發它們，使得我們常誤以為能源只屬於科學家或工程師所關心的技術議題，而忽略了政治制度、經濟機制或社會行動者可有效促進能源轉型。舉例來說，能源效率管制政策如能耗標準、經濟管制措施如能源稅、社區參與開發再生能源等，都能在能源轉型時扮演重要角色。

因此，在此建議讀者將視野拓展，把所謂制度及規則的制定也列入新技術範圍，而關鍵驅動技術物則像是利用新能源所開發出來的新科技物或系統，如過去的汽車或電視等，它們必須協同起來改變才有機會達成能源轉型。例如，在開發再生能源做為電動車輛的動力來源時，也須採用補貼政策、新建基礎設施及制定新車輛檢驗規則等一連串的配套作為，才有機會取代路上以燃油引擎為主的車輛。整體來說，如果我們能對能源三個子系統有深刻認識，就會發現它們同時牽涉了技術、經濟、政治及社會等四個層面，並需用「技術經濟」或「社會技術」的跨域視角才能有效理解，如表1所示。

接著，經過三個不同子系統的複合觀點努力後，我們要如何判斷能源系統達到轉型了呢？目前較簡易的說法，還是集中在能源來源種類的消費市場占比發生顯著改變。有些人認為，如果某一新能源在市場上挑戰了舊能源，然後再予以替代時，即可說是能源轉型。不過，有些人給了更具體指標，認為新能源的市場占比爬升至二五％時，才可說是能源轉型，但也有認為要達到五〇％以上才可謂大轉型。這些比例對多數臺灣民眾來說，可能有些吃驚，因為以我們的發電能源結構為例，所謂舊能源的化石燃料在二〇一八年時占總發電量高達八四％（燃煤四六・二八％、燃油三・〇八％、燃氣三四・六四％，如本書序章圖5，頁三五），核能一〇・一二％及再生四・六五％。我們的舊能源（化石燃料）要降至七五％以下談何容易，更何況是低於五〇％。然而，二〇一五年時，歐盟的再生能源就供給了一六・四％的總能源消耗，更提供二八・四％的總發電量。另德國在二〇一四年時，再生能源約供給了二六％發電量，當時並預計在二〇二〇年達到三五％，二〇五〇年達八〇％。不過，德國其實在二〇一八年就提前超過三五％了。另外，丹麥在二〇一七年時，光是風力就提供該國整年五〇・一五％的電力消費。

不過，以上的能源來源比例說法恐仍過於單面，因為某一能源種類的消費量變化，不論是成長或衰退，其實來自於種種不同的小規模改變所累積而成。例如，石油消費從十九世紀開始成長並在二十世紀成為主要能源種類的原因，包含了從獸力（如馬車或牛車）到引擎驅動的陸上交通工具轉型、從蠟燭或煤油到以汽油為燃料的照明系統轉型等。只講能源來源比例的改變，可能遭批所謂「弱周邊視覺」而見樹不見林。因此，我們還是要回歸能源系統的複合角度檢視（如圖1），才能比較精準地鑑別出能源系統是否發生轉型。

以下圖1試圖整合前述所提國家轉型方向、能源轉型願景及目標意涵。圖下的矩陣表1則以電動機車為例說明能源轉型的子系統及複合觀點，但表內的子系統各僅以電能、電池及機車做分析，又表內的複合政策也只做若干舉例，因此該表還有相當的擴展空間。此外更複雜的是，在轉型目標下，還應有許多不同的政策措施矩陣，例如綠建築、能源效率及各種再生能源開發等。這些不同矩陣綜合起來後，可為本章後文（頁三一八）所提的政策組合（policy bundles）及混合政策（policy mix）策略。總之，能源轉型雖說相當繁複，但目前已有許多研究及政策經驗提供架構及策略。

圖1｜能源轉型願景、目標、系統及觀點整合

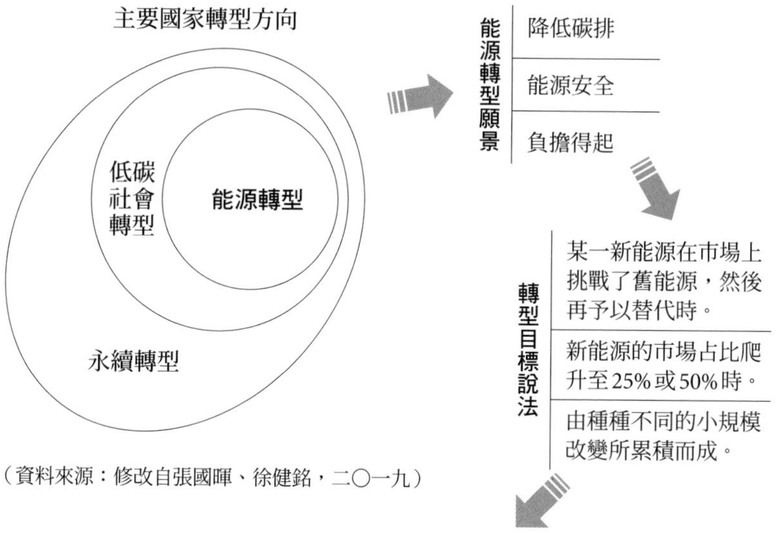

（資料來源：修改自張國暉、徐健銘，二〇一九）

表1｜能源系統內各子系統在複合觀點下的政策措施矩陣（以電動機車為例）

複合觀點 子系統	技術經濟	社會技術	政治
能源來源（電力）	使發電成本較燃油低。 使發電過程碳排降低。	協助適應能源消費及使用模式的改變，如習慣電力續航範圍。	基礎設施治理與規範，如加油站與充電站的增減及互補。
新技術（電池）	研發電池效能提升、可負擔、在地生產、附加功能。 評估建構智慧電力服務效能，如將電池總量做為儲能（grid to vehicle, G2V）。	評估充電或換電較適合在地使用及地理脈絡。 評估在地生產或使用電池的環境負擔能力。	評估是否投入國家研發目標，並以產學或產業政策支持。或是國家引導，由市場機制決定。 評估G2V是否有助提升國家能源安全。
關鍵驅動者／物（電動機車）	電動機車在國內外市場競爭力。 衡量電動機車補貼程度，既協助創新也避免依賴。	評估、調查在地使用經驗。 評估是否導引相關系統變遷，如投入電力發動機及智慧工程到教育體系中。	與燃油聯盟協調及對抗。 制定電動車輛安全及車輛基本規範。 燃油車輛新車停售政策。

（資料來源：整理自張國暉，二〇一九）

不只想像美妙結果，更要想像艱辛過程

經過前述的能源轉型意涵及複合觀點簡介，我們建議讀者再進一步認知到能源系統三個複合面向中的「小規模轉型」，其實充滿了故事。轉型雖充滿光明，但也常見令人難以自圓其說的情形。亦即，我們都知道，大部分的小轉型之結果增加了人類眾多生活福祉，像是享受照明、空調、長期食物保存及烹調、移動距離及速度等，而這些福祉又串連起來再創造出更多福祉，像是大型城市因冷凍、排水、運輸等科技幫助，住在大城市中因而享受更多、更精緻的娛樂。不過，我們也心知肚明這些福祉有各式各樣的代價，像是空調設備會破壞臭氧層、過度照明使得許多動植物棲地受損、使用燃油動力運輸工具改變許多人偏好的獨立自主生活方式等。簡單來說，小規模轉型的過程及結果不見得都是人們可欲或期待的，而由眾多小轉型累積而成的大轉型更是如此。

若回到當前由臺灣電動車輛所興起的運輸轉型為例，表 1 中所舉的情形，很可能招致大小不一或有形無形的抗衡，像是目前臺灣電動機車的發展已引起政府過度補貼（如預算排擠、甚至浪費）、需另建電力基礎建設（如輪配電及充電設施）、挑戰傳統燃油服務體系（如傳統車商車行既有利益及其勞動力市場）等批評。其他有關設置再生能源設備時，可能造成土地爭奪及生態棲地改變（如太陽能及風能電廠廠區選擇）、新興汙染

（如太陽能板的製程及回收）等，已是目前浮現的現象與問題。因此，不論以歷史經驗或當前進展來說，轉型固然有說不完的好處，但過程中也有許許多多的混亂、衝突、失調、浪費、抵抗、掙扎、反動等現象。

誠然我們對於能源轉型「結果」的想像有永續發展或低碳社會等，令人感到希望與安慰，但也不要過於天真而認為這些結果將一定會到來，並且忽視了「過程」。恰恰相反的是，對於我們在地的能源轉型想像應該要先從種種困難的想像開始，其中一部分更已經在現實生活中出現，而且預期有更多將在不久的將來紛至沓來，我們現在就應認真地面對它們、深刻地分析它們、努力不懈地解決它們。

・想像能源轉型的種種困難

目前我們面對能源轉型的最大困難主要來自既存系統的能量及壓力。我們必須知道，當前以化石燃料為主的能源系統約從十九世紀初開始快速發展。一開始是因第一次工業革命所需的煤，從約占五％全球能源供給量成長到二十世紀初的五〇％，到二十一世紀初時雖已大幅下降，但仍占有約三〇％。石油則是從十九世紀中開始加入，到了二十世紀中時已經超過煤成為全球首要能源來源，進入二十一世紀初時則占了超過四〇％，但近來也顯著下降至約超過三〇％。至於天然氣部分，則與石油類似的時間加入人類能源供給，但成長速度較石油慢，不過到了二十一世紀時，則占了接近二五%的全球能源供給。目前包括煤、石油及天然氣等化石燃料占了全球能源供給超過七○%，它們合起來會在一九六五年時超過九○%以上，如圖2所示。而化石燃料燃燒的大幅增加，形成了一個高碳的燃料經濟，還進一步以此為基礎發展成所謂高碳經濟或高碳資本主義，甚至有人認為二十世紀為高碳資本主義。亦即，以化石燃料為基礎的能源、交通、產業、科技、生活模式等，編織了一個綿密的高排碳、高汙染的資本主義社會型態。

因此，從全球尺度來看，我們不難想見基於化石燃料所構築起來的基礎設施、生產及勞動體系、經濟及金融部門、政府

圖2｜全球各主要能源消耗趨勢及成長預估

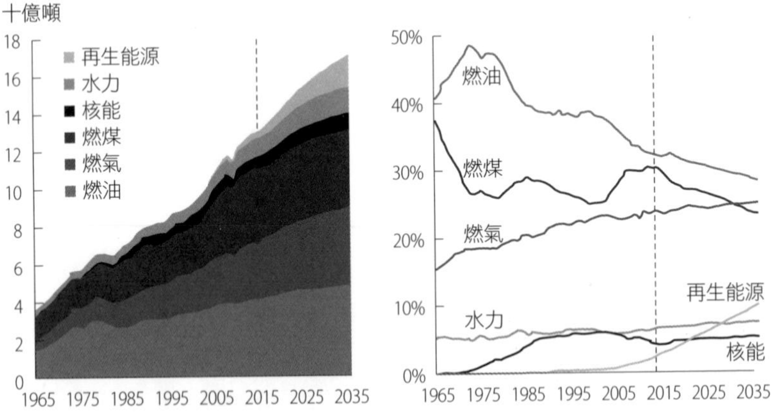

再生能源包含風能、太陽能、生質能以及生質燃料。

（資料來源：British Petroleum, 2017）

預算收支及制度等是多麼龐大。如果要讓化石燃料能源系統轉型，連帶也要改變我們的政治、經濟及社會運作方式，用茲事體大仍不足形容。也因如此，不難想見這些既存運作方式將有數量眾多且力道頑強的抵抗。說實在，臺灣社會依賴的化石燃料程度，若用不遑多讓形容，或許還過於客氣。除了從前述所提數據已可看到臺灣可說是國際翹楚，若再觀照實際生活周遭，化石燃料所連結起來的政經社勢力更是沛然莫之能禦。對於未來臺灣的能源轉型，可能不只是抵抗，更是碾壓。

走老路、拋不開、割稻尾

從歐洲經驗來看，目前學理及實務上有幾個概念解釋能源轉型的困難，主要是針對現存化石燃料系統的抵抗。首先，所謂的路徑依賴（path dependency）也被用在解釋能源轉型困難。這個概念主要是說，化石燃料能源系統不單只是提供人們所需能源來源，更是有一系列的制度及技術配套應運而生，而且這是經過數十年的過程衍生出現今的體系。我們有時以「高碳政體」（high carbon regime）來形容它，因為政體內的組件之間不只是有功能關係，更有權力及利益關係，所以各組件合起來成為系統之後，也不只是發揮原初預期的功能（如提供能源）而已，更有競爭、排擠、攏絡其他系統或政體的作用。因此，化石燃料系統如同政體般隨時間成長，一步一步向外延伸，鋪陳並支配了人們的能源、交通、產業、科技、甚至生活消費模式，而此既成的路徑，曾經帶來了相當的便利與功效，使我們很難選擇不去走這條由過往理性所建構的成功道路。或許，也可用「走老路」來概括，也就是一方面延續以前的方法及所帶來的利益或便利，但另一方面卻因為習慣而沒有開創新路。

其次，根據路徑依賴，我們不僅知道過去的成功之道何在，更瞭解這樣的成功之道其實已經花費了我們龐大的資金、勞力、土地，還有難以估量的努力精神。有人以鎖定效應（lock-in）或慣性（inertia）來形容高碳資本主義或高碳政體的支配困境。也就是說，既然我們已經投注了如此多的成本，若還未得到足夠利益，例如會計攤提年限還未到或是投資效能尚未完全發揮完畢，就要將它「拋開」，實在也讓人掙扎，甚至引發憤怒。特別是有規模驚人的基礎設施或廠房早已蓋好且提供令多數人滿意的服務，一旦要放棄它們，很難不引起反抗。

第三，有人的地方，一定就會有政治。政治不見得都是負面的，因為如果能透過共識取得而一起努力，往往能收事半功倍之效。然而，在路徑依賴（走老路）及鎖定效應（拋不開）之下，我們也必須知道抵抗或維護將會有種種的型態。有時抵抗者們會忠誠地守護既有資產，採取被動守勢因應，但他們也常運用政治手段積極地發出攻擊。這些手段包含攔截（capture）、收編（cooption）、顛覆（subversion）等，也就是說一方面看似同意能源轉型而搭配制定相關措施，但實際上則是利用自己目前已有的龐大資產與政經能力，而將能源轉型開創者的諸多創新給擷取或收編過來而「割稻尾」，更有甚者，是過了一段時間之後還將之顛覆，最後使能源轉型遲滯，甚至難以實現。

舉例來說，一個在英國名為「再生能源基金會」(Renewable Energy Foundation）的機構乍看似乎是推動再生能源或能源轉型的專業組織，但卻被爆料剛好相反，其實基金會所出的研究報告常誤導不知情民眾對再生能源做出不公平質疑，結果反還贏得「忠言逆耳」美名，著實諷刺。其實不只在國外，國內也有類似現象，也就是看似立場中立、甚至掛著吸引人的羊頭，但論述的證據、邏輯及結論等都充滿目的論，也就是先射箭再畫靶「導引」公眾，甚至還有人前人後不一，看似監督石化但實則掩護的情形。此外，也還常有藉打能源轉型擦邊球的方式，而讓能源轉型歪樓。例如，一方面宣稱將致力減少碳排，但另一方面又堅守過往核能發電政體，很可能使得以再生能源為能源轉型主力的變革走偏路徑，最後跟永續發展及安全能源的轉型願景背道而馳。總之，圍繞在能源轉型周遭的爾虞我詐，其實就潛伏在每個人的日常生活身邊。

拒絕改變

前面所謂既存化石燃料系統的抵抗，其實並不限於上述能源生產者、投資者或是為系統工作的相關服務者而已，即便是未因化石燃料而獲得具體可見利益的一般日常消費者，常常也是抵抗者成員。這其中有諸多原因，例如消費者不願改變原來的能源消費習慣，也有可能是消費者享用了廉價化石燃料（因為諸多外部性成本未計入，如汙染或排碳等，而使得化石能源消費價格遭低估）等因素，使廣大消費者也可能會跟系統核心行動者沆瀣一氣，拒絕改變。這就是高碳社會的常態：人人享有既有能源系統的各種便利與廉價，難以改變。甚至，生產煤礦及石油的大公司也會支持氣候變遷懷疑論，透過各種方式讓人們相信化石燃料為基礎的資本主義是最正當以及最好的選擇。此外，消費者也可能對新技術或利基驅動技術物還不夠熟悉、欠缺足夠經驗及知識，因此沒有信心，以至於對加入能源轉型有遲疑。當然，還有另外一項重要原因，即在於消費者考量一旦參與能源轉型時，會不會增加他們的經濟負擔，而這是很實際的因素，需要政策協助一同克服。

我們可舉一個有關電動車輛發展例子說明。相較於以燃油引擎為驅動的車輛，電動汽車近年已經普受肯定能帶來許多環境改善好處，例如降低碳排而減緩暖化及氣候變遷，此外電動汽車也有助提升公共衛生，降低燃油引擎的有害排氣能減低許多健康風險。再者，電動車輛也可降低使用者能源成本、環境噪音，並有更優質的駕駛及乘坐經驗。因此，許多國家紛紛制定禁售燃油車輛的時間表，還有祭出補助電動車輛的種種補貼（如購車）或優惠（如免停車費）措施。以上這些好處不只在國外，也可以在臺灣發現，特別是在電動機車的發展上。然而，電動車輛在國內外雖逐年成長快速，離替代燃油車輛還很遠，連普及都還有距離，令人有些失望。目前全球電動汽車僅約占消費市場五％，臺灣的電動機車占總新車登記數到二〇一八年時則好不容易約占一〇％，但近日在所謂來自基層的壓力下，使經濟部鬆動甫於二〇一七年底宣布二〇三五年禁售燃油機車政策的立場。

因此，許多學術及政策研究探討如何讓電動車輛受到消費者青睞，多數研究指出價格、續航力、外觀、形象、相關知識等是關鍵影響因素。其中，續航力這項因素同時兼具車輛技術及消費者主觀考量所影響，是最重要的因素，因此引起更多研究。基本上，消費者相當擔心電動車輛的續航力議題，而躊躇不前。然而，已有研究經訪談大量消費者及專家後，發現許多消費者所擔心的問題其實都已在近年大幅克服，但仍無法改變他們的既定印象及知識。由此可證普存消費者的反動心理才是關鍵，而這心理常由所謂反動的修辭所占據，亦即挑戰這些新電能技術是無用的、令人焦慮的、布滿危險的。[4]更值得關注的是，消費者還頗對這些說法買單。因此，當我們在想像及規劃能源轉型時，

4 有關反動修辭的概念及實例內涵，請進一步參考請進一步參考 A. O. Hirschman (2013), *The Rhetoric of Reaction*（反動的修辭），（吳介民譯）。臺北：左岸。

不能不對現實社會運作機制進行深入理解、分析及研究因應措施。這些機制無論是形諸文字可見的法令制度規章，或是社會文化心理、慣習及實作等，都將會是能源轉型成功與否的關鍵一環。

• 挽起袖子來研究及規劃轉型政策

政府是能源轉型關鍵角色

近年來，為了解決前述能源轉型的種種困難，許多社會科學研究者已紛紛進行探索，接受實務上的挑戰。他們多從前述所說的科技經濟、社會技術及政治／政策等複合觀點切入，而這三觀點所共同分享的核心要素就是「政府」。政府不只被認為是能源轉型的關鍵規劃及推動者，往往也是現存化石燃料政體的既得利益或維護者。政府有時甚至操弄公眾以支持其反動政策。臺灣的能源轉型為介於能源燃料選擇與排碳（到底要使用化石燃料、核能或再生能源涉及了排碳）、產業轉型、空汙治理的三個螺旋線運動；而在這個架構之下，現實上卻因各種既得利益而導致政府治理轉型遲滯，相對應的，產業轉型與社會轉型也相對遲滯。因此，「穿著西裝改西裝」是一件非常不容易的事，特別是當穿西裝者還某種程度的前後矛盾，連自己需要什麼都可能難以取得一致性，因此亟需有效的策略及細節處方。基本上，這些策略及處方可視為一連串的政策，它們有時能連貫，進而發揮綜效，但有時卻不協調、相互牽制、甚至彼此對抗。臺灣雖常自我解嘲國內的許多政策有此現象，但歐美先進國在面對能源轉型時也常如此，我們不必過於自認不如。

目前歐盟多數國家可說是對本文開始的三個能源轉型願景有普遍及堅強共識，特別像是德國、英國、荷蘭及北歐各國等，但大西洋另一岸的美國則是在川普上臺後有明顯改變。亞洲方面，基本上韓國、日本及中國等也是往這些願景邁進，但有些搖擺或不協調的現象，例如日本對核能的政策。目前臺灣也有類似情形，在第三次政黨輪替後上任的民進黨政府宣示能源轉型政策後，不及三年的執政期間內也常因不同因素，出現若干轉型反動的措施，但至少能源轉型仍是基礎政策之一，希望到二〇二五年時再生能源發電比例達二〇%、天然氣增至五〇%、燃煤則降到三〇%。無論如何，以臺灣具有明顯發展型國家脈絡的角度觀察，而近似韓國及日本的情形下，為了真切地達成能源轉型，政府及其政策顯然對能源轉型扮演最關鍵的角色。

現時能源轉型的政治研究有幾個層面，包括國家的政經脈絡、政治聯盟、政策回饋等，它們對政府能否制定有效轉型政策有重要影響。首先，所謂政經脈絡主要關心的是國家結構環境，例如英國傳統以尊重市場機制為治理機制，因此在能源政策的制訂上，政府須將其重心擺在如何維護及建構制度環境，然後由私部門站到第一線做能源轉型的行動者，而不宜像其他歐陸國家如丹麥或德國由政府親身組成能源企業，直接推動再生能源的生產或服務。

其次，政治聯盟則是關注既存及再生能源供應者所連結起來的不同政經結盟及其相互競爭，其中結盟的權力爭鬥會顯著影響能源轉型的速度，因此以轉型為目標的政府必須積極調和衝突，有時甚至必須主動攻擊反動的化石燃料能源聯盟。第三，政策回饋則關注政府政策的一連串能源轉政策的策略性，也就是不同相關政策間的互動協調及推升成長。基本上，本書的架構及內容多專注在政策回饋層面的探討，當然這並不表示政經脈絡及政治聯盟對臺灣能源轉型較不重要，只是現時我國正才較積極推動能源轉型，我們認為若能先拋出實務政策議題，應能激起較具體及深入的公共討論。至於能源轉型政策及其回饋應如何再深入分析，則是下一小節的重點。

規劃混合政策（policy mix）

當前在歐洲常用所謂「混合政策」的途徑，做為政府進行能源轉型治理的基本策略之一。所謂混合政策是指將諸多政策工具組合起來，這些規模較小的政策基本上有著共同目標，且它們之間有互動關係。不過對於永續轉型或能源轉型的混合政策來說，更希望眾多小政策之間有動態關係，也就是彼此互動後演化而在長時間過程中漸進地發展，其中的過程需要小心翼翼地安排及協調。這主要是因為能源轉型相當複雜（如圖1所示），而且必須要更具有策略性才能有機會達成。亦即，在能源轉型不同階段中設計不同的小政策，並有不同的短期目標，一步一步往前邁進。

基本上，本書的安排及目標也帶有如此的意涵，不過只是初步的規畫，希望能對臺灣能源轉型略盡綿薄之力。此外，目前本書作者群所屬的臺大風險社會與政策研究中心即將在二〇一九年底前發表《變遷中的臺灣》研究報告，除了將對世界趨勢、主要國家政策調整、臺灣能源現況進行分析外，更試圖提出多項政策組合（policy bundles）來為我國能源轉型做出建議。這些組合分有幾個面向：地方及城市、綠色資本、府際合作、公私協力、電力市場改革、能源效率等，並各有低、中、高三個不同層級企圖心的政策規畫。

例如，在地方能源治理政策組合部分，其低度企圖心是希望在地政府目前就能著手在地能源治理規劃及策略擬定，包括盤點現有資源及困難；到了中度時，則著手多元資金的籌募，不只是來自中央的補助或委託，更有其他相關管道以長期經營在地特殊需求的能源轉型；至於較長遠的高度企圖心，則希望地方政府能實踐在地特色的能源創新措施，例如開設能源服務、甚至是能源開發公司，並能提供城市能源實驗的法制及場域環境等。基本上，我們認為不同面向的政策組合共構起來就是一個能源轉型的混合政策，各面向政策組合之間不只互動，還有動態的發展關係，朝向轉型的目標邁進。

• 結語：借鏡國際趨勢來尋求國內情勢的突破

我們知道，在第三次政黨輪替後，政府明確宣示推動能源轉型，固然跟上國際發展趨勢，但目前仍行步蹣跚。不只抗拒轉型的各式力道強勁，支持轉型的力量也不易團結，更別說尚難獲民眾足夠信任，甚且政府內部始終受到意志不堅的質疑。因此，在我們想像及期待能源轉型後的美好願景之餘，其實應該投注更多心力正視當前難題，並且還要預做周全準備以先想像及應對短、中、長期我們各將面臨的種種困難。轉型不會隨時間自然到來，而是經過長期爭取及克服困難後，才有機會。

參考前述許多歐洲國家的能源政策及其政治策略，臺灣的能源轉型應也不脫此主角為政府的大致範疇，基本上這是大家面臨能源轉型挑戰的共通解方。其實，早從一九九八年第一次全國能源會議以來，我們政府也知悉及承諾自身就是能源部門能否轉變的核心，所以之後除了再辦理三次全國能源會議外，也陸續頒布了國家永續發展願景與策略綱領、永續能源政策綱領、兩次能源發展綱領等指導文件，還新訂《溫室氣體減量法》及《再生能源發展條例》等法律，又修正《電業法》、《能源管理法》等相關條文。凡此種種能源政策的行政作為及法令增修，難說不是能源政策的重要成果。然而，若再深究這些會議、綱領、法令的內容及發展過程，則會發現常出現原地打轉或矛盾叢生的情形。

基本上，前述四種綱領的內容可說是隨政黨輪替就輪替，而下個政府的綱領就是前一個的髮夾彎，總計四次的全國能源會議也多被當時執政政府操控，最後有著見藍說藍話、見綠說綠話的結論傾向，且能源法令修訂也常見法律是一回事，但實踐法律宗旨與否又是另一回事的情形。簡要來說，以上林林總總或洋洋灑灑的能源政策內涵，常隨著不同政黨執政就重新歸零、另起爐灶，即便是自認常關心能源的民眾，最後仍難不被弄得精神錯亂，更何況是對能源結構認識有限、甚至是認知錯誤的民眾。

因此，一方面我們看到政府其實做了很多事，也積極認為應該在能源政策上努力，並付諸執行，才有前述種種措施，另一方面卻又不見政策積累。那麼，到底哪個環節不對勁，讓能源政策空轉近一個世代？若借鏡前述國際經驗，回想前述歐洲能源轉型過程，可發現它們政府將火力集中在政經脈絡理解及順應、政治聯盟結合及競爭、政策回饋持續及深化等三種策略作為，但我們政府卻多把心思投注在制定綱領或相關文件的推出。我們看似向人民交代政策方向，但常就只是方向而欠缺細部行動，更別說冀望不同部會之間或中央地方府際的合作。也就是說，我們政府恐怕還是欠缺歐洲各國政府在能源轉型上的這三種工作。

當然，這些政治策略工作確有臺灣不易實現的在地局限，至少政治聯盟真的難有良性競爭，卻常有彼此摧毀性的惡鬥。眾所周知，這樣的惡鬥源自更深處的政治競爭脈絡，我們雖能理解，但卻無法順應，畢竟取得交集點有高度困難。因此，這個世紀以來迄今的歷屆政府及國會，在諸多不同種類的公共政策上常見各行其是、難以累積的現象，多數民眾應心有戚戚。可惜能源政策就是其中之一，難以脫逃這樣的框架，甚至還成為這框架的最佳展演。總之，能源文件推出、會議召開、法令修訂等多屬中層工作，若不能突破上層的政治兩極脈絡局限，也不能再深化至下層的執行策略實踐，那麼這些中層工作可說就只是「虛工」。

那麼，如何讓「虛工」轉變成「實事」呢？若要釜底抽薪，當然是前述歐洲的三種政治策略工作都要做。不過，如何化解政治脈絡的極端框架，或許可列遠程目標，以目前的政治情勢發展來看，藍綠間若沒更極端就足堪告慰、阿彌陀佛了。我們建議多做下層工作，也就是有關政策回饋的持續及深化，讓府際間、公私部門間、官民之間等能夠協力做些事情。亦即，就是希望本書第二章至第五章有關空汙、公民電廠、產業節能、地方治理等方面的工作能有再下一步的進展，從日常生活中挽起袖子來實作且持續不斷，那麼雖不能保證，但我們或許得以跳脫空轉。而且，如果未來能由能源帶來國家轉型，或許上層的兩極政治框架還因此獲得突破可能。

最後，我們也呼籲轉型工作不能只交由自然科學或工程專家，更需要社會科學家投入政治、經濟及社會機制的分析、規畫與設定，特別是在困境解析及政策研究方面。目前歐盟國家在能源的社會研究及政策實踐正如火如荼，我們除應積極借鏡參考外，更需投入在地探索。有關能源轉型的工作繁多，還有許多需要追趕或填補，希望這本書能提供一些貢獻，並邀請更多關心臺灣未來能源治理及轉型的朋友加入。我們當然也不以此自滿，仍有好多能源政策的社會科學研究需要進行，且向社會大眾及政府單位密切溝通及知識傳散，也是臺大風險社會與政策研究中心的要務。不過，在追趕過程中，我們也毋須過度妄自菲薄，因為臺灣本土社會能動性向來能量充沛，特別是在環境及永續發展議題上，早有各地默默付出及實踐的經驗，而這些正是我們的資產，亟待這些經驗的累積得以加速能源轉型。

梁曉昀｜臺灣大學風險社會與政策研究中心助理研究員

二〇一八年自中興大學國際政治研究所畢業，偶然接觸環境議題後開始參與NGO組織，期能為環境政策努力。目前於中心負責「建立臺灣能源與社會轉型之永續社會共識研究」與「前瞻研究」，並為中心電子報編輯。

劉怡亭｜臺灣大學風險社會與政策研究中心助理研究員
二〇一七年畢業於臺大國家發展研究所，碩士班時期一頭栽入了風險社會領域，學位論文撰寫著臺灣這塊土地上空氣汙染的環境問題研究，畢業後仍留在空汙領域持續努力學習，相信著知識的島嶼愈大，驚奇的海岸線愈長。

鄭師豪｜政治大學社會學系碩士生
大學畢業於成功大學化學工程學系，因有感於當代日趨複雜且嚴峻的社會樣貌，進而轉入社會學領域，並投入科技與社會研究。個人研究主題以空氣汙染為主。

高佩懃｜臺灣大學風險社會與政策研究中心助理研究員
中興大學國際政治研究所畢業，曾於陽明大學科技與社會研究所擔任專任助理。不意接觸到參與式預算的計畫，進入公民參與及溝通的領域，在中心延續對「人」與「溝通」的好奇，執行新興科技媒體中心計畫，著重於能源的科技風險溝通。

許令儒｜臺灣大學風險社會與政策研究中心助理研究員
臺大社會系、清大社會所與中研院當代中國研究碩士學程畢業。希望不愧於社會學訓練並對在地社會有所回饋。目前負責低碳、能源與環境政策相關研究及國外出版業務。

楊軒豪｜臺灣大學風險社會與政策研究中心助理研究員
目前中心唯一經濟背景的同仁，二〇一五年從臺北大學經濟研究所畢業，從任臺灣綜合研究院高級助理研究員一職，從事電價、能源等專案研究，在中心則以前瞻做為研究的主軸。

陳喬琪｜臺灣大學風險社會與政策研究中心助理研究員
日本京都大學地球環境學舍環境管理碩士畢業，閒暇喜歡踏青、手工藝。擔心未來世代能看到的物種愈來愈少，因此投入氣候變遷、環境規劃等研究議題。在中心執行氣候變遷災害風險治理、地方能源治理研究。

陳穎峯｜中國文化大學行政管理學系副教授、臺大風險社會與政策研究中心研究員
政大外交系學士，政大政治所碩士，美國馬里蘭大學政治系博士。求學時期正值臺灣民主化與環境運動關鍵進程，深覺臺灣社會中的威權成分始終如巨靈般籠罩民主改革與環境政策的走向，認為公民實踐才是鞏固臺灣的民主骨幹。也因此，刻正於陽明山地區積極推動公民電廠，希望透過社區能源自立與後續反思，讓我們都成為能為自己作主的「人」。

李翰林｜地球公民基金會主任、中山大學社會學系兼任助理教授
在政治大學公共行政學系從大學念到博士，二〇一四年畢業後進入地球公民基金會，負責能源、責任科技及環境民主等議題的倡議，期待臺灣成為民主且永續的島嶼，相信成功的能源轉型必須仰賴社會轉型。

趙家緯｜臺灣大學風險社會與政策研究中心博士後研究員
臺大環工所博士，綠色公民行動聯盟常務理事，曾任職於工研院綠能所，歷經多重視角的能源轉型工作者。篤信能源政策並非命定，而是公眾知情的選擇。

徐健銘｜臺灣大學風險社會與政策研究中心博士生暨助理研究員
臺大國家發展研究所碩士畢業。在研究所期間參與科技與社會和風險社會相關研究，涉及食品、環境和能源議題，對政府如何治理與溝通感興趣。

翁渝婷｜臺灣大學風險社會與政策研究中心助理研究員
二〇一六年於海洋大學食品科學系碩士畢業，因看到社會風險議題層出不窮，因此到了著重政策研究的風險中心。目前主責「建立臺灣能源與社會轉型之永續社會共識研究」與「前瞻研究」，以及國內出版相關事宜。

黃翰榆｜臺灣大學風險社會與政策研究中心助理研究員
二〇一四年於臺大地質科學所碩士畢業後，曾任職顧問公司協助政府擬訂環境政策，進而體認到人文社會對於推動與研究氣候變遷與環境相關議題之重要性。目前在中心從事「前瞻」、「永續發展」研究，以及國內出版相關事宜。

作者群介紹

臺灣大學風險社會與政策研究中心
二○○六年七月成立。為因應全球社會、環境科技變遷，建構學術多元及跨領域研究發展取向，於二○一三年十一月更名為風險社會與政策研究中心。目前中心除透過研究來提供政策參考，建立長程政策論述與規劃建言外，亦企圖將學術研究成果轉譯為企業、政府與公民易懂的知識，進行有效知識傳播，打破學術與社會藩籬，全面強化風險溝通實踐。

周桂田｜臺灣大學國家發展研究所教授兼所長、臺大風險社會與政策研究中心主任
師承德國社會學思想巨擘Professor Ulrich Beck，歸國後致力於倡議、轉化與創造「風險社會」於臺灣及東亞社會的新理路。對近十年政府與民間高度對立不信任之「僵局風險治理」與學術斷裂社會關懷根基，認為需盡速轉轍，否則無法因應規模遠超過於二十世紀科技、經濟、環境、社會與倫理之鉅變。

張國暉｜臺灣大學國家發展研究所副教授、臺大風險社會與政策研究中心執行長
美國維吉尼亞理工學院暨州立大學科學及技術研究學博士，從事科技與社會、科技史、工程文化相關研究。

杜文苓｜政治大學公共行政學系教授、臺大風險社會與政策研究中心研究員
美國加州柏克萊大學環境規劃博士，亦為現任科技部人文司科技、社會與傳播學門召集人以及東亞科技與社會（EASTS）期刊副主編。研究領域為環境治理與永續發展、科技與社會、風險溝通與決策、公民參與／審議民主等。長期參與環保組織工作，並獲得中央社十大潛力人物──社運環保類組、吳大猷先生紀念獎等肯定，是一位學術研究與社會實踐並重的學者。

高淑芬｜佛光大學社會學系副教授、臺大風險社會與政策研究中心研究員
輔仁大學社會學系學士，美國密西根州立大學社會學系博士，東亞環境社會學研究學會理事。近年致力於能源轉型的社會學習與公民參與的行動研究，透過研究與社區培力，盼望促進臺灣地方能源轉型的能量提升。

Lee, H., Jung, E.-Y., and Lee, J.-D. (2019). "Public–private co-evolution and niche development by technology transfer: A case study of state-led electricity system transition in South Korea". *Energy Research and Social Science* 49:103-113.

Lund, P. (2006). "Market penetration rates of new energy technologies." *Energy Policy* 34(17):3317-3326.

Melosi, M. (2010). "Energy transitions in historical perspective." Laura Nader (ed.), *The Energy Reader*, pp. 45-60. London: Wiley Blackwell.

Noel, L., Zarazua de Rubens, G., Sovacool, B. K., and Kester, J. (2019). "Fear and loathing of electric vehicles: The reactionary rhetoric of range anxiety." *Energy Research and Social Science* 48:96-107.

Rezvani, Z., Jansson, J., and Bodin, J. (2015). "Advances in consumer electric vehicle adoption research: A review and research agenda." *Transportation Research Part D: Transport and Environment* 34:122-136.

Roberts, C., Geels, F. W., Lockwood, M., Newell, P., Schmitz, H., Turnheim, B., and Jordan, A. (2018). "The politics of accelerating low-carbon transitions: Towards a new research agenda." *Energy Research and Social Science* 44:304-311.

Rogge, K. S., and Reichardt, K. (2016). "Policy mixes for sustainability transitions: An extended concept and framework for analysis." *Research Policy* 45(8):1620-1635.

Smil, V. (2010). *Energy Myths and Realities: Bringing Science to the Energy Policy Debate*. Washington, D.C.: AEI Press.

Sovacool, B. K. (2016). "How long will it take? Conceptualizing the temporal dynamics of energy transitions." *Energy Research and Social Science* 13:202-215.

Urry, J. (2015). *Climate Change and Society*. London: Polity.

Valentine, S. V., and Sovacool, B. K. (2019). "Energy transitions and mass publics: Manipulating public perception and ideological entrenchment in Japanese nuclear power policy." *Renewable and Sustainable Energy Reviews* 101:295-304.

WBGU. (2011). *World in Transition: A Social Contract for Sustainability*. Berlin: German Advisory Council on Global Change.

環保署（2018）。〈溫室氣體排放統計〉。https://www.moenr.gov.tw/ct.asp?xItem=10052&ctNode=31352&mp=epa。

Aklin, M. (2018). *Renewables: the Politics of a Global Energy Transition*. Cambridge, Massachusetts: The MIT Press.

Appunn, K., Bieler, F., and Wettengel, J. (2018). "Germany's energy consumption and power mix in charts." *Clean Energy Wire*. Retrieved from https://www.cleanenergywire.org/factsheets/germanys-energy-consumption-and-power-mix-charts.

British Petroleum. (2017). *BP Energy Outlook 2017 Edition*. Retrieved from London: https://www.bp.com/content/dam/bp/pdf/energy-economics/energy-outlook-2017/bp-energy-outlook-2017.pdf

EnergiNet. (2018). *Environmental Report 2018: Environmental report for Danish electricity and CHP for 2017 status year*. Fredericia, DK: EnergiNet.

European Committee. (2017). *Renewable Energy Progress Report*. Brussels: European Committee.

Gailing, L., and Röhring, A. (2016). "Germany's Energiewende and the spatial reconfiguration of an energy system." In *Conceptualizing Germany's Energy Transition* (pp. 11-20): Springer.

Graham-Rowe, E., Gardner, B., Abraham, C., Skippon, S., Dittmar, H., Hutchins, R., and Stannard, J. (2012). "Mainstream consumers driving plug-in battery-electric and plug-in hybrid electric cars: A qualitative analysis of responses and evaluations." *Transportation Research Part A: Policy and Practice* 46(1):140-153.

Grubler, A. (2012). "Grand Designs: historical patterns and future scenarios of energy technological change." *The Global Energy Assessment*. Cambridge: Cambridge University Press.

Hertzke, P., Müller, N., Schenk, S., and Wu, T. (2018). "The global electric-vehicle market is amped up and on the rise." https://www.mckinsey.com/industries/automotive-and-assembly/our-insights/the-global-electric-vehicle-market-is-amped-up-and-on-the-rise.

IEA（2018）. *Energy Transitions in G20 Countries: Energy Transitions towards cleaner, more flexible and transparent systems*. Paris: International Energy Agency.

IPCC. (2015). *Climate change 2014: Mitigation of climate change* (Vol.3). Cambridge: Cambridge University Press.

Johnstone, P., and Newell, P. (2018). "Sustainability transitions and the state." *Environmental Innovation and Societal Transitions* 27:72-82.

Kern, F., Kivimaa, P., and Martiskainen, M. (2017). "Policy packaging or policy patching? The development of complex energy efficiency policy mixes." *Energy Research and Social Science* 23:11-25.

Kuzemko, C., Lockwood, M., Mitchell, C., and Hoggett, R. (2016). "Governing for sustainable energy system change: Politics, contexts and contingency." *Energy Research and Social Science*12:96-105.

屏東縣林仔邊自然文史保育協會（2019）。〈大鵬灣區歷史建構 - 產業經濟與工商發展〉。https://www.317nb.net/大鵬灣區歷史建構%E3%80%80第四章 - 民國時期之第三節/。
屏東縣林邊鄉公所（2019）。〈地理環境〉。https://www.pthg.gov.tw/TownLbt/cp.aspx?n=CE857E7FBE6EAFC8。
劉富光（2016）。〈臺灣的鰻魚養殖產業概況與永續發展策略〉，《水產試驗所水試專訊》53期：頁16-21。
薛月順（2010）。〈臺灣「草蝦王國」的形成（1968-1988）——政府與民間扮演的角色〉，《國史館館刊》24期：頁139-176。
IEA. (2016). *Energy Technology Perspectives 2016: Towards Sustainable Urban Energy Systems (Executive Summary)*. Paris: International Energy Agency.
IPCC (2018). *Special Report- Global Warming of 1.5 ºC*. Geneva: Intergovernmental Panel on Climate Change.

{終章}

周桂田（2016）。Beyond High Carbon Society. *AIMS Enegy*, 4（2）, 313-330.
周桂田（2017）。《氣候變遷社會學：高碳社會及其轉型挑戰》。臺北：臺大出版中心。
房慧真、何榮幸、林雨佑、蔣宜婷等（2019）。《煙囪之島：我們與石化共存的兩萬個日子》。臺北：春山出版。
孫文臨（2019）。〈電動車政策引反彈恐轉彎？學者提醒：應輔導既有從業者共同轉型〉。《環境資訊中心電子報》：https://e-info.org.tw/node/217272。
張國暉（2013）。〈當核能系統轉化為科技政體：冷戰下的國際政治與核能發展〉，《科技、醫療與社會》16期：頁103-160。
吳介民（譯），Hirschman, A. O.（原著）（2013）。《反動的修辭》。臺北：左岸文化。
經濟部（2017）。〈電動機車產業創新躍升計畫（核定本）〉。http://www.ttvma.org.tw/cht/information/paper/106825.pdf。
經濟部（2019）。〈出席石化產業交流座談 協助石化產業發展 賴揆聽取業者建言 解決企業投資問題〉。https://www.moea.gov.tw/MNS/populace/news/News.aspx?kind=1&menu_id=40&news_id=78957。
經濟部能源局（2018）。〈能源統計資料查詢系統〉。https://www.moeaboe.gov.tw/wesnq/Views/D01/wFrmD0101.aspx。
經濟部能源局（2019a）。〈能源統計月報，主要能源指標〉。
經濟部能源局（2019b）。〈能源統計月報，發電量（四）〉。
經濟部能源局（2019c）。〈能源統計月報，運輸部門能源消費（按能源別）〉。

Rescoop.eu. (2019). "Europe's new energy market design: What does the final piece of the Clean Energy Package puzzle mean for energy democracy?" https://www.rescoop.eu/blog/europe-s-new-energy-market-design-what-does-the-final-piece-of-the-clean?categoryId=39507.

Richard, C. (2019). "Renewables Exceed 40% in Germany for 2018." https://www.windpowermonthly.com/article/1522063/renewables-exceed-40-germany-2018.

Rifkin, F. (2013). *The Third Industrial Revolution: How Lateral Power Is Transforming Energy,* the *Economy, and the World.* New York: Tantor Media Inc.

{第4章}

工業技術研究院綠能與環境研究所（2017）。〈工業節能決策支援與能源查核輔導計畫執行成果報告〉（經濟部能源局研究計畫1040829）。臺北：經濟部能源局。

宏遠興業（2017）。〈2016年企業社會責任報告書〉。

宏遠興業（2017）。〈2017年企業社會責任報告書〉。

段詩潔、游筱燕（2015）。〈叫我第一名 一塊布，讓全球知名品牌都埋單 紡織矽谷在臺灣〉。《財訊雙週刊》478期：頁70-81。

紡織產業綜合研究所（2018）。〈全球纖維生產量統計〉。

連育德（譯），Leonid Bershidsky（原著）（2018）。〈超快時尚趨勢抬頭 服飾生產可望回流歐美〉，《今周刊》1141期：頁134-135。

經濟部能源局（2019）。〈能源統計月報〉。

熊瑞梅、柯智仁、李杰恩（2016）。〈臺灣紡織業的環境與組織模式變遷〉，蔡國彬、張如芷（主編），《紡古織金：臺灣紡織成衣業的發展》，頁61-104。臺北：巨流圖書。

ACEEE (2018)."The 2018 International Energy Efficiency Scorecard." https://aceee.org/research-report/i1801.

IEA (2018). *Key World Energy Statistics 2018.* Paris: International Energy Agency.

{第5章}

工業技術研究院（2019）。〈視覺化分析工具〉。懂能源BLOG：https://doenergytw.blogspot.com/2018/03/blog-post_29.html。

工業技術研究院綠能與環境研究所（2019）。〈地方能源治理分享平臺〉：http://localforenergy.blogspot.com/。

行政院環境保護署（2019）。〈屏東縣低碳永續成果〉。低碳永續家園資訊網：https://lcss.epa.gov.tw/LcssViewPage/Responsive/AreaDoc.aspx?CityID=10013&ActDocId=89c6caee-2e62-47e6-8ebb-ca0c64ef866e。

高淑芬(2016)。〈能源轉型的在地實踐：社區型能源與公民電廠〉，周桂田、林子倫(主編)，《臺灣能源轉型十四講》，頁181-197。臺北：巨流圖書。

陳文姿(2017)。〈專訪《南風》作者許震唐：在空汙裡掙活路，台西村民籌組公民電廠〉。《關鍵評論網》：https://www.thenewslens.com/article/78679。

陳文姿(2019)。〈《再生能源發展條例》十年大翻修 六大修法重點解析〉。環境資訊中心：https://e-info.org.tw/node/217428。

陳惠萍(2015)。〈領先使用者與社會技術創新：臺灣太陽光電的示範應用發展〉，《社會分析》10期：頁87-125。

陳穎峯、高淑芬、黃筱倪(2016)。〈臺灣能源轉型與地方型能源倡議〉，「2016年發展年會」。臺北：臺灣大學。

新北市庶民發電學習社區合作社(2018)。〈有限責任新北市庶民發電學習社區合作社2019年營運計畫(草案)〉，新北市庶民發電學習社區合作社成立大會手冊。

僑務電子報(2009)。〈凝聚公民意識 蘆荻社大越挫越勇〉，《僑務電子報》：https://www.ocacnews.net/overseascommunity/article/article_story.jsp?id=118455。

臺大風險社會與政策研究中心(2018)。〈許一個臺灣的新發展願景能源感知態度——調查報告〉。

劉明德、徐玉珍(2012)。〈臺灣亟需有遠見的再生能源政策與做法——德國經驗的啟示〉，《公共行政學報》43期：頁127-150。

蔡佳珊(2018)。〈六輕之外活出新路！許震唐催生台西影像館，偏僻小村文化基地〉。環境資訊中心轉載自《上下游》：https://e-info.org.tw/node/213242。

蔡岳勳、王齊庭(2014)。〈以彈性公民多元參與模式促進綠色能源發展之法規政策初探〉，《法治與公共治理學報》2期：頁63-91。

謝雯凱(2016)。〈社區腦力發電機 蘆荻社大談「節電參與式預算」〉。低碳生活部落格：https://lowestc.blogspot.com/2016/08/blog-post.html。

譚宇哲(2018)。〈蘆荻社區光電特工隊開訓 好玩又省電〉。《中國時報》：https://www.chinatimes.com/realtimenews/20180915002481-260405。

蘆荻社區大學(2019)。〈新北市庶民發電學習社區合作社成立了新北第一家、全國第二家太陽能公民電廠合作社成立〉。《苦勞網》社運公布欄：https://www.coolloud.org.tw/node/92600。

Borchert, L. and Wettengel, J. (2018). "Citizens' participation in the Energiewende." https://www.cleanenergywire.org/factsheets/citizens-participation-energiewende.

European Commission. (2018). "Commission welcomes political agreement on conclusion of the Clean Energy for All Europeans package." http://europa.eu/rapid/press-release_IP-18-6870_en.htm.

{第2章}

Inside(2017)。〈中研院陳伶志專訪:「空氣盒子」怎一路走來,成為臺灣一次公民科技里程碑〉。https://www.inside.com.tw/article/10964-ted-taipei-airbox-civic-tech。

中央研究院(2017)。〈空氣盒子推手:空氣變髒了,難道沒有辦法嗎?〉。研之有物:http://research.sinica.edu.tw/pm25-air-box/ 。

中央研究院(2018)。〈技術宅拯救世界!陳伶志〉。研之有物:http://research.sinica.edu.tw/save-world-chen-ling-jyh/ 。

嘉義市政府(2015)。〈全國首創「空汙防護講師培訓營」,嘉義市空汙防護種子遍地生根〉。嘉義市政府:https://www.chiayi.gov.tw/2015web/04_hot_news/content.aspx?id=44611。

嘉義市環境保護局(2019)。〈給我2分鐘,「嘉義市空汙大學堂」圖文解說讓你懂〉。嘉義市政府:https://www.chiayi.gov.tw/2015web/02_news/content.aspx?id=57139。

{第3章}

上下游編輯部(2013)。〈許震唐:總有一天 這個村子會只存在照片裡〉。《上下游》:https://www.newsmarket.com.tw/blog/35131/。

尹俞歡(2017)。〈綠色能源合作社專訪:「每年只要多付100歐元」讓消費者當主角推動能源轉型〉。《風傳媒》:http://www.storm.mg/article/293772。

主婦聯盟環境保護基金會(2018)。〈「開放屋頂 以身作則」記者會——確保市民共享公有屋頂發電的權利〉。https://www.huf.org.tw/essay/content/4497。

吳勁萱、許令儒(2018)。〈公民電廠為核心的綠能發展〉。

呂苡榕(2017)。〈50歲上班族放棄退休夢 返來故鄉蓋公民電廠〉。《今周刊》:http://www.businesstoday.com.tw/article/category/80392/post/201709270001/50歲上班族放棄退休夢%20返來故鄉蓋公民電廠?utm_source=%E4%BB%8A%E5%91%A8%E5%88%8A&utm_medium=autoPage。

李易昆、莊妙慈(2017)。〈參與式預算作為在地民主社群的發展方法——以蘆荻社區大學的實踐經驗為例〉。政治大學公共行政學系:http://www.tfd.org.tw/opencms/files/download/conf_170218_cn-9.pdf。

林子倫、李宜卿(2017)。〈再生能源政策在地實踐之探討:以高雄市推動屋頂型太陽光電為例〉。《公共行政學報》52期:頁39-80。

林冠妙(2017)。〈公民電廠跨步走 管委會也能申請 合作社為國際趨勢〉。《民報》:https://www.peoplenews.tw/news/63413680-aba5-4d56-86b9-35c8535a3ec6。

林穎禎(2013)。〈德國利用「可更新能源」的在地思維〉。國立成功大學能源科技與策略研究中心:http://cets.ncku.edu.tw/index.php?inter=learning&lid=1&page=27&id=486。

經濟部工業局（2018）。〈離岸風力發電產業關聯執行方案〉。https://www.moeaidb.gov.tw/ctlr?PRO=policy.rwdPolicyView&id=5614。

經濟部能源局（2013）。〈經濟部書面報告（立法院教育及文化、經濟委員會第1次聯席會議審查民進黨黨團擬具「非核家園推動法草案」案）〉。臺北：立法院公報。

經濟部能源局（2018）。〈能源統計資料查詢系統〉。

經濟部能源局（2019a）。〈能源統計月報，電力消費_歷年〉。

經濟部能源局（2019b）。〈能源統計月報，國內能源消費（按部門區分）_歷年〉。

經濟部能源局（2019c）。〈能源統計月報，發電量_歷年〉。

臺大風險社會與政策研究中心（2018）。〈許一個臺灣的新發展願景能源感知態度——調查報告〉。

趙家緯、顏東白（2019）。〈打造新電力系統——彈性且永續的轉型展望〉。臺大風險社會與政策研究中心《鉅變新視界電子報》27期：http://rsprc.ntu.edu.tw/zh-tw/m01-3/en-trans/1115-create-a-new-power-system-elasticity-sustainable.html。

賴清德（2017）。〈能源政策專案報告〉。臺北：行政院。

謝雯凱（2014）。〈全國能源分區會議選後登場〉。低碳生活部落格：https://www.blogger.com/blogin.g?blogspotURL=https://lowestc.blogspot.com/2014/11/blog-post_7.html。

顏東白（2019）。〈風力發電迷思破解〉。臺大風險社會與政策研究中心《鉅變新視界電子報》27期：http://rsprc.ntu.edu.tw/zh-tw/m01-3/en-trans/1113-wind-power-crack-error.html。

Ho, M. S. (2014). "The Fukushima Effect: Explaining The Resurgence of The Anti-Nuclear Movement in Taiwan." *Environmental Politics* 23(6): 965-983.

IEA (2019). "Key Electricity Trends 2018." https://www.iea.org/newsroom/news/2019/april/key-electricity-trends-2018.html.

IHME (Institute for Health Metrics and Evaluation) (2016). "Global Burden of Disease." http://www.healthdata.org/gbd.

IPCC (2018). *Special Report- Global Warming of 1.5 ℃*. Geneva: Intergovernmental Panel on Climate Change.

Lo, W.C., Shie, R.H., Chan, C.C. and Lin, H.H. (2017). "Burden of disease attributable to ambient fine particulate matter exposure in Taiwan." *Journal of the Formosan Medical Association* 116: 32-40.

OECD/IEA (2018). *World Energy Outlook 2018*. Paris: International Energy Agency.

REN21 (2018). *Renewables 2018 Global Status Report*. Paris: Renewable Energy Policy Network for the 21st Century.

World Bank (2013). "From Brown Growth to Green: the Economic Benefits of Climate Action." http://www.worldbank.org/en/news/feature/2013/06/25/growing-green-europe-and-central-asia.

參考文獻

{序章}

Huang, Abby（2018）。〈臺灣是缺電，還是太「浪費」電——拚命蓋電廠其實不見得有用〉。《關鍵評論網》：https://www.thenewslens.com/article/98103。
行政院環境保護署（2019）。〈空氣品質監測網〉，https://taqm.epa.gov.tw/taqm/tw/default.aspx。
李珣琮（2018）。〈離岸風電大解密：三階段推動　2025接軌國際〉。能源報導網站：https://energymagazine.tier.org.tw/Cont.aspx?CatID&ContID=2938。
沃草（2015）。〈能源局：臺灣不會發生福島核災　田秋堇嗆「連德國都不敢保證」〉。《蘋果日報》：https://tw.appledaily.com/new/realtime/20150126/549112/。
周桂田（2017）。《氣候變遷社會學：高碳社會及其轉型挑戰》。臺北：臺大出版中心。
房慧真、何榮幸、林雨佑、蔣宜婷等（2019）。《煙囪之島：我們與石化共存的兩萬個日子》。臺北：春山出版。
林怡均、趙家緯（2017）。〈解讀臺灣2016能源情勢〉。臺大風險社會與政策研究中心《鉅變新視界電子報》19期：https://rsprc.ntu.edu.tw/zh-tw/m01-3/energy-transformation/627-0330_tw-energy-status-2016。
科技報導（2015）。〈全國能源會議　各界意見多元〉。《科技報導》398期，2015年2月。
張國暉、徐健銘（2019）。〈能源政策與發展神主牌（1998-2018）：從轉向、轉歪、到轉型？〉。即將刊登。
許瀚分（2015）。〈反核團體斥能源會議荒謬 誓言力戰到底〉。《中時電子報》：https://www.chinatimes.com/print/realtimenews/20150127004370-260405。
陳文姿（2019）。〈盤點綠電市場供需 經濟部：離岸風電將成供給主力〉。環境資訊中心：https://e-info.org.tw/node/216556。
彭郁文（2019）。〈再生能源面對的質疑聲浪由何而來？未來又該何去何從？〉。臺大風險社會與政策研究中心《鉅變新視界電子報》27期：http://rsprc.ntu.edu.tw/zh-tw/m01-3/en-trans/1114-renewable-energy-question-future-how-to-go.html。
楊瑪利、高宜凡（2014）。〈獨家專訪新任經濟部長杜紫軍 經濟發展必須回歸原點：產業與貿易〉，《遠見雜誌》339期：頁82-85。
經濟部（1998）。〈全球能源會議結論〉。臺北：經濟部。
經濟部（2018）。〈近5年平均每年用電增加1.6%〉。產業經濟統計簡訊312期：https://www.moea.gov.tw/Mns/dos/bulletin/Bulletin.aspx?kind=9&html=1&menu_id=18808&bull_id=5178。

春山之聲　005

日常生活的能源革命　八個臺灣能源轉型先驅者的故事

Energy Revolution in Daily Life

Eight Pioneers of Energy Transition in Taiwan

作　　者　周桂田、張國暉、杜文苓、高淑芬、陳潁峯、李翰林、趙家緯、徐健銘、翁渝婷、黃翰榆、劉怡亭、鄭師豪、高佩懃、許令儒、楊軒豪、陳喬琪、梁曉昀
總 編 輯　莊瑞琳
責任編輯　王　梵
行銷企畫　甘彩蓉
封面設計　井十二設計研究室
內文排版　黃暐鵬
出　　版　春山出版有限公司、臺大風險社會與政策研究中心
　　　　　地址：11670臺北市文山區羅斯福路六段297號10樓
　　　　　電話：（02）2931-8171　傳真：（02）8663-8233
總 經 銷　時報文化出版企業股份有限公司
　　　　　電話：(02)23066842
　　　　　地址：桃園市龜山區萬壽路2段351號
製　　版　瑞豐電腦製版印刷股份有限公司
初版一刷　2019年6月

定　　價　420元
有著作權　侵害必究（若有缺頁或破損，請寄回更換）

Email　SpringHillPublishing@gmail.com
Facebook　www.facebook.com/springhillpublishing/

填寫本書線上回函

國家圖書館預行編目資料

日常生活的能源革命：八個臺灣能源轉型先驅者的故事／周桂田等著.
－初版.－臺北市：春山出版，臺大風險政策中心，2019.06
　面；　公分.－(春山之聲；5)
ISBN　978-986-97359-5-7（平裝）
1.能源經濟 2.綠色經濟 3.文集 4.臺灣
554.6807　　　　108006926

All Voices from the Island

島嶼湧現的聲音